Public Justification and the Good Life

思想与人文系列

公共证成与美好生活

政治至善论的新路径

惠春寿 著

江苏人民出版社

图书在版编目(CIP)数据

公共证成与美好生活:政治至善论的新路径/惠春寿著. —南京:江苏人民出版社,2019.10
ISBN 978-7-214-23847-4

Ⅰ.①公… Ⅱ.①惠… Ⅲ.①政治哲学-研究 Ⅳ.①D0

中国版本图书馆 CIP 数据核字(2019)第 209835 号

书　　　名	公共证成与美好生活:政治至善论的新路径
著　　　者	惠春寿
责 任 编 辑	陈　颖
责 任 校 对	黄　山
装 帧 设 计	许文菲
出 版 发 行	江苏人民出版社
出版社地址	南京市湖南路 1 号 A 楼,邮编:210009
出版社网址	http://www.jspph.com
照　　　排	江苏凤凰制版有限公司
印　　　刷	江苏凤凰通达印刷有限公司
开　　　本	652 毫米×960 毫米　1/16
印　　　张	14　插页 2
字　　　数	188 千字
版　　　次	2019 年 10 月第 1 版　2019 年 10 月第 1 次印刷
标 准 书 号	ISBN 978-7-214-23847-4
定　　　价	45.00 元

(江苏人民出版社图书凡印装错误可向承印厂调换)

序

应 奇

整整十二年前的这个时节,浙江大学外国哲学研究所联合华东师范大学中国现代思想文化研究所,在杭州召开了一个主题为"当前中文语境下如何做政治哲学?"的"清谈会"。那次会议可谓萃集了其时"两岸三地"最有代表性和即将最有代表性的绝大部分政治哲学学者。作为主办方的"代表",我也承乏在会议上做了题为"摆荡于竞争与和解之间:当代自由主义之观察"的发言。我在其中尝试提出,与至善论和解以及与传统和解是当代自由主义在面对关于国家中立性原则和文化多元主义的批评和争论时所呈现出的两种最有潜力的趋向。由此返回到自由主义政治哲学的立身之本,我又提出,关于自由的价值与自由主义之价值根基的辩论,要求我们重新考虑和审视基本上可以看作自由主义之价值原点和中轴的自主性理想,而这种理想很久以前是作为一种解放的目标在历史上起到了无可取代的积极的鼓舞作用,但在此后的历史脉动中又曾反复作为团结的障碍被反省甚至鞭笞,虽然这种反省和鞭笞的能力本身是舍自主性则无从设想的。

这个后来以繁简两体分别发表于《思想》和《吉林大学社会科学学报》的发言稿脱胎于我为其时刚编译完成的《自由主义中立性及其批评

者》所撰写的序言,与我的其他"总序"和"编序"一样,亦可谓以写意笔法"先立乎其大",而于须精笔细描处则"语焉未详"也。为了弥补"前愆",其时前后,包括此前发表的数论,我还拟定了一个《当代政治哲学十论》的写作计划。这其中就涵盖了"与至善论和解:当代自由主义的方向"、"基本自由及其优先性的论证"、"少数人权利理论在何种意义上是一种自由民族主义理论"和"自由的价值与自由主义的基础论辩"等篇什,试图围绕自由主义政治哲学内外的种种争论,对前述两种趋势以及自由主义的基础论辩做一番深入细致的讨论。

  时光蹉跎于彼,与世浮沉至今,这个虽非一时兴起的写作计划也如同我的其他或更为"宏大"或更为"微观"的规划一样,总是迁延着迟迟未能付诸实施和完成。于是乎,在某种"壮志未酬"的空寞中,当我三年前审核惠春寿君的博士论文初稿时,比较 self-serving 地说,首先引起我关注的是其论文内容与我曾关切的主题之间的相关性。我高兴地注意到,在我所粗略谈及的自由主义的两大趋势和一个根本概念上,此文都基于所谓公共证成的范式转移,做出了基于细致绵密论证的实质性推进,其程度甚至超过了我最初之预想和预期。我还记得,在当年的论文答辩会上,我曾笑谓,世上总有些先生把培养学生的目标定位于 copy 自己,而我的"志向"既没有他们那么"大",也没有他们那么"小"。我还笑谈,格雷曾说自由主义有两张面孔,而我自己身上也是有足够的"丰富性"可供学生们各自"分有"并"发扬"的,这当然是兼有自得、自嘲甚至自惭的笑谈了。

  一代人有一代人之学术,居今而言,眼前这篇又经过三年修订的博士论文,显然有其既更为"有限"也更为"宏大"的理论抱负。这里的"有限"可以说是"专业"的代名词,也可从其字面的意义上来理解:这就是要在公共证成的视野转换甚至范式转移的角度来重新理解以罗尔斯晚期哲学为主要文本的一系列自由主义内外的重要的理论和实践问题。所谓"宏大",则是就此工作实际已达到的深度及其可预期的理论前景而言。按照作者的解读，一旦我们把公共证成范式的"理论"潜力充分释放和发挥出来，其"实践"后果将使得罗尔斯后期哲学的可期影响远远超过启蒙谋划的修补甚至奠基本身，而成了对这种谋划本身的彻底刷新。

一代人有一代人之学术，而每代人又都是在其所属的学术共同体和传统中工作的。就中文政治哲学从业者而言，一方面要在后韦伯的智性高度，把对学术志业的真诚坚守和对社会现实的真切关怀内在地结合起来；另一方面，又要把所谓学术前沿的"跟踪"甚至"翻新"与中文学术写作的"增量"和"照亮"结合起来。这无疑都是践履非易的要求，而本书作者在这两方面都做出了宝贵的努力并取得了有效的甚至是有目共睹的成果。仅就其最要者而论，作者不满足于中英文世界其同类的高质量研究中"满足"于论证政治自由主义之为一种"普遍主义"，而是通过论证公共理性并非理性的公共使用，致力于把一种合理公民的理想与以儒家为代表的政治文化以新的方式"耦合"在一起，虽然这种"耦合"方式在某些论证环节甚至精神气质上透显出一丝实用主义的气息，但它又何尝不是以一种"由用以得体"的方式提出了中国现代化进程的一个参与者视角的新版本呢?!

一代人有一代人之学术，惠春寿君 2007 年入浙江大学哲学系就学，四年后在我名下直攻博士学位，于 2016 年完成学业，然后到华东师范大学思勉人文高等研究院担任青年研究员。我和春寿君相识于我当年在西溪校区的本科生课堂，我还记得我们在课堂上讨论"西化"与"化西"之辩证，把西方"复杂化"和"简单化"之佯谬，在从西溪至紫金港的班车上讨论第三种自由概念，谈论 Jermery Waldron 和 Rainer Forst，通过越洋电话讨论博士论文写作，一直到上个月在闵大荒樱桃河畔我的办公室一起议论所谓"高阶自主性"。岁月悠悠，看着春寿君侃侃而谈的样子，我不禁想起近三十年前在淮海中路 622 弄 7 号读到《论戴震与章学诚》所引"答沈枫墀论学"中，实斋论风气而引发余英时先生击节称赏至再三致意的那席话，愿引而与此书作者共勉：

"学业不得不随一时盛衰而为风气……博览以验其趣之所入,习试以求其性之所安,旁通以究其量之所至,是亦足以进乎道矣……风气纵有循环,而君子之所以自树,而固毁誉不能倾,而盛衰之运不足为荣瘁矣,岂不卓欤!"

2019 年 5 月 18 日正午,于千岛新城

目 录

第一章 当代政治哲学中的公共证成转向 1
- 第一节 多元时代的政治合法性问题 3
- 第二节 如何实现公共证成的原则? 7
- 第三节 公共证成的三种典范 11
- 第四节 本书的章节安排 32

第二章 多元分歧的事实与合理公民的设定 37
- 第一节 多元分歧的事实与反至善论 38
- 第二节 何种合理公民? 41
- 第三节 论内在的政治自由主义 46
- 第四节 走向更加开放的公共证成 51

第三章 论罗尔斯的道德人格观念 55
- 第一节 道德自主:在公意的阴影下 56
- 第二节 个人自主:我们对自己的亏欠 60
- 第三节 从道德人格的观念到公平的正义理论 63
- 第四节 道德人格观念的内在紧张 67

第四章　证成的中立性何以可能之不偏不倚的情形　73
第一节　从后果中立性到证成的中立性　75
第二节　实现证成中立性的两条路径　77
第三节　寻找中立的道德理由及其问题　81
第四节　寻找中立的政治方案及其问题　90

第五章　证成的中立性何以可能之排除的情形　97
第一节　政治自由主义的自反性难题　99
第二节　政治自由主义的知识论基础及其问题　106
第三节　政治自由主义的道德基础及其问题　109
第四节　存在独立于美好生活观念的政治观念吗？　115

第六章　为实质主义的自主观辩护　120
第一节　以自主的欲望为起点　122
第二节　自主：程序主义的、历史主义的和实质主义的　124
第三节　自主的欲望与响应理由　131
第四节　澄清与辩护　136

第七章　个人自主作为一种生活方式　143
第一节　从自主的欲望到自主的生活　144
第二节　个人自主与社会形式　147
第三节　个人自主的价值　151
第四节　个人自主的政治内涵　159

第八章　从社会道德开始　168
第一节　社会道德的实定性与规范性　169
第二节　社会道德需要被公共证成吗？　176
第三节　如何公共地证成社会道德？　180
第四节　调和个人自主与社会道德　184

第九章　通往政治至善论的新路径　*188*
　　第一节　至善论:需要被排除的观点　*189*
　　第二节　当代至善论诸理论　*191*
　　第三节　从伦理至善论到政治至善论　*195*
　　第四节　公共证成的至善论　*197*

主要参考文献　*201*
后　记　*215*

第一章 当代政治哲学中的公共证成转向

当代政治哲学正在发生一种公共证成的转向(the turn of public justification),这不仅体现为哲学家们越来越把公共证成作为自己的核心关切,主张"政治原则应当能够面向每个公民在他们各自的理性中得到证成"[①];而且也体现为他们正在自觉地从公共证成的角度来塑造自己的主张,力图使"社会的所有方面或者成为可接受的,或者成为能被每一个独立个体所接受的"[②]。罗尔斯的《政治自由主义》就是这种转向的典范之作,在那里,他尝试去做的不只是为公平的正义原则提供一些新的论证,更是把这些论证发展成现代社会中一般的公共证成模型,使之能够充任公共政治活动的指导性原则。按照罗尔斯,证成是诉诸可接受性(acceptance)的活动,它一方面不同于证明(proof),证明只是对命题间逻辑关系的理论探究,不是面向持不同立场者的实践活动;另一方面又不同于辩护(defense),辩护往往是在特定主张已经提出后才做出的事后合法化的尝试,证成却要求这些主张必须建立在服从者能够接受的理由

---

① George Klosko, *Democratic Procedures and Liberal Consensus*, Oxford; New York: Oxford University Press, 2004, p. 19.
② Jeremy Waldron, "Theoretical Foundations of Liberalism", *The Philosophical Quarterly*, vol. 37, 1987, p. 128.

上,是内在于政治主张的要求。公共证成因此"不仅是有效的推理,更是面向他人给出的论证:它从我们接受并认为他人也可以合理接受的前提出发,正确地产生我们认为他人也可以合理接受的结论"①。哈贝马斯(Jürgen Habermas)、内格尔(Thomas Nagel)、拉莫尔(Charles Larmore)、高斯(Gerald Gaus)等政治理论家们都分享了这种洞见,并致力于从各种角度来进一步阐释公共证成的原则和结构,探索其中蕴含的政治结论。他们尽管在许多具体的议题上存在不少分歧和争论,但却都认为公共证成的原则对至善论(perfectionism)的主张构成了挑战,因为它要求合法的国家行为必须建立在合理公民能够共同接受的观念之上,而给定现代社会多元分歧的事实,任何美好生活的观念都不可能获得所有合理公民的一致认可,公共证成因此必定会拒绝诉诸美好生活的观念来证成国家行为,最终只能成为一种反至善论的政治主张。本书将针对这种观点提出质疑,论证公共证成的原则非但不会否定至善论的观点,而且还可以产生一种新的至善论主张。不过,在正式进行这项工作之前,我们需要先对公共证成的理论本身进行一番更加具体、深入的考察,分析它到底是为了解决什么样的问题而提出的,其预设的基本前提和运作结构是什么,会产生什么样的政治结论等。第一节指出了公共证成的理论是一种解决多元时代政治合法性问题的方案;第二节展示了公共证成的原则是如何通过合理公民的设定、慎议民主的构思、分配正义和反至善论的主张得到落实和实践的;第三节对罗尔斯、高斯和哈贝马斯所代表的三种公共证成理论进行了考察,重点梳理了他们是凭借什么样的理据提出反至善论的主张的;最后,在第四节中,我对本书的章节安排进行了介绍,方便读者更好地掌握本书的基本思路和结构。

---

① John Rawls, *Political Liberalism*, New York: Columbia University Press, 2005, p.465.

第一节 多元时代的政治合法性问题

国家行为具有强制性的特点，这种强制性不只体现为国家总是要求公民服从自己发布的命令，更体现为它还要求人们不能只是因为害怕受到制裁才服从自己发布的命令。因此，国家行为的本质特征就在于，它是以一种能够向人们施加服从义务的统治权(a right to rule)为基础的，并不完全建立在强力的胁迫之上。正如卢梭所说的，"如果必须要用力使人服从，人们就无须根据义务而服从了；因而，只要人们不再是被迫服从时，他们也就不再有服从的义务……强力并不构成权利，而人们只是对合法的权力才有服从的义务。"①在这里，卢梭提出了一个根本的命题：国家行为必须满足合法性(legitimacy)的要求，否则人们将没有义务去服从这样的行为。自政治哲学产生以来，尽管各种流派异彩纷呈、难分高低，但在追求政治合法性的问题上却是高度一致的。甚至远在现代意义的国家产生之前，古希腊的哲学家们就已经通过自然与礼俗的区分来尝试为正当的政治秩序奠基了。有研究者曾经这样认为，"在任何人类社会之中，总找得出一种规束权力(regulating authority)……在社会情况尚滞留在野蛮状态的时候或地方，这种权力的形式及服从，不由于强力，即由于不知不觉的习惯；文化一经发达，人们对于这些现象，乃从事于探求一种合理的根据。"②许多学者尽管反对这种历史主义的立场，但也都承认政治哲学的研究对象乃是"有关最好的或正当的政治秩序的哲学问题"③。实际上，就算是在缺乏法权概念的古代中国，对统治权力的合法性的追问也占据了非常重要的地位，比如，早在殷周革命之际，周人就开始用"天命"的概念来为自己的政权辩护，声称"假哉天命，有商孙

---

① [法]让·雅克·卢梭：《社会契约论》，何兆武译，北京：商务印书馆2003年版，第9—10页。
② [美]威廉·邓宁：《政治学说史》，谢义伟译，长春：吉林出版集团2009年版，第1页。
③ [美]列奥·施特劳斯：《什么是政治哲学》，李世祥等译，北京：华夏出版社2014年版，第47页。

子"(《诗经·大雅·文王之什·文王》)。这种诉诸"天命"来为统治关系奠基的做法,尽管没有使用"合法性"这样的术语,但在本质上同样体现了古代哲学家们对政治合法性问题的探索。因此,我们可以说,如何确立国家行为的合法性其实是政治哲学亘古不变的难题之一,值得每一个关心人类政治生活的学者们认真思考和回答。

  公共证成的主张就是为了解决政治合法性的问题而生的,许多学者都已经注意到,"现在,展示一个国家是得到证成的和展示它是合法的通常要求采取同一种论证。"[1]但公共证成何以能够承担起确立国家行为合法性的重任呢?这与现代社会的一些独特情形有关。具体来说,人类社会已经进入了多元、分化的时代,科学技术的进步逐渐消解着传统宗教的权威,跨文化交流的加剧使越来越多的异质性文明出现碰撞和融合,人们逐渐发现彼此在许多根本的问题上是存在不可调和的分歧与冲突的,没有任何一种宗教、哲学能够成为他们共同认可的终极权威。就像罗尔斯所说的,"现代民主社会中存在大量合理而又整全的宗教、哲学和道德学说,这种多样性并不只是我们能够很快摆脱的历史限制,而是民主的公共政治文化中的永恒事实。"[2]给定这种多元分化的事实,政治合法性的问题就不可能像传统哲学那样诉诸一些事关万物的本源、政治的天性或人类的本质的哲学真理来得到解决了,相反,它应该抛开这些在本质上无法调和的命题,在承认人们各自宗教信仰或哲学立场的同时,看看他们能不能就公共的政治问题达成一致,由此便产生了公共证成的主张。与传统的观点不同,一方面,公共证成试图把政治哲学确立为一个相对独立的领域,强调它具有实践的特点,反对把政治合法性的问题还原为关于最高善或人类本质的理论问题;另一方面,公共证成也试图包容各种宗教或哲学的主张,不依据其中任何一个来排斥其他主张,而

---

[1] John Simmons, "Justification and Legitimacy", *Ethics*, vol. 109, 1999, p. 739.
[2] John Rawls, *Political Liberalism*, New York: Columbia University Press, 2005, p. 36.

是在承认人们的多元认同的基础上,引导他们进一步思考如何才能形成关于政治合法性的共同判断。据此,许多人认为,公共证成的主张既能避免把部分人的观点强加于其他社会成员的宗派主义(sectarianism),又可以保持人类理性在维持社会公共秩序时发挥的指导性作用,是解决多元社会中的政治合法性问题的最有前景的一种方案。①

如果说政治合法性的问题是公共证成试图解决的目标的话,那么多元分歧的事实就构成了公共证成的主张得以生长的土壤。然而,在此必须注意的是,多元分歧的事实与伯林(Isaiah Berlin)所说的价值多元论有着根本的不同,公共证成的主张也因此不应该被看作是对"价值多元论和自由主义是否相容"这一被伯林引发的经典问题的解答。简单来说,价值多元论本身是一个哲学主张,是对人们日常生活中遇到的各种价值冲突的一个哲学解释,它声称"存在着许多客观的、终极性的价值,有些与另一些不可兼容"②。合理分歧的事实则不然,它本身只是对人类生活中一个常见现象的客观描述,没有承载任何哲学的解释。正如拉莫尔所说,多元论本身就是一种关于价值之来源的有争议的哲学真理,而公共证成的主张恰恰试图回避这些哲学问题上的争论,它不可能预设这种哲学真理。③ 其次,价值多元论带来的困扰是全方位的,它不仅暗示了人们据以判断公共政治行为的价值是不同的,而且也暗示了,个体的行动者在选择自己人生目标时也会在相同的程度上遭受价值的冲突。伯林的许多追随者据此把价值多元论的问题看作是如何在不可通约的价值冲突中确立起某种特定的(自由主义的)价值的优先性的问题。④ 然

---

① 参见 Gerald Gaus, *Contemporary Theories of Liberalism*, London: SAGE, 2003, pp. 15—22。
② Isaiah Berlin, *The Crooked Timber of Humanity*, Princeton: Princeton University Press, 2013, p. 80.
③ 参见[美]查尔斯·拉莫尔《现代性的教训》,刘擎、应奇译,北京:东方出版社 2010 年版,第 166—186 页。
④ 参见 George Crowder, *Isaiah Berlin: Liberty and Pluralism*, Cambridge: Cambridge University Press, 2004, pp. 125—147。

而，公共证成的主张考虑的只是合理分歧的事实给国家行为的证成带来的困扰，它既不需要预设个体行动者在处理个人事务时也会承受同等程度的价值冲突，也不试图去帮助个体行动者解决这种冲突（如果这种冲突的确存在的话）。即便某个特定的公民会因为面临两种不可调和的价值之间的冲突而陷入难以选择的境地，只要这种价值冲突没有干扰到他对国家行为的认识和判断，公共证成就不会对此做出任何建言。不仅如此，就算这种价值冲突的确干扰到了个体公民对国家行为的判断，公共证成的原则也不需要承认这两种价值一定是不能调和的。以自由和平等的冲突为例，价值多元论者们认为，这两种价值是不可通约的，自由的增加必然会带来平等的损失。但公共证成的理论家们则认为，政治哲学的目标之一就是通过各种方式来推动个体公民进行理性的慎思，让他们在各种政治架构中找到最能调和自由和平等这两种价值的政治主张，只要这些公民能够接受最终得到的政治主张，那种主张就可以被认定为是合法的政治主张，而在这个时候，关于自由和平等到底是不是不可通约的，以及两者之间到底哪个优先的争论其实已经是完全不相干的了。①公共证成的目标只是通过人们的共同慎思和集体认可来获取政治合法性而已，它既不关心导致人们分歧的那些价值是不是一定不可通约，也不追求确立起某一种特定价值的绝对优先。在这个意义上，伯林的追随者们对价值多元论问题的解决方案始终属于一种基于正确性的证成（correctness-based justification），是通过确立某种特定价值自身的正确性来为之辩护的，而公共证成的主张却例示了一种人际间的证成方式（interpersonal justification），②它所依赖的不是任何特定的价值本身，而是个体行动者的认可与支持。

---

① 参见 John Rawls, *Political Liberalism*, New York: Columbia University Press, 2005, pp. 4—7。
② 关于这两种证成方式，参见 Chad Van Schoelandt, "Justification, Coercion and the Place of Public Reason", *Philosophical Studies*, vol. 172, 2015, p. 1032。

第二节　如何实现公共证成的原则？

公共证成的原则给多元社会中的政治合法性问题提供了答案,但它本身还只是一个空洞的政治诉求,需要人们在鲜活的政治实践中不断落实。如何实现公共证成的原则因此构成了当代政治哲学中非常重要的议题之一。具体来说,公共证成的原则是以合理公民(reasonable citizens)的设定为基础的,合理公民是对现实世界中实际存在着的社会成员的理想化,它可以排除许多缺乏足够认知能力的或冥顽不化、拒绝合作的社会成员,使国家行为的证成无需建立在对这些存在严重道德缺陷或认知缺陷的人的妥协之上。其次,公共证成的原则也可以借助一些特定的政治制度来完成,许多哲学家们据此提出慎议民主(deliberative democracy)的构思,主张通过一种集体慎议的民主制度来确保国家行为能够得到合理公民的共同接受。最后,公共证成也产生了一系列关于如何行使国家权力的政治主张,其中最为典型的就是分配正义中的平等主义原则和反至善论的中立性原则,但关于这两种原则历来存在许多争议和批评,本书也试图挑战其中的反至善论原则。不过,在这一节中,我们只希望忠实地介绍当代政治哲学中围绕这些议题形成的讨论,增进对公共证成理论的认识和理解。

公共证成的原则是通过国家行为的接收者的认可和支持来确立其合法性的,但它既不可能、也不需要使国家行为得到现实生活中每一个社会成员的认可和支持,比如,有些唯我论者(egoist)只关心自己个人利益的增进,拒绝与他人展开公平的社会合作,而有些缺乏基本认知能力的人(比如精神错乱的人和婴幼儿)则很难形成前后一致的判断,只是随当下的喜好而动,这些人的认可和支持对于国家行为的合法性来说显然都是不足为凭的。因此,公共证成的原则需要对确立政治合法性的主体首先进行一些适当的理想化的工作,这就是合理公民的设定。按照罗尔斯,合理的公民首先要有良好的意愿"准备提出公平合作条款的原则和标准,并在其他人服从这些原则和标准时,也自愿地服从它们"①。他们因此具备了一定的道德能力,可以借此进入公共世界,参与公平的社会合作,那些唯我论者由于只想尽可能地推进自己的个人利益,所以是不符合合理公民的要求的。其次,合理的公民也需要具备基本的认知能力,能够认识到人类社会正处于一个充满了分歧的时代,并且承认这种分歧是无法消除的永恒事实。据此,那些存在重大认知缺陷的人也可以被排除出合理公民的范围。给定这样的区分,显然,只有合理的公民才能构成政治合法性的水池(the legitimation pool)——他们的支持足以确立某种政治主张的合法性,他们的反对也足以表明某种政治主张是不合法的。② 公共证成的原则因此不会要求国家行为也得到那些不合理公民的接受和支持。类似地,高斯也承认,"公共证成要求了一种特定的理想化的公共成员"③,并且指出,"一个公共成员只基于相关的、合乎理智的价值和理由进行良好的慎思和判断,他关心自己所代表的那些的实际存在着的行动者,并且总是寻求公平地对待其他所有公共成员的法则。"④由此可见,公共成员也同样会排除那些只关心自己个人利益的唯我论者和有着严重认知缺陷的社会成员,确保国家行为的证成将只诉诸合理公民的共同接受。在这个意义上,合理公民的设定能够使公共证成的原则以更加现实和可取的方式得到施行,成为一种解决政治合法性问题的可行方案。

仅仅依靠合理公民的设定还不足以确保公共证成的原则能够在日

---

① John Rawls, *Political Liberalism*, New York: Columbia University Press, 2005, p. 49.
② 参见 Marin Friedman, "John Rawls and the Political Coercion of Unreasonable People", in *Autonomy, Gender, Politics*, Oxford; New York: Oxford University Press, 2003, p. 164。
③ Gerald Gaus and Kevin Vallier, "The Roles of Religious Conviction in a Public Justified Polity", *Philosophy and Social Criticism*, vol. 35, 2009, p. 57.
④ Gerald Gaus, *The Order of Public Reason*, New York: Cambridge University Press, 2011, p. 26.

常的政治生活中得到体现和满足,许多学者认为,公共证成的原则也要求了一种集体慎议的民主决策机制,通过这种机制,国家行为就可以赢得合理公民的共同接受,满足公共证成所设定的合法性的标准。简单来说,现代政治理论中盛行的是一种集合式民主(aggregative democracy)的机制,它把集体决策看作是人们基于既定的利益和偏好进行加总的过程,既没有注意到行动者具有反思并修改自己偏好的能力,也无法回应人们在许多根深蒂固的价值领域出现的分歧。① 慎议民主试图通过人们的对话和商谈来克服这一困境,确保他们能够就许多公共的政治问题达成共识,最终产生能够被他们一致认可的国家行为。这种主张既体现了公共证成的精髓,也赋予了它更多的活力。然而,在公共证成的主张与慎议民主之间还存在另外一些更加微妙的争执。比如,有些慎议民主的支持者认为,公共证成太拘泥于虚拟环境中的慎思和推理,对合理公民之间的真实对话缺乏足够的信心和重视。② 一些公共证成的支持者却认为,慎议民主以为通过真诚的对话就能消除人们之间的分歧,但这是一种太过乐观的假设,很容易在现实政治中产生压制少数群体观点的后果,缺乏足够的可行性。③ 不过,总体来说,慎议民主试图实现的目标与公共证成是完全一致的,都是为了在多元分歧的社会中为合法的国家行为奠定可靠的基础,因此可以被看作是实现公共证成原则的制度保障。

如果说慎议民主的构思更多地聚焦于公共证成对集体事务决策程序的要求的话,那么分配正义和中立性的原则就以一种更加直接的方式表达了公共证成对国家行为的实质要求。然而,在分配正义的问题上,公共证成的支持者们是存在许多分歧的。以罗尔斯为代表的学者们主张,公共证成的原则必然会产生一种平等主义的分配方案,要求国家对

---

① 参见谭安奎《公共理性与民主理想》,北京:三联书店2016年版,第70—75页。
② 这种批评更多是针对罗尔斯的观点而发的,参见 James Bohman, "Public Reason and Cultural Pluralism", *Political Theory*, vol. 23, 1995, pp. 253—279。
③ 参见 Gerald Gaus, *The Order of Public Reason*, New York: Cambridge University Press, 2011, pp. 387—388。

权利、财富、机会等社会基本善进行平等的社会分配。① 哈贝马斯及其追随者们则认为,平等主义把正义的问题局限为社会资源的分配问题,没有充分重视人与人之间相互尊重的承认关系,应该被一种更加丰富和多元的承认理论所取代。而高斯则主张,公共证成的原则是以"自由的预设"作为前提的,自由的预设意味着相对于公民的自由来说,国家行为的干涉总是需要被证成的,由此可以得出,国家的不作为并不需要被证成。鉴于人们无法就任何一种具体的分配方案达成一致,国家的不作为才是更加可取的选择。公共证成最终产生的只能是一种自由至上主义的结论,而不是平等主义的主张。与分配正义的问题相比,公共证成的支持者们在反至善论这一点上倒是存在广泛的共识,他们都认为,"国家不能做任何意在偏袒或促进某些特定整全学说胜过另外一些的事情,或者给那些追求特定整全学说的人以更大的帮助。"② 这一点诚然是可以理解的,因为公共证成是针对多元分化的现代社会而发起一种探索政治合法性的谋划,这就决定了它必须承认人们在许多美好生活的问题上是存在不可调和的分歧的,由于它又把合理公民的共同接受作为判断国家行为合法与否的标准,所以自然会倾向避免诉诸任何美好生活观念来证成国家行为,由此就会产生反至善论的政治原则。然而,并不是所有公共证成的支持者都会接受这样的主张,有些人认为,公共证成本身就是有着强大道德根基的政治主张,必然会冒犯一部分持特定宗教、哲学观点的人。"如果有人因为我们觉得基于宗教或形而上学的主张来塑造基本自由是错误的而感到压抑或被边缘化,那么我只能对他们说'快点长大吧'。"③ 类似地,也

---

① 在此需要指出的是,罗尔斯在后期哲学中已经放弃了以差别原则为代表的那种强的平等主义分配方案,但他依旧认为自己主张的是一种平等主义的分配方案。参见 John Rawls, *Political Liberalism*, New York: Columbia University Press, 2005, p. 7.
② John Rawls, *Political Liberalism*, New York: Columbia University Press, 2005, p. 193.
③ Stephen Macedo, "In Defense of Liberal Public Reason: Are Slavery and Abortion Hard Cases?", in Robert George and Christopher Wolfe (eds.), *Natural Law and Public Reason*, Washington: Georgetown University Press, 2000, p. 35.

有人曾经指出,公共证成的原则是可以允许某些至善论的政策的,比如动用政府资金来资助某些文艺活动等。① 此外,还有人从自主的概念出发,试图解释中立性的原则和至善论之间并不是非此即彼、互相排除的关系。② 可是,总体来看,这些主张都是在非常弱的层面来质疑罗尔斯等人的观点的,既没有深入地考察反至善论者们的基本理据,也没有具体地展示公共证成与至善论的观点到底是如何相容的,是一种相对微弱和不够主流的观点。本书试图克服这些主张的不足,对反至善论的观点进行更加细致和严密的检验,系统地论证公共证成的原则并没有蕴含反至善论的结论,并尝试在当代政治哲学的公共证成的转向中发展出一种新的至善论主张。不过,在正式开展这样的工作之前,我们需要先对公共证成的几种典范性理论分别进行一番考察和梳理,这有助于更好地确定本书旨在批评的对象。

第三节 公共证成的三种典范

一、罗尔斯:从《正义论》到政治自由主义

作为当代政治哲学复兴的开山之作,《正义论》的独特之处在于,它不仅提出了作为公平的正义理论及其相应的正义原则,而且把更多的篇幅花在对这些原则的证成上。在这部充满了论证的作品中,罗尔斯不厌其烦地使用了多种方法来证成正义原则,并创造出一系列精巧的论证技巧。这些方法在不同层面发挥作用,彼此之间互相支持、前后呼应,一方面加强了正义理论的说服力,另一方面也增加了其证成结构的复杂性。

---

① Amy Gutmann, "Rawls on the Relationship between Liberalism and Democracy", in Samuel Freeman (ed.), *The Cambridge Companion to Rawls*, New York: Cambridge University Press, 2003, p. 194.
② 关于这种观点,可见 Eldar Sarajlic, "Are Liberal Perfectionism and Neutrality Mutually Exclusive?", *Canadian Journal of Philosophy*, vol. 45, 2015, pp. 528—534。

如果不能厘清这些论证方法的关系和限度，就很容易产生对罗尔斯的误解，甚至忽视在其中真正发挥根本作用的观念。从逻辑的角度来看，可以把《正义论》的证成结构分成层层递进的三个层面：首先是道德理论的基本性质和主要方法，即反思平衡（reflective equilibrium）；其次是对正义原则的具体推导，也就是原初状态（original position）所代表的契约论的方法；最后是在正义原则的内容已经被确立后对其稳定性的论证。这三个层面的论证是通过作为人类道德本质的道德人格（moral personality）观念联系在一起的。道德人格因此贯穿罗尔斯正义理论的始终，是《正义论》中发挥奠基性作用的核心观念。然而，在后期哲学中，当罗尔斯认识到现代社会多元分歧的历史事实后，他逐渐放弃了《正义论》的论证思路，对道德人格的观念进行了修改，转向了政治自由主义的主张。政治自由主义试图从现实的公共政治文化出发，重新把正义原则确立为各种合理的宗教、哲学学说的支持者都能接受和支持的政治主张，体现了公共证成的理念和精髓，因此在本质上是一种公共证成的理论，值得深入考察。

1. 道德理论中的反思平衡的方法

在《正义论》中，正义理论被看作是道德理论的一个分支，而道德理论又被理解为对人们固有的内在道德能力的体系化描述。罗尔斯认为，正义论就是对人们正义感的描述。在这里，他假定了正义感是人们固有的道德能力，与之相关的是形成、修改善观念的道德能力。拥有这两种道德能力的人被看作是道德的人，正义论就是对道德人格的部分表达。尽管道德人格的观念频繁地出现在《正义论》的文本之中，但一直到《道德理论中康德式的建构主义》，罗尔斯才明确指出，道德人格"被刻画为两种道德能力以及与之相关的实现、运用这些能力的两种最高旨趣。第一种能力是有效的正义感，即理解、执行并出于（而不只是遵循）正义原则而行动的能力。第二种道德能力是形成、修改并理性地追求善观念的能力"①。拥有这两种能力的人被认为是自由的,他们一方面是有效价值主张的来源,另一方面又独立于各种善观念,不与其中任何一个捆绑在一起。不仅如此,由于人们在理解、执行正义原则能力上的平等,因此又被认为是平等的。在这个意义上,道德人格也经常被表述为自由平等的人,这种观念构成了包括正义理论在内的整个道德理论的基础。

道德理论的基本性质限制了人们对方法的选择。首先,既然道德原则是基于人们内在的道德能力的,那么就不需要把它们还原成非道德的概念,因此可以排除还原主义的方法。其次,尽管深思熟虑的道德判断能够反映人们的道德能力,但具体情境下的判断总是存在出错的可能,所以道德理论必须批判性地考察这些判断,不能简单地采取直觉主义或基础主义的方法。相反,它一方面要尊重人们固有的道德能力以及表达这种能力的道德判断,另一方面又要批判性地对待这些深思熟虑的判断,利用道德原则来指导他们的道德实践,为此,罗尔斯提出了反思平衡的方法。反思平衡是这样一种过程:人们能够运用自己的道德能力产生各种道德判断,其中那些深思熟虑的判断将构成反思道德原则的支点,在对这些原则进行考察时,他们总是把这些原则与自己已有的深思熟虑的判断进行比较,在两者发生冲突的时候按照自己的确信程度或者修改、放弃道德原则,或者修改、放弃深思熟虑的判断,如是往复,直到剩余的道德信念形成融贯自洽、互为奥援的体系。然而,仅仅在深思熟虑的判断与道德原则之间取得一致还只是狭义的反思平衡,广义的反思平衡则要求对"所有可行观念和支持它们的合理理由进行理性的考察"②。它实际上包括了三种成分:a. 深思熟虑的道德判断;b. 道德原则;c. 包括道德人格观念在内的背景性理论。与狭义反思平衡相比,广义反思平衡

---

① John Rawls, "Kantian Constructivism in Moral Theory", *The Journal of Philosophy*, vol. 77, 1980, p. 525.
② John Rawls, "The Independence of Moral Theory", *Proceedings and Addresses of American Philosophical Association*, vol. 48, 1974, p. 8.

的独特之处在于，c 必须独立于 a 与 b 的契合单独支持 b，即背景性理论需要提供与那些支持道德原则的判断不同的信念，后者构成了对道德原则的独立约束。① 从这个角度来看，显然，《正义论》第二章使用的是只涉及深思熟虑的判断与正义原则的狭义反思平衡的方法，而第三章则通过契约的方式把道德人格等背景性理论也包括进来，使用的是广义反思平衡的方法。

反思平衡的目标是产生各种信念之间的融贯性与体系性，在道德判断、道德原则与背景性理论出现抵牾的时候，决定取舍的标准是人们对它们的确信程度。然而，不同的人对于深思熟虑的道德判断、道德原则以及背景性理论的信念可能是截然不同的，他们最终得到的道德结论也可能完全不一样。② 因此，罗尔斯必须提供人们共同分享、根深蒂固的基本观念，展示正义原则是怎样在这些基本观念的基础之上建立起来的。这正是道德人格的意义与作用，它除了把正义感和善观念的能力确认为人所固有的道德本质，为反思平衡的方法奠定了基础之外，还为通过反思平衡产生确定的结论提供了具体内容和依据。《正义论》的主题因此被进一步具体化为，自由平等的人们是如何运用反思平衡的方法确立社会正义原则的，而契约的方法正是对这个问题的回答。

2. 原初状态的设置与道德人格的观念

按照罗尔斯，《正义论》要"表达一种正义的观念，它总结了我们在洛克、卢梭和康德等人那里熟知的社会契约理论，并将之带到一种更抽象的层面"③。据此，他自认为，也被许多人认为是社会契约论者。然而，罗

---

① 对此，更详细的解释可见 Norman Daniels, "Wide Reflective Equilibrium and Theory Acceptance in Ethics", *The Journal of Philosophy*, vol. 76, 1979, pp. 258—260。
② 参见 D. W. Haslett, "What is Wrong with Reflective Equilibrium", in Angelo Corlett (ed.), *Equality and Liberty: Analyzing Rawls and Nozick*, London: Macmillan Academic and Professional LTD, 1991, p. 142。
③ John Rawls, *A Theory of Justice*, Cambridge, Mass: Harvard University Press, 1971, p. 11。

尔斯的社会契约存在许多独特之处,也因此遭受诸多批评,这些批评主要集中在两个方面。一方面,罗尔斯提出的只是一种虚拟的契约,并没有真正发生过,这种假想的契约本身不能成为对契约条款的独立论证,因为它不是我们真实意志的表达,必须依赖于更深层次的理论来证明自己的有效性。① 另一方面,罗尔斯对契约的自然状态——原初状态施加了过多的限制,并且承认这样做是为了"确立能使我们得到自己想要的解决方案的原初状态"②。也就是说,契约的设置只是为了使人们获得自己原本就中意的正义原则,它本身并没有定义正义原则,只是一种启发式的设置。③

如果契约在正义理论中缺乏证成的力量,那么就有理由质疑罗尔斯究竟是不是一个契约论者。特别是由于无知之幕(veil of ignorance)的限制,原初状态中的各方没有任何关于自己特殊利益的信念,也不存在要去调节的利益冲突,而是遵循理性原则目标一致地选择了最终的正义原则,因此,"罗尔斯从社会契约论的方法中推演得到的原则也可以从一个无知之幕背后的理性人的选择中推演出来。"④据此,有人认为契约的方法实际上不是本质性的,真正发挥作用的是理性选择理论。罗尔斯对这一批评的回应是,虽然正义原则的确是理性选择的结果,但契约的形式却给人们的选择施加了额外的要求。理性选择的人可以在出现坏结果的时候重新修改自己的选择,契约达成的共识却具有不可撤回的终极

---

① Ronald Dworkin, "The Original Position", in Norman Daniels (ed.), *Reading Rawls*, Stanford, Calif: Stanford University Press, 1975, pp. 17—18.
② John Rawls, *A Theory of Justice*, Cambridge, Mass: Harvard University Press, 1971, p. 141.
③ 参见 Chandran Kukathas and Philip Pettit, *Rawls: A Theory of Justice and its Critics*, Stanford, Calif: Stanford University Press, 1990, pp. 26—34。
④ Sidney Alexander, "Social Evaluation through Notional Choice", *Quarterly Journal of Economics*, vol. 88, 1974, p. 604.

性(finality),这种来自承诺的限制是理性选择理论提供不了的。① 然而,由于罗尔斯已经把终极性列为所有正义理论都必须满足的形式约束,所以在选择正义原则时,人们已经接受了自己选择的结果将不能撤回的前提,来自契约的承诺限制依旧是多余的,罗尔斯的这种回应因此并不能成立。② 他必须为契约的方法进行更多的论证。

事实上,对罗尔斯不是契约论者的指控其实是以割裂社会契约与理性选择为前提的。然而,在罗尔斯的论述中,"证成的问题是被设计为慎思的问题而得以解决的:我们必须搞清楚,给定契约的情境,采纳哪一些原则才是理性的。这把正义理论与理性选择理论联结在一起了。"③换言之,契约与选择并不是非此即彼的两种方法,而是相互联结的同一种方法。契约确定了理性选择得以发生的情境,理性选择的结果证成了正义的原则。不仅如此,罗尔斯的正义理论还属于一种纯粹程序正义,它的关键不在于确立判断正义与否的标准,而在于设计一种产生公平结果的正义程序。要确保这种程序的后果无论如何都是正义的,就必须保证所有人在参与这种程序之前拥有平等的地位,没有人可以因为自然天赋、社会地位等偶然因素获得额外的好处。如果没有契约的设置来确保人们初始地位的平等,只是假设单个理性人的理性选择,那么正义理论就不能被称作是作为公平的正义,也无法成为一种纯粹程序正义。而罗尔斯试图去做的恰恰是用正义的程序来取代社会正义的伦理基础,而不是为社会正义提供另外一种伦理基础。

---

① 参见 John Rawls, "Reply to Alexander and Musgrave", *Quarterly Journal of Economics*, vol. 88, 1974, p. 652. 在此需要注意的是,"终极性"具有两重含义:第一,正义原则是最高的原则,不能用别的道德原则来评价正义原则;第二,原初状态中各方的选择是最终的选择,不可以进行撤回(Paul Weithman, *Why Political Liberalism*? New York: Oxford University Press, 2010, p. 209.)。
② 对于罗尔斯的这种批评,可见 Jean Hampton, "Contracts and Choices: Does Rawls have a Social Contract Theory", *The Journal of Philosophy*, vol. 77, 1980, p. 127。
③ John Rawls, *A Theory of Justice*, Cambridge, Mass: Harvard University Press, 1971, p. 17.

割裂契约与选择不但容易使人们忽视契约发挥的重要作用,而且还会导致对罗尔斯的误解。比如有学者批评道,罗尔斯在原初状态中诉诸理性人利己的动机,这不但与自由平等人的假设相矛盾,而且也削弱了正义原则的道德力量。① 还有人认为,当罗尔斯在《道德理论中康德式的建构主义》中试图把道德人格作为正义原则的理论起点时,他其实已经背离了《正义论》中从理性利己者出发证成正义原则的路径。② 但事实上,一旦认识到社会契约与理性选择这两种方法之间密不可分的关系,就不难发现,正义原则并不完全是理性人利己选择的结果,而是人们在接受了原初状态的设置之后,进行理性选择的结果。也就是说,人们不仅在原初状态中理性地选择了正义原则,而且首先接受了作为选择环境的原初状态,对后者的接受优先于并且也限制了对前者的选择,它们共同构成了对正义原则的证成,缺一不可,不能互相隔离。③

作为广义反思平衡的一个环节,契约的设置应该体现道德人格的观念。但除了道德人格之外,罗尔斯还提出了其他一些基本观念,比如正义的环境、良序社会的假设等,它们同样要求在契约的设置中得到表达。因此,要想确定道德人格在社会契约中的根本地位,就必须对契约的设置进行更加具体的分析。

在《正义论》中,社会契约主要是由以下几种要素构成的:正义的环境,正当概念的形式约束,无知之幕,各方的理性和动机。这些要素可以沿着两条不同的路径得到解释:一条是策略性的,一条是规范性的。前者指的是,为了得到契约旨在实现的结果,必须进行这样的设置;后者则意味着,契约的设置是为了表达某些可欲的道德观念。策略性的考虑是非道德的,纯粹基于对结果的考虑,表达了社会契约面临的客观限制;规

---

① 参见周保松《罗尔斯的问题意识》,《开放时代》2011年第12期,第132—135页。
② 参见 William Galston, "Moral Personality and Liberal Theory: John Rawls's 'Dewey Lectures'", *Political Theory*, vol. 10, 1982, p. 496。
③ 参见曹钦《自利、同意与道德原则》,《烟台大学学报(哲社版)》2013年第3期,第13—14页。

范性的考虑显然是道德的,是人们主动施加的,代表了对社会契约的主观要求。显然,要想证明罗尔斯是基于道德人格的观念来设置契约的,就必须表明只有规范性的路径才能充分解释这些要素。

这里重点考虑无知之幕的设置。虽然罗尔斯声称无知之幕反映了我们作为自由平等人的本质,但从策略性的角度来解释无知之幕的设置似乎也是可行的:正义原则要求得到人们全体一致的同意,为了实现这一目标,就必须排除任何可能引起争议的因素,因此需要设立无知之幕来屏蔽人们关于自己和他人社会地位、自然能力的知识,确保他们只基于一些普遍的知识来选择正义原则。① 从这个角度来看,无知之幕表达的只是正义原则必须满足的客观限制,"缺少了这种限制,我们将完全不能建立任何确定的正义理论。"②这也意味着,社会契约只是偶然地符合了道德人格的观念,并不是罗尔斯为了表达这种观念而设立的。

然而,这种策略性的解释注定是失败的,因为原初状态中各方的选择不仅受到他们已知信息的影响,而且也受到他们自己已有信念的影响,可是作为信息屏蔽机制的无知之幕却根本无法对人们的信念提出要求。假设原初状态中的各方拥有不同的信念,比如一方坚信让天赋高、能力强的人占有更多社会资源是合理的,不论他们自己是否属于这一类人,另一方认为所有社会成员都对社会资源拥有同等的份额,那么他们还会一致地选择公平的正义原则吗?显然不会。③ 因此,为了能使原初状态中的各方全体一致地选择公平的正义原则,罗尔斯必须诉诸道德人格的观念,要求人们不仅屏蔽那些容易引起争议的信息,而且也要统一

---

① 比如 Joseph Raz 在 *The Morality of Freedom*, Oxford: Clarendon Press, 1986, pp. 124—127 中就是这样来解释罗尔斯无知之幕的设置的。
② John Rawls, *A Theory of Justice*, Cambridge, Mass: Harvard University Press, 1971, p. 140.
③ 对罗尔斯的这种批评可见 Angelo Corlett, "Does Ambiguity Lurk Behind the Veil of Ignorance in Rawls' Original Position", in Angelo Corlett (ed.), *Equality and Liberty: Analyzing Rawls and Nozick*, London: Macmillan Academic and Professional LTD, 1991, pp. 178—183。

到自由平等人的立场上来进行理性选择。就此而言,社会契约的确是罗尔斯为了表达道德人格的观念而塑造的。

3. 作为人类本质的道德人格观念

如果说反思平衡和社会契约分别构成了《正义论》证成结构的第一、第二层面的话,那么稳定性的论证就属于这种证成结构的第三个层面。在《正义论》中,罗尔斯分别使用了道德心理学论证和契合论证来展示正义原则的稳定性。前者旨在表明正义感能够在恰当环境中被合理地培养出来,后者则试图表明正义原则的要求在本质上与人们对自己善观念的追求是一致的,所有社会成员都有理由去维持自己的正义感。契合论证预设了原初状态中集体的公共视角和个人理性慎思视角的区分,由于前者产生了公平的正义原则,后者产生了人们各自不同的生活计划,因此它的本质就在于展示这两种不同视角的重合,即所有人都有理由把正义要求纳入自己的生活计划之中,在选择、追求自己善观念时主动服从正义原则的约束。① 为了实现这种目标,罗尔斯不得不再次诉诸道德人格的观念。他声称,由于公平的正义原则和人们各自不同的生活计划都是对他们道德本质的表达,因此只有当人们把正义原则看作是调节自己生活计划的高阶要求时,才有可能实现其作为自由平等人的自我统一性。换句话来说,为了表达我们先天固有的道德本质,"除了保持我们调节自身其他目标的正义感之外,我们别无选择。"②

显然,当罗尔斯基于自我统一性来展示正义与善的契合时,他不仅依赖于道德人格的观念,而且也预设了这种观念是人们先天固有的道德本质。可是罗尔斯并没有解释为什么是自由平等人的观念而不是其他观念构成了人们的道德本质。尽管他也曾经指出,当原初状态中的各方

---

① 更详细的解释可见 Samuel Freeman, "Congruence and the Good of Justice", in Samuel Freeman (ed.), *The Cambridge Companion to Rawls*, New York: Cambridge University Press, 2003, p. 284—285。
② John Rawls, *A Theory of Justice*, Cambridge, Mass: Harvard University Press, 1971, p. 574.

基于自由平等人的立场来选择正义原则时,他们既没有屈从于自然或社会的偶然事实,也没有受到个人偏见的影响,因此体现了康德对道德原则应该是理性行动者自主做出的要求。但由于康德的自主要求排除本能、欲望、禀好等的影响,而罗尔斯却允许人们基于利己的动机来选择正义原则,所以正义原则其实也没有真正满足康德对自主的要求。[①] 不仅如此,即便道德人格的观念与康德哲学是一致的,在一个多元分歧的时代,基于这种关于人类道德本质的哲学真理来要求人们服从正义原则也是非常不现实的,因为它将意味着人们必须首先放弃自己原本拥有的身份认同,接受康德主义的哲学观点,然后才能参与公平的社会合作。因此,当罗尔斯认识到各种宗教、哲学学说之间的多元分歧是现代社会不可逾越的永恒事实时,他就开始着手对道德人格的观念进行修改和调整,并由此引发了他后期哲学中政治自由主义的转向。

4. 政治自由主义的转向

在《正义论》中,罗尔斯是基于道德人格的观念来证成公平的正义原则的,由于这种人格观念被设定为所有社会成员先天固有的道德本质,所以,公平的正义理论最终是以一种关于人类道德本质的哲学真理为基础的。这给正义原则带来了极大的麻烦,因为在现实社会中,人们总是倾向于接受不同的宗教、哲学理论,并因此对人类道德本质有着各自不同的理解。比如,基督徒认为人类在本质上只是上帝侍奉者,并不真的拥有选择自己善观念的自由;古典功利主义者则认为人在本质上可以被还原为痛苦和愉悦的载体,因此可以根据他们享受到的痛苦和愉悦进行差别化的对待;等等。这些社会成员显然都会拒绝把自由平等人的道德人格观念看作是关于人类本质的真理,因此自然也难以接受罗尔斯在《正义论》中做出的一系列论证。如果国家无视这些人的反对,强行要求

[①] 关于这种批评,可见 Robert Paul Wolff, *Understanding Rawls: A Reconstruction and Critique of A Theory of Justice*, Princeton NJ: Princeton University Press, 1977, pp. 112—115;以及 Oliver Johnson, "The Kantian Interpretation," *Ethics*, vol. 85, 1974, pp. 60—62。

他们服从作为公平的正义原则，必然会产生压制的事实，使罗尔斯的理论沦为一种把部分成员的观点强加于其他社会成员的宗派主义的主张。为了避免这种情形，罗尔斯不得不对《正义论》中的论证进行修改和调整，使它能够赢得那些信奉各种不同的宗教、哲学学说的人的一致认可。

令人称奇的是，罗尔斯并没有完全抛弃自由平等人的道德人格观念，相反，他几乎完全保留了这种人格观念的实质内容，只是对它的性质进行了重新界定。罗尔斯注意到，"那些在某个特定观念下成长起来的人最终会变成这种特定类型的人，并且会把这种观念表达在自己的行动以及与他人的关系中。"①据此，他开始认为，自由平等人的观念是"人们从他们所处社会的文化中得到的"②。这种对社会公共文化在人们道德观念的养成中的重要地位的强调使他逐步脱离了康德主义哲学的限制，最终，罗尔斯提出，自由平等人的观念应该被看作是一种植根于现代民主社会公共政治文化的公民观，而不是从属于任何特定宗教、哲学学说的人类道德本质。③ 在这个意义上，他把这种人格观念称作是一种政治的观念，认为它只是规定了社会最基本的政治、经济制度，不涉及人们对美好生活的追求，对各种宗教、哲学学说都可以被呈现为不持立场的（freestanding）。这也意味着，任何生活于现代民主社会之中的合理公民，不论他们信奉的是基督教、功利主义，还是康德主义或者其他哲学主张，只要他们还愿意继续参与公平的社会合作，就应该接受潜存于他们所处社会公共政治文化中的自由平等人的观念，基于这种观念来制定维持社会公平合作的正义原则，并自觉地服从这种正义原则的要求。作为

---

① John Rawls, "The Independence of Moral Theory", *Proceedings and Addresses of American Philosophical Association*, vol. 48, 1974, p. 13.
② John Rawls, "Kantian Constructivism in Moral Theory", *The Journal of Philosophy*, vol. 77, 1980, p. 569.
③ 为了表示这种区分，罗尔斯在政治自由主义中把自由平等人的观念称作是政治人格（political personality）。不过，由于政治人格依然保留了自由平等人观念的实质内容，并且同样具有道德意义，本书将不加区分地把它统称为道德人格的观念。

公平的正义原则因此构成了一种政治自由主义的主张,不再是那种以特定宗教、哲学学说为基础的整全的学说(comprehensive doctrines)了。

对道德人格观念的修改不仅引发了政治自由主义的转向,同时也对正义原则的证成提出了新的要求。尽管正义原则依旧是通过原初状态中各方全体一致的选择被确立的,但这种论证方式的效力却被削弱了不少,因为在这个时候,原初状态已经不再是依据人们先天固有的道德本质来被设置的了,相反,它的全部力量都来自现代民主社会公共政治文化中的政治观念,不可能像之前那样具有不可撤回的终极性。也就是说,即便正义原则的内容已经通过原初状态的设置得到了确立,现实社会中的人们在通盘考虑过包含自己宗教信仰、哲学观点等在内的全部价值和信念之后,还是有可能会选择违背正义原则的要求。就此而言,罗尔斯承认,原初状态的论证只是为正义原则提供了初步的证成(pro tanto justification),要想充分地证成正义原则,还必须结合人们实际拥有的各种宗教、哲学学说,论证正义原则能够赢得这些整全学说的共同支持,由此便形成了重叠共识(overlapping consensus)的理念。重叠共识意味着,合理公民不仅能够从他们共同接受的政治观念中得到公平的正义原则,而且也可以"不把自己限制在依赖于所有人都接受的前提的论证之中"①,通过把正义原则嵌入自己原本拥有的各种整全学说之中来为它提供更加多样化的支持。比如,基督徒可以依据宗教宽容的信念支持正义原则,康德主义者能够基于道德自主的学说支持正义原则,而功利主义者则可以把它当作特定现实条件下最好的功利原则来接受,他们尽管是基于各自不同的理由来支持正义原则的,但最终都会确立起正义原则在自己信念体系中的优先地位,确保它能够稳定地发挥维持社会公平合作的作用。在这个意义上,重叠共识既提供了对正义原则的充分证

---

① Paul Weithman, "Liberalism and the Political Character of Political Philosophy", in C. F. Delaney (ed.), *The Liberalism-Communitarianism Debate: Liberty and Community Values*, Maryland: Rowman and Littlefield, 1994, p. 199.

成(full justification),也构成了对它稳定性的论证,并不是像哈贝马斯所说的那样,"只表达了正义理论在实用意义上对和平的社会合作机制的贡献……只是一种效用指标,不能确立正义理论的正确性。"①

政治自由主义是罗尔斯为了回应现代社会合理分歧的事实而提出的,为此他放弃了作为人类道德本质的自由平等人的观念,把它修正为现代民主社会公共政治文化中的政治观念,并以此为基础重新塑造了作为公平的正义原则,论证了它能够赢得所有合理公民的共同支持。罗尔斯的这种尝试非常典型地体现了公共证成的原则,发生在他正义理论中的这种转变也因此构成了当代政治哲学中的公共证成转向的一个经典案例。由于政治观念被定义为一种严格局限于社会最基本政治、经济制度,对各种宗教、哲学学说均不持立场的主张,正义原则也因此既不会干扰人们对各自美好生活的追求,又无需预设任何特殊的美好生活观念,表达了一种非常典型的反至善论的诉求。公共证成据此被罗尔斯的许多追随者们认为是一种与至善论互不相容、彼此排斥的政治主张。

二、高斯:证成的自由主义

从公共证成的角度来看,罗尔斯的构思并非空谷足音,当代政治哲学中还存在许多与之类似的竞争性主张,比如高希尔(David Gauthier)试图通过博弈论的方法复兴霍布斯式的契约理论;哈贝马斯商谈伦理学和商谈民主的构思;佩迪特(Philip Pettit)用推论式控制(discursive control)定义无支配自由和争议民主的尝试等。但就自由主义而言,另外一种典型的版本是由高斯提出的,他以关于证成的道德知识论为基础,发展出与罗尔斯截然不同的政治主张,值得深入考察。

尽管证成的核心是可接受性,但任何主张的证成都既不可能,也没

---

① Jürgen Habermas, "Reconciliation through the Public Use of Reason", *The Journal of Philosophy*, vol. 92, 1995, p. 121.

必要要求每一个公民都现实地接受这种主张。证成因此首先是一个规范的概念，它必须能够表明为什么某些主张尽管没有被合理公民实际接受，但依旧能够得到证成，而要想实现这样的目标，就不得不求助于道德知识论的探究。在这个意义上，政治哲学不可能独立于所有宗教、哲学的学说，它至少不能独立于自己所依赖的道德知识论。[1] 事实上，尽管罗尔斯声称自己"仅仅诉诸已经在常识中被接受的一般信念和推理形式，以及无争议的科学方法和结论"[2]，但他依然预设了一种民粹主义（populist）的知识论，把合理公民在公共政治生活中实际形成的共识当作证成的基础。正如前面曾经指出的，罗尔斯基于合理公民普遍接受的政治观念来建构正义原则，并力图展示这种正义原则能够得到合理公民的共识。但这种民粹主义会存在两个问题：第一，合理公民不可能在日常推理中始终做到正确无误，他们可能基于错误的理由或遵循错误的规则而接受了某些信念；第二，罗尔斯预设的许多基本观念其实并没有得到合理公民的普遍接受，比如调查表明，大部分人都认为公民关于美好生活的合理分歧并非不可消除的。[3] 因此，政治主张的证成不应该诉诸合理公民实际形成的共识，而应该诉诸他们应该接受的那些信念。然而，究竟什么样的信念才是行动者应该接受的呢？高斯认为，要想回答这个问题，就必须提供一种关于证成的道德知识论。

在最基本的意义上，对特定信念的证成必须诉诸支持它的理由，如果该信念得到好的理由的支持，那么它就得到了证成。但是，如何确定支持该信念的理由是好的理由呢？有些人倾向于以行动者当下的信念、

---

[1] 高斯认为，罗尔斯对于整全学说的定义完全是含混而无意义的，应该抛弃它和政治观念之间的区分。参见 Gerald Gaus, "The Diversity of Comprehensive Liberalisms", in Gerald Gaus and Chandran Kukathas (eds.), *Handbook of Political Theory*, London: SAGE, 2004, pp. 110—114。

[2] Ibid., pp. 224—225.

[3] 参见 Gerald Gaus, *Justificatory Liberalism*, New York: Oxford University Press, 1996, pp. 134—136。

欲望体系为依据进行判断，认为那些最符合他已有的信念、欲望体系的理由就是他应该接受的理由；有些人则诉诸外在于行动者心智状态的客观事实，认为事实才是行动者应该接受的理由。高斯在这两种主张之间采取了折中的立场。他一方面声称，事实只有在进入人们的认知体系后才能成为理由。比如量子力学尽管描述了客观世界的事实，但却不是亚里士多德的理由，因为它和亚里士多德的世界观存在根本的分歧，是他无法凭借自身已有的信念体系所接受的。另一方面，高斯又反对在证成时只考虑行动者当下的信念体系，他要求把他人的批评和可能出现的新信息也考虑在内，声称行动者应该接受的理由必须能够经受住反复的考察和检验。这意味着，行动者应该接受的理由就是他凭借自己已有的信念、欲望体系理性地承诺（commit）了的理由，是他们"因为自己接受或相信其他东西而拥有的理由"①。比如自由主义者承诺了言论自由的原则，这意味着自由主义者的"信念体系和理由使他承诺了特定的道德判断，如果他继续接受这些信念和理由，他就必须接受这样的结论"②。这种对证成的理解被称作开放证成（open justification）的理论，它要求在判断特定主张是否被证成时，必须结合其证成对象当下的信念体系，去考察他们能否凭借这些已有信念接受这种主张。换言之，"要想满足自由主义合法性原则，我们不应该去寻求合理公民的共识，而应该去寻求那些与合理的信念不冲突的信念。"③正是在这个意义上，高斯把自己的政治哲学称作证成的自由主义（justificatory liberalism），而不是基于特定政治观念的政治自由主义。

由于证成总是面向个体及其当下的信念体系的，而不同的个体往往拥有不同的信念体系，因此高斯的道德知识论必然会产生多元论的立

---

① Ibid., p. 35.
② Ibid., p. 38.
③ Gerald Gaus, "Reasonable Pluralism and the Domain of the Political", *Inquiry: An Interdisciplinary Journal of Philosophy*, vol. 42, 1999, p. 275.

场,它意味着同样的信念 b 可能是行动者 A 应该接受的理由,但却不是行动者 B 应该接受的理由。这一方面可以解释为什么人们总是在美好生活的问题上存在不可消除的分歧,另一方面又产生了公共证成的要求:政治主张是关于强制性政治权力的行使的,这些主张必须能够被其服从者所接受,然而人们由于各自信念体系的不同,他们据以接受同一种政治主张的理由也肯定是不一样的,要想证成某种政治主张,就必须表明不同的行动者能够依据自己独特的理由共同接受这样的主张。也就是说,当政治哲学家面向特定行动者 A 提出某种政治主张 c 时,他们除了有适用于自己的理由 R 接受 c,还应该表明 A 也有另外的理由 R'接受 c。这种观点显然与罗尔斯存在差别。在政治自由主义中,公共证成的公共性是通过那些公共的理由得到体现的,公民们要诉诸他们和其他人能够共同接受的理由,所以它是一种基于共识(consensus)的推理;而在证成的自由主义中,公共证成的公共性是通过合理公民最终达成的一致体现的,它允许人们出于各自不同的私人理由形成聚合(convergence)。①

由于高斯是基于一种特定的道德知识论来为自己的主张奠基的,因此他更多把证成看作是一种认知的事业,而不是意愿(volition)的事业。这也意味着在公共证成中,哲学家应该更多地考察那些被人们的评价标准所蕴含的主张,而不是他们实际提出来的主张。尽管高斯也承认公共证成的目标是合理的政治方案,而非真理,但他显然把"合理性"更多地看作是一种认知的属性,而不是罗尔斯所说的政治-道德的属性。② 由此产生的另外一种差别就表现为他们对于慎议民主的不同评价,罗尔斯认为公共理性体现了慎议民主的精神,并且可以通过慎议民主的方式得到实现;然而高斯却认为慎议民主依然会产生多数人的专制,不应该成为

---

① 关于公共理性的共识和聚合可见 Fred D'Agostino, *Free Public Reason*, New York: Oxford University Press, 1996, p. 35。
② 参见 Enzo Rossi, "Legitimacy, Democracy and Public Justification", *Res Publica*, vol. 20, 2014, p. 15。

实现公共理性的主要方式。① 事实上,按照高斯的主张,公共证成最终会使自由主义更加偏向于对人们自由权利、私有财产等的保护而不是各种平等主义的分配方案,是一种自由至上主义的主张。

尽管存在这些分歧,高斯对于公共证成的构思依然分享了道德人格的观念。他认为,公共证成必然预设了能够提出、辨别并响应理由的道德人,这种道德人有按照自己评价标准来为自己选择美好生活观念的权利,因此被认为是自由的;与此同时,他们又把彼此看作公共证成的平等参与者,因此是平等的。自由平等人在这个意义上同样构成了证成政治主张的基本对象。② 不仅如此,高斯也认为公共证成的要求最终会使自由主义成为一种反至善论的主张,因为诉诸任何一种美好生活的观念都不可能得到所有自由平等人的共同接受,合法的国家行为只能在不同美好生活观念之间保持不偏不倚,避免基于其中任何一种来证成自己。就此而言,高斯的主张与罗尔斯的主张依然存在相似之处,它们都以现代社会多元分歧的事实为前提,基于自由平等人的道德人格的观念,对至善论的观点进行了批评,把公共证成的原则确立为一种反至善论的主张。

三、哈贝马斯和新法兰克福学派的公共证成理论

与罗尔斯回避哲学争论、寻求政治共识的做法相比,高斯是通过道德知识论来实现证成的转向的。但开放证成本身也只是一种有争议的哲学学说,远远没有得到广泛认可。因此,公共证成完全可以基于别的道德知识论立场得到确立,并产生与高斯不同的政治结论。以哈贝马斯

---

① 更详细的批评可见 Gerald Gaus, *The Order of Public Reason*, New York: Cambridge University Press, 2011, pp. 387—388。
② 参见 Gerald Gaus, "The Moral Foundations of Liberal Neutrality", in Thomas Christiano and John Christman (eds.), *Contemporary Debates in Political Philosophy*, Oxford: Blackwell, 2009, pp. 84—86。

为代表的新法兰克福学派就基于商谈伦理学(discourse ethics)的立场，发展出另外一种截然不同的政治主张，为当代政治哲学证成的转向提供了一条新路径。

对于高斯，证成从根本上来说是私人性的，它最终取决于特定行动者当前的心智状态，与其他人无关。公共证成实际上只是不同行动者各自私人证成的机械叠加，并不需要他们彼此的互动和交流。人们之所以接受同样的政治主张，完全是一种偶然的巧合。但在哈贝马斯看来，证成在本质上是主体间的，并且"对规范和命令的证成要求执行一种真正的对话，证成因此不能以严格的独白形式出现，就仿佛是发生在个体心智内部的虚拟论证过程"①。这种差别的根源可以追溯到他对策略行动(strategic action)和交往行动(communicative action)的区分。策略行动是人们为了实现个人特殊目标而单方面地选择、采取最佳手段的行动，基于这种行动类型的社会合作只能算是不同行动者彼此利用的结果：行动者 A 为了实现自己的目标 α 需要行动者 B 完成行动 β，他诉诸 B 已有的信念、欲望来激发 B 做 β，在这个时候 B 与 A 形成了社会合作，但这并不是因为 B 认为 A 的目标 α 有任何内在价值，而是因为履行 β 是他自己信念、欲望所蕴含的实践结论。显然，高斯的构思正是以策略行动为依据的，聚合模式表达的不过是人们在追求自己生活目标时形成的重叠和一致，它本身不具有任何道德的内涵。政治主张之所以需要被公共地证成，不是因为国家要平等地尊重所有公民，而是因为这是使它能够被所有公民理解的唯一途径。换言之，高斯的"可接受性"完全是认知的，而非道德的。但是按照哈贝马斯，构成社会生活的应当是交往行动而非策略行动。交往行动的核心是相互理解，它要求人们基于对有价值目标的共同理解而协调各自目标，反映了不同行动者相互承认、平等对话的关

---

① Jürgen Habermas, *Moral Consciousness and Communicative Action*, Christian Lenhardt and Shierry Weber Nicolsen (trans.), Cambridge, Mass: MIT Press, 1990, p.68.

系,是具有道德内涵的行动类型。哈贝马斯认为,社会成员通过交谈、论辩等进行彼此理解,这种交往预设了普遍化的原则——"任何有效的规范必须满足这样的条件:它被普遍遵循后产生的后果和对每个个体利益之满足的可预期影响都能被所有相关各方所接受。"[①]商谈伦理学正是基于这样的原则被提出的,它要求"只有那些(可以)被所有参与对话的相关者所赞成的规范才是有效的"[②]。

就基于道德知识论的主张来为公共证成奠基而言,哈贝马斯与高斯都承诺了一种整全的而非政治的学说;就把公共证成塑造为一种道德的谋划来说,哈贝马斯又呼应了罗尔斯对正义原则道德意义的强调,并因此与高斯的政治哲学分道扬镳。但所有这些都还只是他们在公共证成的理论前提、基本机制上的分歧,在实质性的政治理论中,哈贝马斯也贡献了自己独特的见解。显然,作为对公共政治权力的规范要求,政治主张也必须满足商谈伦理学的基本原则。可是由于多元文化和各种生活领域的不断分解,政治哲学无法再像过去那样诉诸人们共享的,并且覆盖生活方方面面的宗教学说来为基本的政治主张奠基,现代社会的政治合法性因此遭受到了危机。不过哈贝马斯注意到,现代社会的法律体系通过确定、保护个人自由的各种领域,可以为文化观念的冲突提供系统性的解决方案。这种法律因此表现了对人们私域自主(private autonomy)的充分保护,并体现为确保个人自由的一系列基本权利和由这些权利所构成的公民的平等地位。然而,由于公民只有在把自己看作法律的创制者时才能把那些基本权利理解为自己平等地位的表达,法律因此也是社会成员公域自主(political autonomy)的产物,需要保障他们参与政治的权利。在这个意义上,现代法律的合法性必须追溯到社会成员民主的对话过程。按照哈贝马斯,民主不仅是决策的程序,更是协商

[①] Jürgen Habermas, *Moral Consciousness and Communicative Action*, Christian Lenhardt and Shierry Weber Nicolsen (trans.), Cambridge, Mass: MIT Press, 1990, p. 65.
[②] Ibid., p. 66.

的程序,它通过社会成员公开、有序、自由且不受限制的对话,促使他们形成共识,并以此确立了法律体系和政治主张的合法性。这就是民主的合法性原则:"具有合法的有效性的只是这样一些法律规则,它们在各自以法律形式构成的商谈性立法过程中是能够得到所有法律同伴的同意的。"①与罗尔斯自由主义的合法性原则相比,虽然它们都支持慎议民主的构思,但哈贝马斯的观点无疑更加激进:罗尔斯试图在"政治观念"的旗号下把自由主义的基本政治价值固定下来,既限制合理公民商谈的范围,又为其提供可以援引的资源,哈贝马斯则质疑"罗尔斯把可接受性的检验等同于他参照良序社会的自我稳定的潜质而提出的一致性(相容性)的检验"②,并要求那些实质性的政治价值也必须通过民主的程序而实现。这种激进民主的构思不仅呼应了公民共和主义对人民主权原则的坚持,而且也更加有力地回应了现代社会多元分化的现实。

如果说哈贝马斯对公共证成的关注还隐藏在慎议民主的主张背后,并未充分凸显出来的话,那么他的学生,被誉为法兰克福学派第四代领军人物的弗斯特(Rainer Forst)就更加明确地把证成作为政治哲学的核心议题。按照弗斯特,人是能够证成并给出理由的存在者,理由本身又必须是公共可通达的(accessible),规范性的主张因此必须诉诸人们共同分享的理由。然而,尽管所有规范主张都必须基于这些共同理由得到证成,但不同性质的规范主张往往可以按照不同的方式被证成。在道德的语境中,道德主张是无条件的普遍要求,需要被所有道德相关者按照互惠、普遍的原则所接受。在伦理语境中,关于我们各自美好生活的规范主张需要面向我们生活中的那些重要他者被证成,这种证成反映了我们对自己所属的独特伦理共同体的认同。在法律语境中,人们把彼此看作对自己行为负有法律责任的法律人,对他们行为的证成因此需要"指向

---

① [德]尤尔根·哈贝马斯:《在事实与规范之间》,童世骏译,北京:三联书店2003年版,第135页。
② 应奇:《从自由主义到后自由主义》,北京:三联书店2003年版,第139页。

这些行为在已确立的法律术语中的'合法律性'（lawfulness）"①。而在政治语境中，公民不仅是法律的接收者，更是法律的创制者，并因此构成了一起为法律承担责任（而非为自己承担法律责任）的政治共同体，证成的问题必须指向政治共同体民主的自我立法。由此可见，对证成的探索总是离不开相应的语境，正如弗斯特所指出的，实践理性"就是在实践问题出现并必须安置于其中的实践语境中，用证成性的理由和按照恰当方式解决这些问题的基本能力"②。在这个意义上，证成应该是分解的而非还原的，它需要采取按照递归重构（recursive reconstruction）的方式逐步考察特定主张在道德、伦理、法律和政治的语境中各自应该以什么样的方式被证成，并最终催生一种可以整合所有这些主张的正义理论。这种正义理论既能够识别不同生活语境中的承认和证成模式，又能够超越并整合道德尊重、伦理认同、平等权利和政治参与这四种不同规范之间的对峙，是整全的而不仅仅是政治的主张。不仅如此，它关注的也不再是平等地分配社会资源这种有限的目标，而是从证成的角度出发，更加开放地评价、反思社会成员彼此之间的承认关系，是一种批判的正义理论。

不过，与罗尔斯、高斯类似的是，弗斯特也同样把自由平等人的观念看作是公共证成的起点和基本对象。他声称："不论人们持有哪一种具体的正义观念，正义的一般概念都意味着基本结构必须以作为自由平等、自主个体的公民能够接受的原则被证成。"③尽管随着语境的不同，道德人格的具体内涵也会发生变动，但至少在政治与道德的语境中，公共证成的要求必然会排除那些特殊的美好生活观念，进而支持反至善论的主张，要求国家在所有美好生活观念之间不偏不倚。就此而言，新法兰克福学派与罗尔斯、高斯等人是殊途同归的，他们不仅都把现代社会多

---

① Rainer Forst, *The Right to Justification*, New York: Columbia University Press, 2012, p. 264.
② Rainer Forst, *Contexts of Justice: Political Philosophy Beyond Liberalism and Communitarianism*, Berkeley: University of California Press, 2002, p. 18.
③ Ibid., p. 80.

元分歧的事实看作是政治哲学必须面对的基本问题，而且还共同分享了自由平等人的道德人格观念，并得到了反至善论的政治主张。公共证成也正是由于这样的机缘，被普遍认为是一种反至善论的谋划。

第四节　本书的章节安排

上一节的考察表明，公共证成的原则之所以被认为是反至善论的，主要就是因为现代社会多元分歧的事实和自由平等人的道德人格观念。前者给国家行为的证成施加了巨大限制，要求它必须正视人们在许多美好生活的问题上总是会充满分歧的现实；后者则赋予人们选择自己生活方式的自由，要求国家尊重公民的这种自由。它们从不同角度对至善论的观点发起了攻击，共同确立起了禁止国家诉诸任何美好生活观念证成自己行为的主张。因此，要想在当代政治哲学的公共证成转向中重新把至善论确立为一种合法的政治主张，就必须首先对多元分歧的事实和道德人格的观念进行更进一步的探索和分析，检验它们是不是一定会产生反至善论的结论。本书第二章将承担这样的任务，它首先指出合理公民不仅在事关美好生活的问题上存在分歧，而且在许多正义的问题上也同样存在不可调和的分歧，政治哲学不应该有差别地对待这两种类型的分歧，只要求国家包容各种各样的美好生活观念，多元分歧的事实因此不会否定至善论的主张；接着论证了公共证成预设的只是有良好意愿参加社会公平合作的合理公民，不是被自由平等人的道德人格观念所定义的人，因此当反至善论者们使用道德人格的观念来批评至善论的主张时，他们其实已经犯了丐题论证（question-begging）的错误。为了更好地说明这一点，第二章还以对罗尔斯后期哲学的一种独特解释——内在的政治自由主义（the internal political liberalism）——为例，揭示了用自由平等人的观念来定义公共证成的基本对象会产生的后果，并指出，公共证成是一种面向各种政治观点开放的谋划，并没有蕴含反至善论的结论。

即便公共证成的原则本身并不是反至善论的,只要自由平等人的道德人格观念足够可靠,合理公民也还是有可能要求国家尊重人们选择自己生活方式的自由,并且最终接受反至善论的观点。为了避免出现这样的情形,第三章对道德人格的观念进行了深入的分析。道德人格的观念不仅包含人们出于正义原则而行动的道德自主(moral autonomy)的能力,同时也包含他们独立地选择自己善观念的个人自主(personal autonomy)的能力。这两种维度的自主既彼此限制又互为奥援,共同塑造了当代反至善论的基本风格。然而,通过考察,不难发现,道德人格的观念之所以能够发挥这样的作用,是因为它既按照实质主义的方式来解释道德自主,要求人们在公共政治领域中响应恰当的道德理由,又按照程序主义的方式来解释个人自主,主张自主的生活目标是内容中立的,不应该受到国家行为的干涉。由于实质主义和程序主义本身就是关于人类能动性的两种针锋相对、不可调和的主张,道德人格的观念因此充满了紧张,不适合成为合理公民建构合法政治主张的依据,基于这种人格观念的反至善论主张也因此是不能成立的。

反至善论者们除了诉诸多元分歧的事实和道德人格的观念之外,还普遍支持中立性的原则,要求国家中立地对待各种美好生活观念,不依据其中任何一种来行使自己的政治权力。因此,在反驳了基于多元分歧的事实和道德人格观念的反至善论主张后,第四、第五章分别对中立性原则的两种情形进行了检讨,论证了它们都是一些无法被真正施行的主张,不适合成为指导国家行为的根本原则。具体来说,第四章考察的是中立性的不偏不倚情形(the case of impartiality),它意味着,国家在证成自己行为时没有偏袒任何一种美好生活的观念。这种情形可以通过两种方式得到满足:第一,国家基于一些本身就中立于各种美好生活观念的道德理由而行动,即寻找中立的道德理由;第二,国家行为虽然是以美好生活观念为基础的,但却可以得到所有美好生活的同等程度的支持,即寻找中立的政治方案。寻找中立的道德理由的典范是罗尔斯的政治自由主义,在那里,他要求只诉诸特定的政治观念来证成国家行为,这些政治观念对所有整全学说均呈现为不持立场的,构成了证成国家行为的中立的道德理由。然而,通过考察政治自由主义中的重叠共识理念,笔者发现政治观念其实并没有真正中立于各种美好生活的观念,寻找中立的道德理由因此是不成功的。与罗尔斯相比,高斯试图把国家行为确立为人们出于各种美好生活观念而形成的聚合,为寻找中立的政治方案提供了典范。然而,高斯的工作不仅预设了个人自主的生活观念,而且还严重依赖于现实社会中最有影响力的美好生活观念,同样也不可能获得成功。由于不论通过哪一种方式,国家都不可能真正不偏不倚地对待所有美好生活的观念,中立性的不偏不倚情形因此是一种不切实际的幻想,不适合成为现实世界中国家行为效仿的榜样。不过,中立性的原则也可以表现为一种排除的情形(the case of exclusion),这种情形只要求国家把各种美好生活的观念排除在自己的行为基础之外就可以了,不要求它诉诸的理由一定得是中立的道德理由或者它的行为一定要得到各种美好生活观念同等程度的支持。再一次地,罗尔斯的政治自由主义构成了这种排除情形的中立性原则的典范,因为虽然证成国家行为的那些政治观念本身并没有真正中立于各种美好生活的观念,但它的确在定义上就区别于各种哲学、宗教的整全学说,是另外一套截然不同的价值体系。本书第五章就以政治自由主义的主张为例,对中立性的排除情形进行了考察。它注意到,政治自由主义面临着自反性的难题:它不仅要使国家行为得到所有合理公民的共同接受,而且要使公共证成的原则本身也获得所有合理公民的共同接受。为了解决这种自反性的难题,政治自由主义可以诉诸一种特定的知识论主张,也可以把自己塑造为一种强有力的道德要求,但不论哪一种做法都会赋予它许多至善论的因素,无法真正从国家行为的基础中排除美好生活的观念。不仅如此,第五章还对政治观念的定义本身进行了分析,论证了它最终还是会引入许多独特的美好生活观念,无法真正满足中立性的要求。国家既不可能不偏不倚地对待所有美好生活的观念,也不可能把它们排除在自己的行动基础之外,根据"应当蕴含能够"(ought entails can)的原则,中立性不适合成为指导国家行为的根本原则,至善论才是真正可行的政治主张。

在解释了公共证成的原则不会产生反至善论的主张之后,本书试图在接下来的章节中继续探索到底什么样的美好生活观念才能成为国家行为的合法基础。由于公共证成的原则本身的确预设了合理公民一定程度的自主能力,因此我们首先把目光转向了个人自主的美好生活观念。在当代实践哲学中,关于自主的定义存在程序主义和实质主义的争论,这给理解作为一种生活方式的个人自主带来了极大的困难,为了克服这种缺陷,第六章尝试正本清源地对自主的定义本身进行一番界定,以"酸葡萄"的情形和自我欺骗的欲望为例,论证了自主的欲望必须满足响应理由的要求,自主因此必定是一种具有实质要求的价值理念,不是内容中立的概念。以这种实质主义的自主观为基础,第七章对个人自主的美好生活观念进行了考察,指出作为一种生活方式的个人自主并不要求行动者的每一个行动都满足响应理由的要求,相反,只要那些支配性的行动是他自主做出的就够了。支配性的行动既有主观性的一面,也有客观性的一面,前者意味着它是由行动者自己来选择并认定的,后者则表明,并不是任何行动都可以成为支配性,相反只有那些在特定社会中满足衍生性要求的行动才有可能成为支配性的行动。支配性行动的这种特点既给行动者在日常生活中的自由奠定了牢固的基础,也为国家采取恰当形式帮助人们过上自主的生活提供了渠道。不过,国家之所以能够推行个人自主的生活观念,除了这种观念本身具有的价值之外,更重要的还在于它和公共证成的原则之间具有密不可分的内在联系,因此当国家基于个人自主的观念而行动时,它既可以表达至善论的诉求,也满足了公共证成的要求,体现了这两种主张之间的融合。

除了个人自主之外,在本书第八章中,我们进一步指出,公共证成的原则还允许国家诉诸存在于社会道德中的美好生活观念来证成自己的行为。社会道德指的是现实地存在于当前社会之中,被大多数社会成员所分享的一系列道德观念,它既具有实定性(positive)的一面,也具有规范性的维度,在维持社会合作的稳定进行中发挥着不可或缺的黏合剂的作用。公共证成的原则以确保社会秩序的稳定和统一为己任,所以会允许国家基于社会道德中的一系列价值、观念而行动,由于社会道德不可避免地会包含大量美好生活的观念,公共证成的原则因此可以通过这种方式产生更加丰富的至善论主张,为国家推行特定的美好生活观念奠定基础。不仅如此,当国家诉诸社会道德中的美好生活观念来证成自己的行为时,它其实已经例证了一种新的至善论形式。在第九章中,我们通过对比当前学界盛行的各种至善论主张,指出这些传统的观点其实代表了一种伦理至善论的立场,它总是预设了某些特定的美好生活观念是具有内在价值的或天然地优先于其他观念的,然后才依据这些观念的伦理价值来提出对国家行为的要求;而基于社会道德的至善论则不然,它是因为某些特定的美好生活观念在维持社会合作时发挥的重要作用来要求国家推行它们的,并不需要假设这些美好生活观念的伦理价值,所以可以被称作是一种政治的至善论。给定现代社会多元分歧的事实,伦理的至善论很难获得所有合理公民的认可,与公共证成的原则是不相容的;但政治的至善论却能够从公共证成的原则中推导出来,因此也是一种公共证成的至善论。它不仅能够在多元分化的现代社会中解决政治合法性的问题,而且可以结合不同人类社会的独特文化传统,灵活地应用于各种社会,重新为公共的政治秩序奠定可靠的基础。

第二章　多元分歧的事实与合理公民的设定

　　第一章的考察表明,公共证成是哲学家们为了回应现代社会多元分歧的事实提出的主张,它把合理公民作为自己的论证对象和逻辑起点,试图探索什么样的国家行为才能得到这些公民的共同接受,而反至善论则构成了对该问题的常见回答。不论罗尔斯、高斯以及他们的追随者,还是哈贝马斯和新法兰克福学派的成员,都一致认为,公共证成禁止国家基于任何美好生活的观念来行使政治权力,是一种反至善论的主张。尽管这些学者们反对至善论的理由是多种多样的,但大体来说不外乎两个类型:第一,现代社会存在大量互不相容、彼此冲突的美好生活观念,用其中任何一种来为强制性的国家行为奠基都会冒犯其他美好生活观念的支持者,至善论的主张因此不可能得到所有合理公民的共同接受;第二,公共证成是面向合理公民提出的谋划,合理公民把彼此视作自由平等的人,尊重其他社会成员选择自己生活方式的自由,因此反对国家推行任何一种美好生活观念。前者可以被称作是反对至善论的消极论证,它虽然没有正面地要求国家去做什么,但却禁止国家把任何美好生活的观念作为证成自己行为的道德基础;后者则代表了反对至善论的积极论证,它要求国家尊重人们选择自己生活方式的自由,哪怕他们最终选择的是道德上低俗、鄙陋的生活方式。不论是消极的论证还是积极的论证，都对至善论的主张提出了釜底抽薪式的批评，而公共证成的理论恰恰同时分享了这两种论证所依赖的前提和资源，因此被普遍认为是一种反至善论的观点。在这一章中，我们将致力于考察反对至善论的这两种论证，分析多元分歧的事实和合理公民的设定是否足以表明至善论是错误的。第一节首先对消极的论证提出了质疑，指出它本身并不蕴含着反至善论的结论；第二节澄清了合理公民的两种含义，揭示了公共证成所预设的那种合理公民与自由平等人观念之间并没有逻辑上的必然联系，因此合理公民的设定同样不会否定至善论的主张；为了更进一步地展示积极论证的错误之处，第三节以内在的政治自由主义为例，具体地解释了用自由平等人的观念来定义合理公民会给公共证成的理论带来什么样的困难；第四节总结了前面三节的论证和结论，指出公共证成应该成为一种更加开放的谋划，它并不天然地排斥至善论的主张。

第一节 多元分歧的事实与反至善论

本书第一章曾经在伯林式的价值多元论和多元分歧的事实之间做出过区分，指出前者只是一种关于价值之根源的哲学主张，本身也是有争议的，后者才是公共证成的理论旨在回应的对象。同时，它也解释了，这种多元分歧的事实并不包括人们在利益冲突中产生的争执和由于认知失误而发生的争论，相反，它指的是人们在自由行使自己的理性过程中发生的根本分歧，是无法通过理性本身来克服的。用罗尔斯的话来说，公共证成的理论试图解决的不是分歧本身，而是人们即便克服了各种谬误、偏见和自私，充分使用自己的理性后也会出现的那种合理分歧。为了解释这种分歧何以是合理的，罗尔斯进一步指出，人们的思考和判断是承载了许多负担的，它们包括：1. 支持人们观点的证据本身就是高度复杂、难以评估的；2. 它们在不同人的决策中发挥的作用也是完全不同的;3.相关的概念是模糊的,可以得到多样化的解释;4.人们的判断会受到他们各自不同的人生经验的影响;5.争论双方通常都有各自不同的规范考虑;6.制度体系本身能够容纳的价值也是有限的,需要做出艰难的取舍。① 给定这样一系列判断的负担(the burdens of judgment),显然,即便人们愿意在公平的条款下进行社会合作,也不可能就美好生活的问题达成一致,更不用说选择同一种生活观念来行使强制性的国家权力了。类似地,高斯也从自己的立场出发解释了现代社会多元分歧的事实为什么是合理的和不可避免的。按照他的观点,人们的判断不取决于外部世界的客观事实,而取决于自己的评价标准。这些评价标准是在个人成长中逐步形成并发展起来的,不可能保持完全一致,所以他们对于美好生活也不可能获得共识,而这就意味着,任何基于某种特定美好生活观念而施行的国家行为都无法得到合理公民的共同接受,公共证成的理论因此与至善论的主张是互不相容的。

表面看来,消极论证对至善论的批评是非常有力的,但其实不然。首先,不论是罗尔斯关于判断的负担的论述,还是高斯对多元分歧事实的解释,都是关于人类生活的一般命题,能够无差别地适用于他们在任何问题上做出的判断。因此,一旦承认判断的负担或者评价标准的多样性会导致人们在美好生活问题上发生分歧,也就相当于承认了他们在许多公共政治问题上也会发生分歧。除非反至善论者们接受无政府主义的观点,否则当他们基于多元分歧的事实来反对至善论的主张时,就必须解释:为什么国家依据某种特定的正义原则来行动是能够被普遍接受的,而依据某种美好生活的观念来行动就不能得到普遍接受了?反至善论者们或许可以回应说,人们并不是在正义原则上不会产生分歧,而是正义原则本身就是从人们没有分歧的地方建构而来的,所以当国家基于

---

① 参见 John Rawls, *Political Liberalism*, New York: Columbia University Press, 2005, pp. 56—57。

这种正义原则来行动时,它的行为就可以得到公共的证成。但这种观点没有注意到,一方面,现实社会中的人们在正义原则的问题上的确是存在许多分歧的;另一方面,他们在许多美好生活的问题上反倒存在一些共识,比如几乎不会有人反对理性、勇敢、节制等都是值得欲求的生活品质,并且可以用来证成某些国家行为。① 给定这样的现实情形,至善论的主张显然并不会比反至善论更难得到社会成员的普遍支持。

其次,多元分歧的事实尽管肯定了人们在判断有价值的生活方式时会发生持久的争论,但并不意味着他们会把任何生活方式都看作是同等有价值的。相反,在很多时候,尽管人们无法就何谓美好生活达成一致,但却都可以同意某些低俗、鄙陋的生活方式是永远不值得去追求的。基于公共证成的原则,国家完全可以采取恰当的行动来压制这些生活方式的传播和实践,这同样是一种至善论的主张。② 事实上,从这个角度来看,与至善论相比,多元分歧的事实反倒给反至善论带来了更大的困扰。因为反至善论者必须主张人们在任何美好生活问题上都无法获得一致的判断,而这很容易导致怀疑论的观点。③ 可是公共证成的支持者们却都拒绝接受怀疑论的主张,就像罗尔斯所说的,"如果合理整全学说之间的重叠共识是可能的,那么怀疑论就必须被避免,对这些(判断的)负担的解释绝对不能成为怀疑论的论证。"④在这个意义上,多元分歧的事实也没

---

① 关于正义的分歧,可见 Jeremy Waldron, "Disagreements about Justice", *Pacific Philosophical Quarterly*, vol. 75, 1994, pp. 374—375;关于人们在美好生活问题上的共识可见陈祖为《正当性,全体一致与至善论》,《自由主义中立性及其批评者》,应奇编,南京:江苏人民出版社 2007年版,第281—286页。
② 罗尔斯的确会允许国家压制一些不合理的生活方式。但作为一种公共的德性,合理性指向的始终是涉及他人(others-regarding)的事务,而不是涉及自我(self-regarding)的事务。罗尔斯因此不会仅仅因为某种生活方式包含了许多道德上鄙陋的涉及自我的事务就要求国家压制这种生活,而至善论者却可能因此要求国家压制这种生活,我们在这里讨论恰恰就是后一种情形。
③ David McCabe, "Knowing about the Good: A Problem with Anti-Perfectionism", *Ethics*, vol. 110, 2000, p. 320.
④ John Rawls, *Political Liberalism*, New York: Columbia University Press, 2005, pp. 62—63.

有更偏袒反至善论的主张,反对至善论的消极论证因此最终是失败的。

第二节 何种合理公民?

多元分歧的事实本身并没有反对至善论的观点,但反至善论者们还可以找到其他资源来为自己的主张奠基。比如,纳斯鲍姆(Martha Nussbaum)就曾经指出,公共证成预设了人们是合理的公民,而合理公民意味着他们要尊重他人,至善论的主张恰恰违背尊重他人的要求。因此,"人们能够单独通过尊重切入政治自由主义,不需要顾及判断的困难。"① 与此类似,拉莫尔也强调,政治自由主义的基础就在于对所有公民的平等尊重,这种平等最终会导向中立性的要求。② 尊重他人的理念为什么会导向反至善论的主张? 假设合理公民坚定不移地认为某种生活方式是错误的,那么尊重他人的理念难道不应该要求他们去压制这种生活方式吗? 实际上,要想真正击败至善论,尊重他人这种抽象的理念必须与承认人们有选择生活方式的自由结合起来,而这种自由又是通过罗尔斯的道德人格观念被赋予的。也就是说,政治自由主义尊重的其实是公民的两种道德能力。③ 按照罗尔斯,道德人格是由正义感和善观念两种道德能力构成的,拥有这两种能力的人又被看作是自由平等的人。他们的平等体现为在理解、执行正义原则的能力上的平等,他们的自由则体现为:第一,他们独立于并且不等同于他们所选择的善观念;第二,他们是各种有效价值主张的创制者;第三,他们为自己的选择承担责任。④ 也就是说,人们是自己生活计划的自生之源(self-originating sources),

---

① Marsha Nussbaum, "Perfectionism Liberalism and Political Liberalism", *Philosophy and Public Affairs*, vol. 39, 2011, p. 20.
② 参见[美]查尔斯·拉莫尔《现代性的教训》,刘擎、应奇译,北京:东方出版社 2010 年版,第 279 页。
③ 参见陈肖生《辩护的政治》,北京:三联书店 2018 年版,第 43—53 页。
④ 参见 John Rawls, *Political Liberalism*, New York: Columbia University Press, 2005, pp. 30—35.

"他们的主张自身就是有分量的,不需要发源于对他人或社会的在先的义务或责任,也不需要发源于或归结为人们特殊的社会角色。"①由此可见,道德人格赋予人们按照自己意愿选择、制订自己生活计划的自由,这些生活计划显然既包括道德上高尚的、令人钦佩的计划,也包括道德上平庸甚至鄙俗的计划。所以,当尊重他人意味着把他人当作自由平等的人来对待时,国家就不应该基于道德上良善的生活观念而行动,因为那样做其实不是在尊重人本身,而是在尊重某些特定的生活方式。在这个意义上,真正击败至善论的,不是多元分歧的事实,也不是尊重他人的理念,而是道德人格的观念,特别是其中所表达的人们是自己生活计划的自生之源,能够自由地选择自己生活方式的观念。②

公共证成的支持者为什么要基于自由平等人的观念来发展自己的主张?最常见的一个回答是,公共证成是面向合理公民提出的,而合理公民的合理性就体现为他们会把他人当作自由平等的人来对待,尊重他们选择自己生活方式的自由。就像沃尔德伦(Jeremy Waldron)指出的那样,"罗尔斯会说,谁要打算参与对正义的讨论,但却同时还对道德人格保持怀疑,实际上是不合理的。"③换句话说,合理公民本身就是被道德人格的观念塑造的,所以公共证成已经预设了人们按照自己意愿选择自己生活方式的自由,因此必然是反至善论的。然而,这种观点其实混淆了两种不同类型的合理公民:

1. 有良好意愿和基本能力与其他社会成员共同生活的人;
2. 接受了自由平等人的观念(还有多元分歧的事实)的人。

---

① John Rawls, "Kantian Constructivism in Moral Theory", *The Journal of Philosophy*, vol. 77, 1980, p. 543.
② 尽管罗尔斯在后期哲学中修改了自由平等人的观念,认为它不是人类先天固有的道德本质,而是潜存于现代民主社会公共政治文化中的关于公民的政治观念,但这种修改并没有触及自由平等人观念的实质内容,因此,为了保持前后统一,除非有特殊说明,本书将不加区分地使用自由平等人观念和道德人格观念。
③ [美]杰里米·沃尔德伦:《上帝、洛克与平等:洛克政治思想的基督教基础》,郭威译,北京:华夏出版社 2015 年版,第 298 页。

第一种合理公民可以被称作"基本合理的公民"(qualified reasonable citizens),因为公共证成的主张本身就必然会蕴含这样的承诺:人们希望与他人在公平的合作条款而非个人偏好下共同生活,并且有能力做到这一点。如果缺乏这样的意愿或能力,公共证成就是一项注定无法实现的事业。比如,极端的唯我论者(egoist)只关心自己善观念的满足,不愿意与他人共同分享同一个世界,因此只会在与自己个人利益一致时服从合法的政治要求,在不一致时就缺乏服从的动机。类似地,婴儿或精神错乱的人缺乏最基本认知和行动能力,不能辨别有效的行动理由和政治主张,同样也无法参与公共的政治论辩。因此,基本合理的公民体现了公共证成的最低要求,合法的政治主张必须表明其自身是可以被这样的合理公民共同接受的。作为公共证成的典范之作,《政治自由主义》中的合理公民显然也体现了这种要求,罗尔斯认为,"合理的与理性的不同之处在于,合理的具有公共性:正是通过合理的能力,我们进入他人的公共世界,并且准备提出或接受确定合作的公平条款的合理原则。"①

与第一种合理公民不同,第二种合理公民是被罗尔斯的道德人格观念所塑造的,这些公民不仅有参与社会公共合作的意愿和能力,而且拥有了建构正义原则的实质性的道德观念,因为就像罗尔斯所承认的那样,"不是所有东西都是被建构的;我们必须有一些素材作为开始……程序本身只是用作对作为起点的社会和人的基本观念的阐释。"②在这个意义上,第二种合理公民可以被称作"有效的合理公民"(effective reasonable citizens)。

显然,基本合理的公民与有效的合理公民在概念和范围上是不等同的,而公共证成本身预设的只是基本合理的公民,不是有效的合理公民,因此,当反至善论者们基于自由平等人的观念来为自己辩护时,

---

① John Rawls, *Political Liberalism*, New York: Columbia University Press, 2005, p. 114.
② Ibid., p. 104.

他们其实已经犯了丐题(begging the question)论证的错误,把自己试图论证的结论当成前提来使用了。反过来说,要想诉诸自由平等人的观念来击败至善论,就必须首先表明有良好意愿和基本能力与他人共同生活的基本合理公民应该接受自由平等人的观念,成为有效的合理公民,然而,绝大多数反至善论者恰恰没有提供这样的论证,由此显然会造成一系列重大的缺陷。为了更好地说明这一点,在此可以补充三个更进一步的论证:

首先,尽管的确有许多人是用道德人格的观念来定义合理公民的,但罗尔斯本人并没有把两者等同起来,恰恰相反,他把合理公民称作是人的概念(the concept of person),把道德人格则称作是一种关于人的观念(a conception of person)。众所周知,概念和观念的区分在罗尔斯的哲学中是非常重要的,前者往往是唯一的,代表了对事物本身的界定;后者则是对前者的一种特殊解释,是要与其他解释相互竞争的。比如在讨论正义的问题时,罗尔斯就说"正义的概念不同于各种正义的观念,它是被那些不同的原则、不同的观念共同扮演的角色所确定的"①。类似地,当他最早提出合理公民这个说法的时候,罗尔斯特别指出:

> 我们把人的概念定义为能够终其一生地充分参与社会合作,尊重他的纽带和关系的存在者。显然,对于这种能力,存在许多具体的解释,它们依赖于(比如说)社会合作或终其一生是如何被理解的,每一个这样的解释都会在这种概念之下产生另外一种关于人的观念。②

显然,只要有良好意愿与其他社会成员展开公平合作,就可以被称作是合理公民了,道德人格的观念只是为这种合理公民提供了更进一步的解

---

① John Rawls, *A Theory of Justice*, Cambridge, Mass: Harvard University Press, 1971, p. 5.
② John Rawls, "Kantian Constructivism in Moral Theory", *The Journal of Philosophy*, vol. 77, 1980, p. 571.

释而已,并不直接就等同于合理公民本身。

其次,许多政治哲学家都认为公民对美好生活的追求必须得到好的理由的支持,因此是不会接受罗尔斯的道德人格观念的。比如拉兹就曾经指出,"人们基于理由而追求目标,拥有欲望……如果欲望的理由是错误的,那么即便这个欲望由于无知而被持有,这个人也并不希望自己的欲望得到满足。"①沃尔(Steven Wall)也认为,合理性具有知识论的要求,那些无法得到良好理由支持的生活观念是合理公民不应该去接受的,因此人们不能完全按照自己的意愿选择或指定自己的生活方式。②如果把这些学者都看作是不合理的公民,并因此把他们排除在公共的政治论辩之外,那么公共证成就会变成一种过分独断、狭隘的事业,丧失其在解决政治主张合法性时的重要作用。

最后,虽然有一些学者认为,道德人格的观念可以作为一种最小的真理而得到证成,③但这首先就违背了罗尔斯一直坚持的知识论克制(epistemology abstinence)的立场,它意味着公共证成的理论最后还是要用一种特殊的道德真理来为正义原则奠基,并没有真的把宽容应用于哲学本身。当然,这些学者可以辩解说,罗尔斯力图避免的只是严重依赖于高度有争议的宗教、哲学或知识论学说的形而上的真理(metaphysical truth),不是世俗的真理(mundane truth),而"在世俗的意义上说某事是真理无异于说它是正确的、正当的、有效的或可靠的"④。但问题是,道德人格的观念不可能在任何意义上成为世俗的真理。世俗的真理可以是概念的真理,就像拉兹说的那样,"一种正义理论只能因为它处理那些真

---

① Joseph Raz, *The Morality of Freedom*, Oxford: Clarendon Press, 1986, pp. 140—142.
② 参见 Steven Wall, "Perfectionism, Reasonableness and Respect", *Political Theory*, vol. 42, 2014, pp. 468—485。
③ 这种解释可见 David Estlund, "The Insularity of the Reasonable: Why Political Liberalism must admit the Truth", *Ethics*, vol. 108, 1998, pp. 254—262。
④ Jonathan Quong, *Liberalism without Perfection*, Oxford: Oxford University Press, 2011, p. 225.

正的正义理论处理的问题而名副其实。"①但"有良好意愿和基本能力与他人合作"和"自由平等人"之间并不存在概念上等同或包含的关系。世俗的真理也可以被理解为在常识中广泛分享的观念,但自由平等人的观念是否属于这样的常识却是可疑的,比如,对美国当前社会政治文化的调查就表明,尽管抽象的谈论自由总是能够得到人们的认同,但在涉及具体问题时,不同的人总是会默而不宣地设置各种不同的限制和约束,并没有真正接受自由平等人的观念。② 所以,不论在哪一种意义上,道德人格的观念都不能作为世俗的真理而得到接受。

综上可知,公共证成要求政治主张必须得到合理公民的共同接受,但这种合理公民是有良好意愿和基本能力与他人共同生活的人,不是接受了罗尔斯式的自由平等人观念的人。当反至善论者以合理公民应该尊重他人选择自己生活方式的自由为依据,针对至善论的主张提出质疑和批评时,他们其实混淆了两种不同类型的合理公民,犯了丐题论证的错误。所以,求助于合理公民的设定同样不能表明公共证成一定是反至善论的主张,反对至善论的积极论证最终也是失败的。

第三节 论内在的政治自由主义

忽视基本合理公民和有效合理公民之间的本质差别不仅会使人们搞错政治主张的证成对象,错误地得到反至善论的结论,而且还会产生许多非常严峻的后果。在这一节中,我们将以对罗尔斯后期政治哲学的一种错误的解释——内在的政治自由主义(internal political liberalism)——为例,展示混淆两种类型的合理公民,搞错政治主张的证成对象带来的糟糕结果。

---

① Joseph Raz, "Facing Diversity: The Case of Epistemology Abstinence", *Philosophy and Public Affairs*, vol. 19, 1990, p. 15.
② 参见 George Klosko, *Democratic Procedures and Liberal Consensus*, Oxford; New York: Oxford University Press, 2004, pp. 60—70。

在《无所谓完美的自由主义》一书中,邝(Jonathan Quong)区分了对罗尔斯政治自由主义的外在解释与内在解释。外在的解释认为,政治自由主义是为了解决现代社会不同宗教、哲学和道德学说之间的分歧而出现的,它必须适应这一事实,并且面向这种深刻的分歧证成自己。换言之,多元分歧本身是存在于外部世界的客观事实,罗尔斯则致力于向现代社会中现实的公民证成自己的主张,要求"对自由主义正义观念的证成必须通过这样严苛的测试:它得与当前自由主义社会中公民事实上遵循的整全学说相容"①。内在的解释则有所不同,它把不同整全学说间的分歧看作是关于自由主义的事实而非关于世界的事实,多元分歧的事实据此被认为是人类理性在自由主义制度下自然发展的产物,是内在于自由主义良序社会的不可避免的问题。政治自由主义就是为了解决这一内在问题而出现的,它并不试图转变那些不合理的非自由主义者的立场,而是仅仅面向特定的公民展示自由主义的内在融贯性,并探索公共政治证成的内容与结构。具体来说,罗尔斯的证成对象是"良序社会中一种理想化的公民观念……是从一种理想的自由主义社会观念中建构得来的,不是关于现实公民的任何经验事实"②。因此,政治主张的合法性就是与现实公民可能拥有的整全学说实际内容无关,它只需要得到那些理想的合理公民的同意。

显然,内在政治自由主义的本质特征是,它把罗尔斯的证成对象限定为理想的合理公民。但邝始终没有明确指出合理公民究竟是什么样的公民,相反,在他的论述中存在许多不同的表述。一开始,他声称合理公民是"所有被理解为自由且平等的,参与互利的公平合作的公民"③;但他又倾向于把合理的公民当作自由主义者,因为"外在的观念假设自由

---

① Jonathan Quong, *Liberalism without Perfection*, Oxford: Oxford University Press, 2011, p.142.
② Ibid., p.145.
③ Ibid., p.139.

主义必须对那些不可能支持基本自由主义规范或价值的人证成"①,"我们不能允许正义观念的证成依赖于不公正的或非自由主义的人的赞成"②。他还指责外在解释的证成对象"不够自由主义,不能确保自由主义的结果"③;在别的地方,他又说"我们知道一个良序的自由主义社会中存在(a)多元冲突的善观念……(b)公民都希望和他人一样提出并遵守公平的条款。因此合理的人的构成者是一种理想:一些既接受(a)又被(b)中描述的动机所激发的虚拟的公民"④。这些不同的表述诚然存在许多重叠之处和紧密联系,但在本质上却可以被分为三种类型的合理公民:

基本合理的公民:有良好意愿与基本能力与他人共同生活的人;

有效的合理公民:接受了自由平等人的观念(以及合理多元论)的人;

自由主义者:支持基本的自由主义规范或价值的人。

在上一节中,我们已经区分了前面两种类型的合理公民,现在只需要单独考虑下第三种类型的合理公民,即支持基本的自由主义规范或价值的人。公共证成预设了那些独属于自由主义的基本规范或价值吗?显然没有,至少在罗尔斯那里,诸如三权分立、代议制民主、市场经济等观念对于正义原则的建构来说是不必要的。事实上,罗尔斯甚至反对某些自由主义的传统立场,比如他认为更符合正义要求的是民主的社会主义,而不是自由放任的或福利国家的资本主义。⑤ 因此,当邝用自由主义的基本规范或价值来定义合理公民,并强调政治主张只需要面向这些自由主义者得到证成时,他已经把罗尔斯的观点扭曲为一种把自由主义者的立场强加于所有公民的宗派主义,违背了公共证成的根本目标和出发点。⑥

---

① Jonathan Quong, *Liberalism without Perfection*, Oxford: Oxford University Press, 2011, p. 141.
② Ibid., p. 167.
③ Ibid., p. 146.
④ Ibid., pp. 143—144.
⑤ 参见 John Rawls, *Justice as Fairness: A Restatement*, Cambridge, Mass: Belknap Press of Harvard University Press, 2001, pp. 135ff.
⑥ 参见 Gerald Gaus, "Sectarianism without Perfection: Quong's Political Liberalism", *Philosophy and Public Issues*, vol. 2, 2012, p. 9.

不仅如此，由于没有清楚地区分基本合理的公民与有效的合理公民，内在的政治自由主义也错失了罗尔斯政治哲学中的许多精微之处，特别是，它没有注意到罗尔斯其实已经为自由平等人的观念提供了一些正面的论证。本书第五章会正式检验这些论证，指出其中的不足之处，这里只需要勾勒出罗尔斯论证自由平等人观念的基本思路就可以了。首先，作为有良好意愿和基本能力与他人共同生活的公民，人们有理由排除那些有争议的整全学说，选择可以被广泛分享的观念来证成公共的正义原则。其次，作为一种现实主义乌托邦的事业，政治哲学的功能之一是"探讨实践的政治可能性的限度"①，因此不应该寻找适用于所有社会的最佳政治秩序，而应该在给定的历史条件下寻找最适合于自己所处社会的政治秩序。就像威廉斯（Bernard Williams）说的那样，政治自由主义是"针对特定时代并应用于特殊政治形式（现代多元主义国家）的反思……他（罗尔斯）的确预设了一种历史的叙事"②。最后，作为一种政治观念，自由平等人不仅潜存于现代西方民主社会的公共政治文化之中，而且得到了多数社会成员的共同分享，因此可以作为建构公共正义原则的最合理的基础。这意味着，基本合理的公民应当接受自由平等人的观念，尊重他人选择自身生活方式的自由，成为有效的合理公民。在这里需要注意的是，罗尔斯并没有预设任何关于自由平等人观念的真理，相反，他是在给定政治哲学基本功能的前提下，通过对公共政治文化的解释完成对自由平等人观念的论证的。这种论证思路为实现公共证成的谋划提供了有据可循的榜样，它提示了公共政治文化对于确立政治主张合法性的重要意义，即便罗尔斯对自由平等人观念的论证是错误的，公共证成也可以借助公共政治文化发展出其他的政治主张。

---

① John Rawls, *Lectures on the History of Political Philosophy*, Cambridge Mass: The Belknap Press of Harvard University Press, 2007, pp. 10—11.
② Bernard Williams, "The Liberalism of Fear", in Geoffrey Hawthorn (ed.), *In the Beginning was the Deed*, Princeton, NJ: Princeton University Press, 2005, p. 53.

最后，内在的政治自由主义还错误地认为罗尔斯的证成对象是理想的合理公民，不是现实地存在于现代社会之中的合理公民。这种错误的根源在于它没有真正理解罗尔斯重叠共识的理念，认为政治自由主义根本不需要稳定性的论证。按照邝的理解，罗尔斯追求的不是任何整全学说的重叠共识，而是由合理公民持有的合理整全学说的重叠共识，但在政治建构主义中，他已经通过合理公民在原初状态中的选择证成了政治的正义观念，因此只要建构主义足够可靠，合理公民从定义上就不会反对这种正义观念。反之，假如人们依据自己独特的整全学说拒绝了政治的正义观念，这只能说明他们并不是合理的公民，而正义原则并不需要得到不合理公民的支持。所以稳定性论证并没有像罗尔斯设想的那样发挥证成的作用，重叠共识的理念完全是多余的。但实际上，一旦区分了基本合理公民与有效合理公民，邝的这种批评就完全无法成立了，因为情况其实是这样的：

1. 在政治建构主义中，罗尔斯首先基于自由平等人的观念建构了正义原则；

2. 按照定义，这种政治观念是有效合理公民所分享的，但却不是基本合理的公民一定会接受的；

3. 由于基本合理的公民并没有在定义上就分享自由平等人的观念，所以他们可能拥有与正义原则冲突的观点和利益；

4. 公共证成要求政治主张必须面向基本合理的公民得到证成，而不只是有效的合理公民；

5. 因此政治建构主义对正义原则的证成只是初步的（pro tanto），罗尔斯还需要表明基本合理的公民也能够基于自己独特的理由接受政治的正义原则，这就是重叠共识的理念。

既然重叠共识对于正义原则的证成而言是必需的，那么罗尔斯的证成对象就不可能是理想的合理公民，因为重叠共识意味着，合理公民必需反思自己实际持有的整全学说，寻找自己独特的理由来接受正义原则。也就是说,政治自由主义不可能只是通过追问合理公民这一抽象的理念而得到证成,它必须深入考察现实地存在于合理公民之中的各种宗教、哲学的学说,并凭借这些多元而异质的整全学说来确立自己的合法性。在这个意义上,政治自由主义远远比邝所设想的那样开放,它并没有拘泥于任何特定的意识形态或政治立场,而是开放地面对所有基本合理的公民可能持有的整全学说,并且力图凭借这些整全学说的实质内容而得到充分的证成,内在的解释因此是错误的和狭隘的。

邝的主张不仅错失了罗尔斯政治哲学中的精微之处,而且把政治自由主义扭曲为一种过分狭隘的谋划,所有这些错误都植根于他没有清楚地区分合理公民的几种不同内涵,没有认识到公共证成所预设的只是基本合理的公民,不是被自由平等人的观念所塑造的有效合理的公民。不仅如此,由于他没有为罗尔斯的道德人格观念提供任何论证,所以至善论者也完全可以按照自己的方式来定义公共证成的基本对象,并以此来为自己的观点辩护。在这个时候,公共证成的理论就会在各种互相冲突的政治主张之间进退失据,不能真正确立起任何一种政治主张的合法性。[①] 就此而言,区分合理公民的不同内涵,确定公共证成的主要对象是十分重要的。

第四节 走向更加开放的公共证成

通过区分基本的合理公民和有效的合理公民,我们不仅确定了政治主张的证成对象,而且也为走向更加开放的公共证成的谋划奠定了基础。具体来说,基本合理公民的合理性体现为"一种在主体间关系中体现出来的态度和素质:愿意参与公平的合作,愿意在合作中遵守他人作为平等者通常也会同意的公共规则"[②]。因此,他们应该是面向各种政治

[①] 对邝的这种批评可见 Paul Billingham,"Liberal Perfectionism and Quong's Internal Interpretation of Political Liberalism", *Social Theory and Practice*, vol. 43, 2016, pp. 105—106。

[②] 童世骏:《关于"重叠共识"的"重叠共识"》,《中国社会科学》2008 年第 6 期,第 56 页。

立场开放的人,原则上,自由主义、社会主义、保守主义等各种流派都有平等的机会被他们所接受,并获得合法性。政治哲学家应该去做的,不是先入为主地设定某种特定的政治立场,而是在基本合理公民的前提下和公共证成架构内,探索到底什么样的政治立场,或者各种政治立场中的哪些部分更能够得到基本合理公民的共同接受,成为国家行使强制性政治权力的依据。只有给定这种更加开放的视角,在公共证成的前提下展示至善论政治主张的合法性才是可行的;也只有在这种新形式的至善论得到确立以后,公共证成的开放性才不是水中之月、镜中之花。在这里,为了更好地说明公共证成的开放性,我们还是继续以罗尔斯的观点为例,解释当政治自由主义被理解为一种面向基本合理公民展开的开放的公共证成(姑且称它为开放的政治自由主义或对政治自由主义的开放解释)时,会比内在的政治自由主义有哪些优越之处。

首先,不论一个社会多么秩序良好,都必定存在某些不承认自由平等人观念的人,但这并不一定表明他们缺乏与其他人共同生活的意愿或能力。然而,由于内在的政治自由主义是用自由平等人的观念来定义合理公民的,因此它会把这些人当作和婴儿、精神错乱的人一样不合理的公民,排除在公共证成的主体和对象之外,忽略他们的政治主张。开放的政治自由主义在这一点上显然做得更好,它首先按照人们是否拥有良好的意愿和基本能力参与公共政治生活区分了合理的公民与不合理的公民;接着针对拥有这些意愿和能力的人提供了对自由平等人观念的论证;最后,它也有充分的依据排除那些不合理的公民,因为他们"在道德上有深刻缺陷的:他不尊重有不同价值的他者,不能适应社会生活,至少不能适应与他有差异的人组成的社会"①。政治自由主义当然不需要面向这种有道德缺陷的人进行证成,就像有人曾经指出的那样,"你对阿道

---

① Samuel Freeman, "Public Reason and Political Justification", in *Justice and the Social Contract: Essays on Rawlsian Political Philosophy*, Oxford; New York: Oxford University Press, 2007, p. 238.

夫·希特勒有什么好说的？答案就是没有。你应该给他一枪。"①

其次，尽管罗尔斯"看上去预设了一个自由主义价值已经根深蒂固的社会。不清楚的是政治自由主义是否为缺乏自由主义传统的社会提供了建立自由主义的理由"②，但这并不意味着政治自由主义对其他社会没有任何启发和帮助。设想一个多种整全学说互相冲突的社会，其中每个社会成员都希望自己信奉的整全学说成为支配性的，尽管他们有意愿和能力与他人共同生活，但由于某些原因他们没有分享更加实质的道德观念来建构公共正义原则。这种社会显然面临悲剧性的后果：它需要一种类似于政治自由主义的谋划来确保社会和平与稳定，但由于特定观念的阙如，它不得不面临整全学说之间无休止的斗争。罗尔斯在《万民法》中声称："良序社会的长期目标是设法把这种法外的社会带入良序人民的社会之中。"③然而，内在的政治自由主义根本无法实现这样的目标，它所依赖的基础在这个社会中根本不存在。开放的政治自由主义却可以做得更多，给定社会成员是基本合理的公民，它可以通过判断的负担使他们认识到各种整全学说间的分歧是理性自由运用的结果，不可能也不应该被消除；它也可以结合该社会自身独特的公共文化，寻找能被他们共同接受的，适于建构正义原则的观念。因此，虽然罗尔斯并不意图把政治自由主义无条件地推广到所有社会，但与内在的解释相比，开放的解释显然更有生命力。

最后，开放的政治自由主义在多元分歧的问题上也做得更好。按照内在的解释，多元分歧不是关于世界的事实而是关于自由主义的事实，不是罗尔斯应当去适应、解决的问题而是他的结论。换句话说，是政治自由主义证成了多元分歧的有效性，而不是多元分歧证成了政治自由主

---

① Burton Dreben, "On Rawls and Political Liberalism", in Samuel Freeman (ed.), *The Cambridge Companion to Rawls*, New York: Cambridge University Press, 2003, p. 329.
② Samuel Scheffler, "The Appeal of Political Liberalism", *Ethics*, vol. 105, 1994, p. 20.
③ John Rawls, *The Law of Peoples*, Cambridge, Mass: Harvard University Press, 1999, p. 105.

义的有效性。但问题在于,假如不再把多元分歧的事实作为既定的前提,政治自由主义的效力就会被削弱,因为罗尔斯的谋划之所以值得推崇,很大原因就在于它能够成功地解决现代社会普遍而根本的问题——不同整全学说之间的永恒冲突。假如合理分歧只是属于自由主义的事实,那么罗尔斯在解决这个问题上的成功就不能成为他被推崇的理由,因为他解决的只是其他理论无需面对的问题。正如有学者注意到的,"只有在合理多元论的事实能够作为独立、自持的前提发挥作用时,政治自由主义才能顺利地成为论证的结论。"①就此而言,内在的解释削弱了政治自由主义的力量,而开放的政治自由主义把多元分歧看作是现代社会永恒的事实和所有政治主张必须面对的问题,为罗尔斯提供了更有力的支持,是一种更加优越的解释。

如果说对基本合理公民和有效合理公民的区分为走向更加开放的公共证成奠定了基础的话,那么对内在政治自由主义的批评和对开放政治自由主义的阐释就分别从正反两个方面凸显了这种更加开放的公共证成理论的必要性和紧迫性。但这是否意味着公共证成的理论最终一定会包容至善论的主张?要想回答这个问题,仅仅消解公共证成所预设的合理公民(在本文接下来的论述中,如果不做特别说明,合理公民将始终指的是有良好意愿和基本能力与他人共同生活的基本合理公民)与罗尔斯的道德人格观念之间的内在联系显然是不够的,相反,在解释了公共证成的谋划本身并没有预设人们有按照自己意愿选择自己生活方式的自由之后,我们还应该对罗尔斯的道德人格观念进行更加深入的考察,看看这种人格观念到底能不能为反至善论提供充足的依据。

---

① Stephen Gardbaum, "Liberalism, Autonomy, and Moral Conflict", *Stanford Law Review*, vol. 48, 1996, p. 409.

第三章 论罗尔斯的道德人格观念

上一章分别考察了反对至善论的消极论证和积极论证,指出不论是多元分歧的事实还是合理公民的设定,都没有蕴含反至善论的结论。与此同时,它也揭示了,公共证成所预设的合理公民乃是那些有着良好意愿和基本能力与其他社会成员分享同一个世界的人,这些人并没有预先承诺彼此有选择自己生活方式的自由,因此要区别于罗尔斯通过道德人格的观念①来描述的那种人。事实上,反至善论者们之所以认为公共证成必然会否定至善论的观点,就是因为混淆了合理公民的设定和罗尔斯的道德人格观念,用后者来定义前者,错误地以为公共证成的对象是那些把彼此看作是自由平等理性存在者的人,进而得出了至善论的主张会侵犯人们选择自己生活方式的自由的结论。但正如上一章曾经指出的,这是一种非常典型的丐题论证,它把自己试图确立的结论当作前提来使用,一开始就把那些反对罗尔斯的道德人格观念的人当作是不合理的公

---

① 罗尔斯在后期哲学中放弃了道德人格的表述,采用了政治人格的说法,但他这样做只是为了强调自由平等人的观念不再是人们先天就有的道德本质,而是现代社会公共政治文化中关于公民的政治观念,并没有修改这种观念的实质内容。由于本书对这种观念的讨论主要是针对其实质内容而言的,与它是否是人类先天就有的道德本质无关,因此统一把自由平等人的观念称作是道德人格。

民排除在公共证成的对象之外,因此是十分独断的。实际上,公共证成要比反至善论者们设想的更加开放,它是面向那些愿意与其他社会成员进行公平合作的合理公民来思考国家行为的基本原则的,并没有一开始就把至善论的观点排除在外。所以,除非有足够的理由表明合理公民一定会接受罗尔斯的道德人格观念,把彼此看作是自由平等的人,否则就不能在公共证成的主张和反至善论之间划上等号。合理公民到底是否应该接受罗尔斯的道德人格观念?本书将在第五章做出回答,在此之前,我们最好先对道德人格观念本身进行一番考察,分析它是否适合成为建构正义原则的素材和基础。第一节从思想史的角度出发,对道德人格观念中的第一种道德能力——出于正义原则而行动的能力——进行了追踪,揭示了它与卢梭、康德式的道德自主之间的内在传承,并指出它因此具有导向权威主义(authoritarianism)的可能;第二节针对道德人格观念中的第二种道德能力——选择自己善观念的能力——进行了分析,论证了它与密尔式的个人自主是一致的,并且都有滑向宗派主义(sectarianism)的隐患;第三节解释了罗尔斯是如何通过平衡正义感和善观念这两种道德能力来避免权威主义和宗派主义的陷阱,进而建构出公平的正义理论的;在第四节中,我们援引当代实践哲学中自主的程序主义观点和实质主义观点之争来考察罗尔斯的道德人格观念,指出它既有按照实质主义的方式来解释正义感的能力,又有按照程序主义的方式来解释善观念的能力,是一个充满了内在紧张的、自我击败的(self-defeated)人格观念,并不适合成为合理公民们建构公共政治原则时值得信赖的基础,诉诸道德人格观念的反至善论主张因此是有巨大缺陷的。

第一节 道德自主:在公意的阴影下

按照罗尔斯,正义原则的有效性归根到底是以人们内在的正义感的能力为基础的,因为他们既是凭借这种能力参与公共政治生活的,也是基于这种能力服从并按照正义原则而行动的。就此而言,道德人格的观念,特别是其中包含的理解、执行正义原则的能力,使罗尔斯的政治哲学变成了一种道德自主(moral autonomy)的谋划:一方面,正义的要求源自合理公民内在拥有的道德能力,不是从外部施加的;另一方面,当合理公民出于正义原则行动时,他既没有屈从外部世界的偶然事实,也没有受困于个人的一己之私,而是单纯地被正义原则这一得到证成的道德主张激发而行动。就像《正义论》所承认的那样,正义原则属于康德式的定言令式,它不以任何社会成员特殊的生活计划为前提,因此出于这种原则而行动"就是在表达我们作为自由平等理性人的本质"①。政治自由主义虽然放弃了这样的表述,但依旧强调正义原则是基于人们的道德能力而建构的。不同之处只是在于,康德的首要关切是个人的道德实践,罗尔斯关注的却是公共政治生活。从这个角度来看,自由平等人观念中道德自主的维度反倒与卢梭有着更加直接的思想关联。

在《社会契约论》中,卢梭认为,"向强力屈服只是一种必要的行为,而不是一种意志的行为……强力并不构成权利,人们只是对合法的权力才有服从的义务。"②社会契约要解决的根本问题就是提供这样的合法权力,它能使人们在服从这种权力的时候不过就是在服从自己,并且依旧像之前一样自由。更重要的是,这种契约提供了人们从自然状态进入社会状态的契机,他们的行为也将因此被赋予前所未有的道德性:自然状态中的人只关心自己的个人利益,为一己之私本能地行动;社会状态中的人却把所有人的利益考虑在内,出于契约的内容而行动,他失去的只是天然的自由,收获的却是道德的自由,而"唯有道德的自由才使人类真正成为自己的主人,因为仅只有嗜欲的冲动便只是奴隶状态,而唯有服

---

① John Rawls, *A Theory of Justice*, Cambridge, Mass: Harvard University Press, 1971, p. 256.
② [法]让-雅克·卢梭:《社会契约论》,何兆武,北京:商务印书馆2003年版,第9页。

从人们自己为自己所规定的法律,才是自由"①。在这里,卢梭把自由定义为一种道德自主,其核心内容是在这种契约中形成的永远以公共利益为依归、不可摧毁的公意,因为它内在地蕴含着社会成员平等的道德地位,"是对抗不平等的意志……它追求的是人们用来对抗寻求特权的个别意志的一般利益。"②所以公意非但没有损害人们的自由,反而被他们的自由所要求;对于那些拒绝服从公意的人,国家可以使用强制性的手段来使他们获得自由。

卢梭的构思在康德那里得到了更加充分的阐释,按照康德,人作为有限的理性存在者,既存在于本体世界中,可以运用实践理性产生客观的行动原则;又存在于现象世界中,受到自身欲望、禀好和本能的约束。对于这种有限存在者,源于实践理性的行动原则只能表现为各种各样的令式,它们或者是假言的,或者是定言的。前者被人们主观的目的所决定,只规定了要想获取特定后果必须去做的技巧规矩;后者则是无条件的绝对命令,是所有人不论何种目的都应该接受的普遍要求。只有定言令式才能排除各种欲望、禀好和本能的约束,完全以实践理性自身作为先决条件,是唯一的实践法则。它的基本形式是"这样行动:你意志的准则始终能够同时用作普遍立法的原则"③。康德认为,定言令式提供了所有理性存在者都应该遵循的道德法则,代表了纯粹实践理性的自我立法。因此,当人们依据定言令式行动时,他们没有被自己个人的利益、禀好和本能所激发,而是完全出于源自自身实践理性的道德法则而行动,表达了作为理性行动者的道德自主。

就通过理性行动者的道德自主来为政治、道德奠基而言,罗尔斯显然与卢梭、康德分享了同样的理论谋划,力图把正义原则的有效性建立

---

① [法]让-雅克·卢梭:《社会契约论》,何兆武,北京:商务印书馆2003年版,第26页。
② Judith Shklar, *Men and Citizens: A Study of Rousseau's Social Theory*, Cambridge: Cambridge University Press, 1985, p. 185.
③ [德]伊曼努尔·康德:《实践理性批判》,韩水法译,北京:商务印书馆1999年版,第31页。

在人们固有的道德能力的自我立法之上。并且,他们也都强调在这种自我立法背后全体行动者平等的道德地位。这一点即便在罗尔斯放弃了把自由平等人的观念描述为康德式的道德本质之后也依然成立。比如,在《政治自由主义》中,他提出了公共理性的主张,要求使用公民能彼此期待对方接受的公共理由来进行政治证成。尽管罗尔斯没有明确承认,但公共理性同样体现了一种道德自主的要求:用以调节社会基本结构的政治原则是公民自我施加的,它植根于他们共同分享的意志和理由,服从这些原则就是服从公民对自己的权威。在这个意义上,与许多自由主义批评者的认识恰恰相反,公共理性的背后乃是一种积极自由的观念:自由的真谛不仅在于坚守免于政府干涉的私人领域,更在于主动地建构实现公民道德自主的政治原则。① 因此,如果说原初状态的设置是对康德定言令式的程序性解释的话,那么公共理性的主张就是对卢梭公意的程序性解释,并且正如以公共利益为依归的公意要特别注意不能堕落为作为个别意志总和的众意一样,公共理性在实践中也有陷入大众理性(plebiscitary reason)的危险:"发言者依然诉诸他们认为是共同的、公共的价值,但在公开性的名义之下,他们的论证可能变得鄙陋浅薄、缺乏理据,或者干脆诉诸所有人共同之处中最糟糕的那个部分。"② 然而,一旦公共理性与公意之间的这种传承关系得到确立,就必然会引起另外一种担忧:公共理性是否能够避免公意产生的那种自由异化的后果?罗尔斯基于道德自主来建构公共政治的基本原则,其出发点就是为了避免把道德看作是由某些权威从外部施加给人们的,以及由此产生的权威主义。可是假如公共理性和公意一样,都有导致以道德的名义伤害人们自由的危险,那么自由主义是不是该最好放弃用道德自主来为正义原则奠基的尝

---

① 关于公共理性、道德自主与积极自由之间的关系,参见 Gerald Gaus, *The Order of Public Reason*, New York: Cambridge University Press, 2011, pp. 28—36。
② Simone Chambers, "Behind Closed Doors: Publicity, Secrecy and the Quality of Deliberation", *Journal of Political Philosophy*, vol. 12, 2004, p. 393.

试?特别是,当人们注意到,现实社会的政治制度总是充满了种种扭曲和压制,而罗尔斯又没有像康德一样承诺一种历史进步的观念,除了效法卢梭直接要求道德自主的实现之外,他似乎并没有更多选择时,这个问题就会变得更加严峻和突出了。①

第二节 个人自主:我们对自己的亏欠

道德自主并不能避免极权主义专制国家的出现,恰恰相反,从自由主义的政治传统来看,与人民以什么样的方式参与政治相比,更重要的是国家赋予了人民什么样的自由。换言之,自由主义不仅应该关心自然状态中的人们通过契约获得了什么,更应该关心他们保留了什么。卢梭的问题就在于,他要求把"每个结合者及其自身的一切权利全部都转让给整个的集体"②。而在罗尔斯的道德人格观念中,除了正义感之外,还存在另外一种追求善观念的能力,它构成了对公共政治的终极限制:正义感的表达不能剥夺人们追求自己美好生活的利益。与正义感相比,这种形成、修改和追求善观念的能力体现了某种个人自主(personal autonomy)的要求:一方面,它依旧强调主体对目标的慎思与理性选择,另一方面,它指向的只是对自身幸福的追求,并不要求考虑其他行动者的利益。③

有些人倾向于把这种个人自主的维度也描述为康德式的。因为按

---

① 参见 Patrick Neal, *Liberalism and its Discontents*, New York: New York University Press, 1997, pp.65—68.
② [法]让-雅克·卢梭:《社会契约论》,何兆武,北京:商务印书馆 2003 年版,第 19 页。
③ 本书对道德自主和个人自主的使用,基本遵循了 Jeremy Waldron 在"Moral Autonomy and Personal Autonomy", John Christman and Joel Anderson (eds.), *Autonomy and Challenges to Liberalism*, New York: Cambridge University Press, 2005, pp.307—314 中提出的区分。这里需要特别注意的是,David Johnston 在 *The Ideal of a Liberal Theory*, Princeton NJ: Princeton University Press, 1994, pp.71—79 中认为罗尔斯通过自由平等人追求善观念的能力所承诺的并不是个人自主,而是能动性(agency)。但这种区分只是语词之争,缺乏实质意义,因为能动性本身也是一个非常含混、有待解释的基本概念,而不论个人自主还是道德自主都可以被看作是对人类能动性的一种特殊理解,因此,即便把这里的"个人自主"替换为"能动性",本章的观点也依旧能够成立。

照康德的划分，假言令式以人们的主观目的为依据，这些主观依据可以被归结为行动者的幸福，而幸福则是所有理性行动者必然欲求的对象。当实践理性介入人们对自身幸福的追求中，当人们依据某些假言令式而行动时，他们同样表现出某种与道德无关的个人自主：对善观念的慎思与选择，对自身目标的反思，对欲望的控制而非盲从等。① 这一点在《政治自由主义》中似乎也能得到一些印证，在那里罗尔斯区分了与正义感相关的合理的（reasonable）能力和与善观念相关的理性的（rational）能力，并且指出这种区分源于康德对定言令式和假言令式的区分。② 但这种解释的困难之处在于，在康德那里，道德哲学追问的是人们如何配享幸福而不是如何获取幸福，个人自主诚然也属于对行动者自身实践理性的服从，但归根结底却是以主观的欲求对象为依据的，并不构成人类尊严最本质的部分。因此当罗尔斯把康德式的定言令式和假言令式的对峙转换为卢梭式的集体自我和个体自我的对峙时，康德式的个人自主是否能够产生对抗公共权力之滥用的力量就非常可疑了。事实上，以罗尔斯为代表的新康德主义者甚少提及的是，康德恰恰允许甚至要求通过法律来强制推行某些公民对自己的义务，比如惩罚兽交的行为，因为它们不符合人性的要求。③ 因此，与其说道德人格中个人自主的维度是康德式的，不如说它是密尔式的，要知道，在《论自由》中，密尔念兹在兹的就是要确立一种个人免于公共干涉的自由领域。

与卢梭、康德等把自由的真谛归结为道德自主不同，密尔宣称"唯一实称其名的自由，乃是按照我们自己的道路去追求我们自己好处的自

---

① 对罗尔斯的这种解释可见 Robert Taylor, *Reconstructing Rawls: The Kantian Foundations of Justice as Fairness*, University Park: The Pennsylvania State University Press, 2011, pp. 22—26。
② 参见 John Rawls, *Political Liberalism*, New York: Columbia University Press, 2005, pp. 48—49。
③ 参见 John Finnis, "Legal Enforcement of 'Duties to Oneself': Kant v. Neo-Kantians", *Columbia Law Review*, vol. 87, 1987, pp. 447—452。

由"①。在他的政治哲学中,也不存在公意与个别意志,本体自我与现象自我之间的区分,自由的意义就在于个人自主地选择自己想要的生活,对其他行动者利益的考量仅仅来自不同个体追求各自美好生活时形成的外在制约。可以说,个人自主是密尔政治哲学的核心价值,个人是凭借这种能力追求自身独特的个性,发展并完善自我的,国家也是出于对这一价值的尊重而恪守伤害原则,不去干涉人们对自己生活的选择与追求。显然,当罗尔斯基于个人自主的价值强调人们对于自身美好生活的核心利益时,他的思路与密尔更加接近:人们有选择自己中意的善观念的自由,这些选择构成了他们各自不同的生活计划,每个公民都应该被赋予充分的自由去过自己想要的生活,这是他们形成自我、发展自我、完善自我的唯一途径,也是他们不可让渡的最高利益,公共政治不能干涉人们对自己生活道路的选择。不同之处只是在于,密尔既用个人自主的价值来捍卫免于国家干涉的自由,也用它来指导公共政治的实践,并因此要求国家把个人自主当作一种实质的生活观念来推行,而罗尔斯在建构正义原则时却更多地依赖公民间平等道德地位这一道德自主的要求。这样做的意义在于,避免个人自主的滥用产生宗派主义的后果,即公共政治被用来推行只有部分社会成员拥护的善观念。当然,这种不同也与他们对正义角色的不同理解有关:罗尔斯对正义的首要关注是基本的政治经济制度,密尔的正义则包含了更多市民社会背景文化的元素,与特定的道德心理学和社会进步的理念纠缠在一起。② 但无论如何,就基于个人自主的价值来捍卫人们对自己美好生活的最高权威而言,罗尔斯与密尔是一脉相承的。事实上,在罗尔斯的哲学中,道德自主的行使空间非常有限,它只是被用来外在地调节人们对各自美好生活的追求,而不能替代这种追求,变成某种关于美好生活的人生艺术。许多社群主义者

---

① [英]约翰·斯图亚特·密尔:《论自由》,许宝骙译,北京:商务印书馆2007版,第14页。
② 对罗尔斯和密尔正义观的对比可见 Ruth Abbey and Jeff Spinner-Halev, "Rawls, Mill and the Puzzle of Political Liberalism", *The Journal of Politics*, vol. 75, 2013, p. 132。

就没有意识到这一点,比如他们批评罗尔斯把自我看作是一种无拘无束的存在者,缺乏自我认同,"没有内在价值和应得,其生命前景完全依赖于公正社会分配权利的机会。"① 但实际上,罗尔斯的正义理论根本不需要承担实现主体自我认同的任务,毋宁说,它只是为主体的自我认同创造了必要的条件而已。② 因此,如果说自由平等人观念中道德自主的维度是要凸显合理公民对彼此的亏欠,避免他们把主观、个别的意志强加于所有公民的话,那么个人自主的维度就是要强调合理公民对自己的亏欠,是要产生对抗以道德的名义强制他们的权威主义的力量。

第三节 从道德人格的观念到公平的正义理论

道德人格的观念既包含人们出于正义原则而行动的正义感的能力,也包含他们选择、执行自己善观念的能力,以上考察分别揭示了这两种道德能力与政治思想史中卢梭、康德式的道德自主和密尔式的个人自主的思想之间的内在传承,但还没有解释罗尔斯到底是如何处理这两种源自不同思想流派的政治遗产的。因此,接下来,我们还需要考察罗尔斯是怎样调和道德人格观念中道德自主和个人自主的维度,消除两者之间的潜在冲突,使之形成一种融贯、互补的结构,进而为公平的正义理论奠定基础的。

不论是道德自主还是个人自主,在本质上都属于伯林所说的"去做……"的积极自由,但罗尔斯对它们的使用方式却是截然不同的。具体来说,虽然个人自主本身是一种积极的自由观念,但罗尔斯试图通过它来实现的目标却是消极的。他只要求个人自主为合理公民能免于公共政治的干涉过自己想要的生活奠定基础,不要求(甚至反对)国家积极

---

① [美]迈克尔·桑德尔:《自由主义与正义的局限》,万俊人等译,南京:译林出版社 2011 年版,第 160 页。
② 参见 Rainer Forst, *Contexts of Justice*: *Political Philosophy Beyond Liberalism and Communitarianism*, Berkeley: University of California Press, 2002, p. 24。

地推行自主的生活方式。而在道德自主的情形中,情况却恰恰相反,罗尔斯希望合理公民基于他们自己的道德能力来参与公共政治生活,建构共同的政治原则。换句话来说,虽然个人自主和道德自主本身都属于积极自由,但在罗尔斯那里,前者是为自由的某种机会概念(opportunity-concept)奠基的,后者则切切实实地要求了自由的某种运用概念(exercise-concept)。① 正如某些哲学家宣称的那样,对于个人自主,我们既可以把它看作是一种需要推进的理念,也可以看作是个人自我决定的权利,而自由主义主张的恰恰是后一种做法。② 这种对道德自主和个人自主的区别使用不仅赋予了它们各自不同的使用范围,平息了两者之间可能发生的冲突,而且否定了至善论者要求国家推行自主的生活方式的主张——个人自主只发挥了合理公民自由选择自己生活方式的守护神的作用,没有为国家要求人们真正过上自主的生活打开大门。这一点也可以解释为什么虽然罗尔斯声称自己的政治主张是基于理想的(ideal-based)而非基于权利的(right-based),③但公平的正义理论产生的却依然属于涉及需求的原则(want-regarding principles),即国家只是满足人们既定需求的工具,不是把人们培育为良善之人的手段,它"把人们碰巧获得的需求当作给定的需求,只关注一种特定政策在何种程度上会改变满足需求的全部数量,或者该政策以何种方式将影响人们满足需求的机会的分配"④。

显然,不论是与卢梭、康德相比,还是与密尔相比,罗尔斯的构思都更加丰富和微妙:他有机地结合了道德自主与个人自主两种元素,通过

---

① 关于自由的机会概念与操作概念,参见[加]查尔斯·泰勒《消极自由有什么错》,《后伯林的自由观》,刘训练编,南京:江苏人民出版社 2007 年版,第 169 页。
② 参见 Joel Feinberg, *Harm to Self*, New York: Oxford University Press, 1986, pp. 44—51.
③ 参见 John Rawls, "Justice as Fairness: Political not Metaphysical", in Samuel Freeman (ed.), *Collected Papers*, Cambridge, Mass: Harvard University Press, 1999, pp. 400—401.
④ Brian Barry, *Political Argument*, New York: Humanities Press, 1965, p. 38.

积极地对待前者和消极地对待后者确立起两者间的差异,同时避免了权威主义和宗派主义的危险。从这个角度来看,罗尔斯的思路反倒与洛克堪称殊途同归。按照洛克,"自然状态有一种为人人所应遵守的自然法对它起着支配作用;而理性,也就是自然法,教导着有意遵从理性的全人类:人们既然都是平等和独立的,任何人就不得侵害他人的生命、健康、自由或财产。"①不仅如此,自然状态中的每一个人都天然地拥有惩治他人违背自然法行为的权力,社会契约只是把这种执行权统一到国家手中,并没有改变自然法的地位和内容。正如罗尔斯观察到的一样,"根本的自然法不仅是自然状态的基本法则,而且是政治社会的基本法则(适用于其政治和社会制度)。"②因此,一方面,政治权威的合法性源于其服从者意志的表达;另一方面,政治权威本身也只是自然法的行使者,不能侵犯自然法赋予人们的基本权利。就前者而言,公共政治需要建立在公民道德自主的基础之上;就后者而言,道德自主的行使又不能违背我们基本的自然权利。自然法与国家的这种辩证关系和罗尔斯对两种道德能力的使用是一致的,不同之处仅仅在于,洛克把人们对美好生活的权利建立在自然法的权威之上,罗尔斯则用密尔式的个人自主来为这种权利奠基,但它们最终达到的效果却是一样的,都确立起了个人不受公共政治干涉的基本权利。

正如洛克的政治哲学是建立在自然法和社会契约彼此制约而又互相补充的关系之上一样,罗尔斯的正义理论也体现了他的自由平等人观念中道德自主与个人自主对立统一的关系。它一方面以合理公民道德自主的能力为依归,力图避免把主观、个别的意志强加于他人的宗派主义;另一方面又通过强调合理公民个人自主的能力,确立起不受国家干涉的自由领域,并以此来防止权威主义的侵袭。前者继承并发展了自由

---

① [英]约翰·洛克:《政府论》下篇,叶启芳、瞿菊农译,北京:商务印书馆 1996 年版,第 6 页。
② John Rawls, *Lectures on the History of Political Philosophy*, Cambridge Mass: The Belknap Press of Harvard University Press, 2007, p. 115.

主义的卢梭传统,体现了对民主国家和平等公民的追求;后者则与自由主义的洛克传统一脉相承,是个人自由的坚定捍卫者。① 这两方面的要求既彼此限制,又互为奥援,共同塑造了罗尔斯正义理论的独特风格。

从传统的自由主义的观点来看,公平的正义理论体现为两种不同主张的组合:就主张平等地分配社会资源而不只是保障公民财产而言,它对国家行为的要求要更多一些;就主张政府要中立于各种生活方式而不是促进特定美好生活观念而言,它对国家行为要求的又更少一些。与强调最小国家的自由至上主义相比,罗尔斯主张的是自由平等主义;与要求国家推行特定善观念的至善论自由主义相比,他又坚持政治主张的中立性。前者承诺了更多的平等,却损失了更多的自由;后者则在赋予人们更多自由的同时也放低了对道德善的要求。因此,不论从哪个角度来看,平等主义与中立性都是一种奇怪的组合,更符合直觉的应该是自由至上主义者支持中立性,比如诺齐克;或者至善论者要求平等的财产分配,比如 T. H. 格林。但给定罗尔斯对道德人格观念中两种自主能力的有差别使用,平等主义和中立性的组合就非常容易理解了。道德自主要求人们不能凭借天赋、出身等偶然因素获取额外好处,因此需要国家分配社会资源,实现公民平等的地位和机会;个人自主则反对国家偏袒任何特殊的善观念,要求确保人们有选择自己生活方式的自由。在这个意义上,"罗尔斯不仅支持了自由与平等的概念,而且把这两个概念解释、发展为特定的观念。"②也就是说,它们分别指向了人们幸福的两个不同方面——被平等分配的是实现生活目标的资源,不能偏袒的则是构成生活目标的善观念。前者是工具性的,是不论何种生活计划都需要的基本善;后者是构成性的,是决定人们生活计划的目标本身。两者共同塑造

---

① 关于自由主义的卢梭传统与洛克传统,参见 M. Cranston, "Liberalism", in Paul Edwards (ed.), *The Encyclopedia of Philosophy*, New York: Macmillan Inc., 1967, p. 459.
② Jean Hampton and Daniel Farnham, *The Intrinsic Worth of Persons: Contractarianism in Moral and Political Philosophy*, New York: Cambridge University Press, 2006, p. 165.

了自由主义者对正义国家的这种想象,"国家本身不追求美好生活,只是建立、维持其他人参与这一追求的根本规则……国家不是从它们促进某些善观念的角度来被评判的,而是通过它建立的,确保个体追求自己善观念的安排的品质来评判的。"①道德人格的观念就是在这个意义上确保了公平的正义理论是一种反至善论的主张。

如果说平等主义与中立性的结合更多地反映了道德自主与个人自主互相限制的一面,那么公共理性的主张就更典型地体现了它们互相补充的一面。首先,罗尔斯要求基于公共的理由参与政治活动,这些公共理由是属于我们作为民主人民所共享的理由,体现了我们的共同意志。其次,他又强调公共的理由必须是可通达的(accessible),是自由平等的公民能够依据自己的生活计划接受的理由,而不是建立在特殊道德判断之上的独断的理由。前者突出了公共理性的公共性,展示了它证成政治主张的功能;后者则突出了公共理性的可接受性,表明其调和政治权威与个人自由的功能。② 缺少了公共性,自由主义就无法避免宗派主义的陷阱,最终会产生把部分社会成员的善观念强加给其他成员的后果;缺少了可接受性,自由主义就会重蹈卢梭公意的悲剧,最终变成一种打着公共权威的名义强制人们自由的权威主义主张。在这个意义上,公共理性的构思既表达着合理公民的道德自主,又体现了对个人自主的尊重,因此和正义原则一样,都植根于罗尔斯对两种来源于不同政治传统的自主观念的调停和综合。

第四节 道德人格观念的内在紧张

如果罗尔斯的理论谋划是成功的,那么他无疑十分完美地超越了自

---

① Peter Jones, "The Ideal of the Neutral State", in Robet Goodin and Andrew Reece (eds.), *Liberal Neutrality*, New York; London: Routledge, 1989, p. 9.
② 关于公共理性的调和功能,参见 Steven Wall, "Is Public Reason Self-Defeating", *American Philosophical Quarterly*, vol. 39, 2002, pp. 385—387.

由主义内部不同传统之间的对峙,在保障公民自由的同时,为民主政治奠定了坚实的基础,既避免了宗派主义的政治,又能对抗权威主义的威胁。不仅如此,他也确立起了反至善论的观点,因为国家就算采取积极主动的措施来表达人们道德自主的能力,也会始终受到个人自主的限制,始终恪守中立性的立场。然而,许多学者却从不同角度对罗尔斯的政治主张提出各种各样的批评,这些批评在本质上都源于对道德人格观念及其内在结构的不满,它们在佐证道德人格观念与罗尔斯政治主张内在联系的同时,也揭示了这种观念本身面临的困境。

当代的共和主义者们认为,自由的关键不在于有无干涉,而在于是否受到他人的支配,因为即便缺乏实际的干涉,一个唯奴隶主马首是瞻、主动臣服于奴隶主意志的奴隶也依然不是自由的。所以自由的敌人不是公共政治对人们生活的干涉,而是公民间不平等的权力关系。为了保护公民自由,政治哲学应该更多地致力于消除社会成员间的这种支配关系,确保人们不再生活于他人独断意志之下,而不是恪守中立,无视现实生活中的支配现象。[①] 女权主义者指出,罗尔斯的正义理论缺失了对家庭内部性别正义的关注,他虽然承认家庭是社会基本结构的主要内容,但却不主张把公平的正义原则应用于家庭。不仅如此,当罗尔斯宣称原初状态的各方可以被理解为家庭的代表时,他实际上遮蔽了家庭内部两性不平等的事实,由此产生的正义原则最终还是基于父权制的男人间的正义,无法充分保障女性的利益。[②] 多元文化主义者则把目光转向少数族群,指出人们对于自己的文化成员身份有着特殊的利益,这种身份的缺失将导致其在重大选择上的无能,减损他们的自主。因此国家需要照顾少数族群成员的特殊利益,尊重并保护他们的特殊权利,发展一种差

[①] 参见[澳]菲利普·佩迪特《共和主义:一种关于自由和政府的理论》,刘训练译,南京:江苏人民出版社2009年版,第24—30页。
[②] 参见 Susan Okin, *Justice, Gender and the Family*, New York: Basic Books, 1989, pp. 92—97。

异的政治。① 而自由主义中立性建立在人们作为政治公民而非文化成员的身份之上,是一种普遍主义的政治,非但"不能包容特殊社会的成员真正渴求的东西,即自身的生存模式"②,而且还会产生自由主义同质化的文化霸权。所有这些批评都指向了罗尔斯的这种理想:国家只要确保人们有充分的无干涉自由去追求他们想要的生活(中立性),并提供给他们平等的资源(分配正义)就足以满足正义的要求了。但事实上,人们总是生活在特定的社会关系之中,受制于各种各样的社会规则、人际关系。很多时候来自习俗的压力要比强制性的政府行为更能摧毁他们的自主,政府的不作为反而会造成更大的伤害。但是,一旦要求国家采取积极的行动纠正不合理的社会规则、背景文化,中立性的防线就会被冲破。这意味着,个人自主不仅要求保护人们自由活动的空间,还要求国家推行某些实质的善观念。许多至善论者正是这样发展自己的主张的,他们既承认个人自主的价值,又认为这种自主承诺的不仅是公民的自由,还要求他们选择那些道德上有价值的生活方式,需要国家推行一系列实质的善观念,比如文明友好的社会环境、多元的生活方式、更高的国民教育水准等。③

  同样基于个人自主的价值,却产生如此大相径庭的结论,其中的奥妙就在于:对罗尔斯来说,个人自主在本质上是一种程序主义的观点,它只要求行动者最终选择的那些生活目标是他真心认可和支持的,并不关心这些目标的实质内容是什么,因此只要国家赋予他们不受干涉的自由权利就够了。就像程序主义自主观的提倡者们所说的,自主本身就是一种内容中立(content-neutral)的概念,自主的人可以是道德高尚的人,也

---

① 参见[加]威尔·金里卡《自由主义,社群与文化》,应奇、葛水林译,上海:上海译文出版社2005年版,第154—171页。
② Charles Taylor, "The Politics of Recognition", in *Philosophical Arguments*, Cambridge Mass: Harvard University Press, 1995, p. 248.
③ 这种观点的典范是 Joseph Raz, *The Morality of Freedom*, Oxford: Clarendon Press, 1986, pp. 380—382。

可以是性情卑劣的人,可以选择行善作为自己的目标,也可以追求个人的一己之私,只要他们在经过独立的自我反思之后能够真诚地认同自己具有的目标或欲望就足以表明这些目标和欲望是他们自主选择的了。①然而,对罗尔斯的批评者们来说,个人自主并不是一种与内容无关的程序主义的概念,它相反是一种实质的价值理念,不仅对行动者的自我构成以及所处环境有实质的要求,而且也会限制他最终选择的目标。因此,要想尊重个人自主,就不能只是消极地赋予人们选择自己生活方式的自由,还应该采取积极的措施来帮助人们选择那些道德上可欲的生活目标。

对个人自主的不同理解显然也会影响道德自主的政治内涵。假如个人自主要求的只是免于干涉的自由,那么道德自主就只是对社会成员平等道德地位的承认和阐发,不会支持或压制他们可能选择的任何生活目标。但是一旦承认个人自主对于行动者的生活目标也有实质要求,这些要求就会汇集起来构成公共政治的目标,形成所谓的集体善。在这个时候,道德自主与个人自主就会发生无缝对接:行动者在追求自己幸福时确立的某些善观念同时也应该成为公共政治追求的目标,仅仅承认他人的平等地位只是道德自主的最基本要求,更重要的是要认识到这些客观、普遍集体善的存在,并出于它们而行动。政治哲学的重心应该是确立并制度化地落实这样的集体善,而不是回避这一关键问题,完全基于行动者无差别的道德地位来建构公共政治原则。给定这两种关于个人自主的不同理解,现在的问题是:罗尔斯的政治主张能够基于程序主义的自主观得以维持吗?

诉诸程序主义的自主观将给罗尔斯带来两个非常棘手的难题。首先,它直接威胁了政治自由主义知识论克制的立场。只有承诺程序主义

---

① 参见 Gerald Dworkin, *The Theory and Practice of Autonomy*, New York: Cambridge University Press, 1988, pp. 12—21。

的自主观,个人自主才不会为国家推行自主的生活方式提供理由,可是在当代实践哲学中,程序主义与实质主义的争论方兴未艾,远远没有形成共识,罗尔斯要想肯定程序主义的真理,就必然损害他知识论克制的立场。其次,程序主义把自主的标准规定为行动者的反思认可,这意味着即便是无法得到任何理由支持的目标也可以成为自主的,但是当罗尔斯试图基于公民的道德自主来建构正义原则时,他诉诸的却只能是实质主义的标准。也就是说,自主的行动者应当选择那些有充分理由支持的正义原则,而不是自己主观认可的正义原则。比如国家之所以有权利平等地分配社会资源,表面看是因为原初状态各方的一致同意,但实际上是因为无知之幕剥夺了他们关于自己天赋、出身、运气等的知识,而之所以这样设置无知之幕,是因为平等的社会成员不应当从那些道德上独断的因素中获取额外好处。与此类似,原初状态的各方之所以选择能使最不利成员从中受益的差别原则,是因为他们要遵循最大最小化(maxmin)的规则,而之所以要遵循这种原则,是因为它最符合理性利己者的利益而不是最容易被他们认可。

  如果说程序主义的真理问题还可以通过放弃知识论克制的立场得到补救的话,那么个人自主与道德自主之间的不相容对罗尔斯的威胁就是根本性的。假如完全依据程序主义进行理解,罗尔斯通过道德自主建构正义原则的谋划就不可能产生公平的正义原则,因为行动者并不总是会反思地认可那些得到良好理由支持的选项和目标。相反,他更有可能得到的是自由至上主义的结论:国家的干涉越少越好。类似地,假如罗尔斯坚持通过正义原则背后的道德理由来证成其合法性,那么他承诺的就只能是实质主义的自主,而这将意味着行动者的自主最终取决于他是否选择真正有价值的目标,而不是他是否真诚地认可自己的生活计划。实质主义的自主观显然无法产生反至善论的主张,难道国家禁止、阻碍行动者选择那些邪恶、低俗的目标会侵犯他们的个人自主吗?当然不会,根据实质主义的观点,自主的行动者就应该选择那些有良好理由支持的生活方式，而不是自己最中意、最认可的生活方式。在这个意义上，道德人格其实是一种充满了内在紧张的观念，它包含的两种道德能力只有在分别依据实质主义的观点和程序主义的观点来解释时，才能为公平的正义理论奠定基础，但实质主义和程序主义本身就是关于人类能动性的两种针锋相对、不可调和的观点，不可能被同时纳入同一种人格观念之中，从道德人格的观念出发来建构国家行为基本原则的做法因此是有重大缺陷的。

政治哲学的主要课题之一是研究社会成员规范的政治关系，它因此不可避免地要对人及其道德性进行一些界定和铺陈，以罗尔斯为代表的反至善论认为，合法的政治主张应该建立在道德人格的观念之上，尊重人们选择自己生活方式的自由。据此，他们对至善论提出了质疑，认为它没有尊重人们选择自己生活方式的自由，是一种无法得到证成的主张。然而，通过深入考察罗尔斯的道德人格观念，我们发现其中既包含了人们出于正义原则而行动的能力，又包含他们选择自己善观念的能力，前者继承了卢梭、康德式的道德自主的思想，后者则体现了与密尔式的个人自主的内在联系。罗尔斯为了调和这两种源自不同思想传统的政治遗产，对自由平等人观念中道德自主和个人自主的维度分别进行了不同的解释，消除了它们之间的潜在冲突，确立起了公平的正义理论，对至善论的观点提出了批评。可是站在罗尔斯的批评者的立场来看，不难发现，罗尔斯为了从个人自主的要求中得到反至善论的结论，必须承诺程序主义的自主观，但他在诉诸道德自主的价值来解释正义原则的合法性时，又把自主理解成了一种实质主义的概念。这两种关于人类能动性的观点针锋相对、无法调和，不可能融贯地纳入同一种人格观念之中，道德人格因此是一种充满了内在紧张的、自我击败的观念，不可能为反至善论的主张提供足够可靠的依据。

第四章　证成的中立性
何以可能之不偏不倚的情形

在前面两章中,我们分别考察了反对至善论的三种理由——多元分歧的事实,合理公民的设定和罗尔斯的道德人格观念,并且逐一论证了它们都不足以表明国家无法诉诸美好生活的观念来证成自己的行为:多元分歧的事实同样给会反至善论的主张造成困扰,本身并没有蕴含反至善论的结论;合理公民则是那些有良好意愿与其他社会成员展开公平社会合作的人,不需要预先承诺人们有选择自己生活方式的自由;道德人格的观念尽管要求国家不干涉人们对自己生活道路的选择,但却是一种充满了内在紧张的观念,不适合成为建构公共政治原则的基础。由于诉诸这三种理由的反至善论主张都存在严重的缺陷,公共证成的理论因此并没有排除至善论的可能。然而,在当代政治哲学中,许多公共证成的支持者们还是会倾向于选择中立性的原则,希望国家在合理公民可能选择的各种美好生活观念之间保持中立,而不是使用强制性的手段去推行任何一种特殊的生活方式。① 显然,中立性的原则意味着,国家是不应该

---

① 这里有两点需要注意,首先,中立性要求的不是在任何美好生活观念之间保持中立,它至少要排除诸如恐怖主义、种族主义等非常邪恶的生活观念,因此在声称"中立性要求国家在所有美好生活观念之间保持中立"时,它的确切含义其实是在合理公民可能拥有的那些美好生活观念之间保持中立。其次,"在美好生活观念之间保持中立"这一表述本身就包含(转下页)

干涉人们选择道德上鄙俗、低劣的生活方式的(只要这种生活方式没有伤害到其他公民),因此,一旦我们肯定了中立性的政治主张,至善论的观点就依然会被抛弃,至少,人们可以把中立性看作是一种更值得追求的目标,要求国家尽可能地避免基于道德上良善的生活观念而行动。为了更好地捍卫至善论的观点,接下来的两章将针对中立性的主张提出一些批评,为此,我们区分了中立性的两种情形:不偏不倚的情形(the case of impartiality)和排除的情形(the case of exclusion),前者意味着国家行为的证成必须和各种美好生活的观念保持大致相等的距离,代表了中立性的严格情形;后者则只要求从国家行为的道德基础中排除所有美好生活观念,是中立性的宽松的情形。本章将只考察中立性的不偏不倚的情形,第一节首先分析了当代政治哲学从后果中立性(consequential neutrality)到证成的中立性(justificatory neutrality)的转变,指出公共证成的谋划是关于国家行为的道德基础的,而不是关于其社会效果的,因此只会要求国家满足证成的中立性的要求;第二节区分了证成的中立性的两种实现形式:"寻找中立的道德理由"和"寻找中立的政治方案",并排除了几种容易被误认为是证成的中立性的观点;第三节以罗尔斯后期政治哲学为例,通过考察重叠共识的理念,论证了表面看来中立的道德

(接上页)了三种不同类型的中立性:后果中立性(consequential neutrality),即国家行为应该产生中立的效果;证成中立性(justificatory neutrality),即国家行为的基础是中立于所有美好生活观念的;目标中立性(neutrality of aim),即国家行为不以偏袒任何美好生活的观念为目的。一般认为,公共证成要求的只是证成的中立性,本章第一、第二节将对此做出更充分的说明。比较棘手的是目标的中立性,按照罗尔斯,它意味着"制度和政策在它们得到公民支持的意义上是中立的"(John Rawls, *Political Liberalism*, New York: Columbia University Press, 2005, p. 192.)。但这种意义上的目标中立性几乎完全等同于公共证成的要求,既缺乏独立的内涵,也不与至善论的观点冲突,不需要单独进行讨论。也有人把目标中立性看作是一种空洞的主张,认为它要么指的是要求国家去追求后果中立性,要么指的是要求国家去追求证成中立性(Richard Arneson, "Neutrality and Political Liberalism", in Roberto Merrill and Daniel Weinstock (eds.), *Political Neutrality: A Re-Evaluation*, Basingstoke: Palgrave Macmillan, 2014, pp. 26—33.)。但与罗尔斯的情形类似,这种理解同样没有赋予目标中立性以独立内涵,因此依旧不需要对其进行额外讨论。鉴于目标中立性既缺乏实质意义,又没有足够的影响力,本书将不再讨论这种形式的中立性。

理由其实并不中立;在第四节中,我们以高斯的政治哲学为例,考察了他是如何通过寻找中立的政治方案来为证成的中立性辩护的,并揭示了其中存在的一系列问题,指出它同样没有满足不偏不倚的要求。由于国家行为既不可能诉诸中立的道德理由得到证成,本身也无法成为中立的政治方案,要求国家不偏不倚地对待所有美好生活观念的中立性主张因此注定是无法实现的。根据应当蕴含能够的原则,这也就意味着公共证成不应该要求国家在各种美好生活观念之间保持不偏不倚。

第一节 从后果中立性到证成的中立性

按照德沃金,中立性指的是"政府必须在可能被称作美好生活的问题上恪守中立……政治决策必须尽可能地独立于任何关于美好生活的特殊观念或赋予生活以价值的观念"①。他认为,中立性的要求包含了平等对待所有公民的原则,这种原则又要求"政府在分配机会、资源时,应当平等地对待其统治下的公民,或尽力使他们在这些方面达到平等或接近平等的状态"②。由此可见,在德沃金的政治哲学中,中立性是通过平等主义的分配原则来实现的。

然而,如果中立性要求的是国家行为必须使每一个合理公民都有实现自己美好生活观念的平等机会的话,那么它首先就面临着"应当蕴含能够"(ought entails can)的诘难。因为政府的存在本身就会对人们的道德观念、道德选择产生巨大的影响,即便它没有强制地推行任何特定的美好生活观念,也会为人们选择某些特定生活观念提供便利,并因此抬高他们选择其他生活方式的成本。不仅如此,由于美好生活本身是一个非常抽象和充满了各种可能性的概念,实现它们的方式和所需的资源也

---

① Ronald Dworkin, *A Matter of Principle*, Cambridge, Mass: Harvard University Press, 1985. p. 191.
② Ibid., p. 190.

往往大相径庭,因此很难确定究竟什么样的国家行为才能真正平等地对待不同美好生活的观念。假设存在两种不同的生活方式,第一种是苏格拉底式的,它对吃穿住行等物质方面的要求很低,把与志同道合的朋友讨论哲学问题看作最高的人生追求;第二种则恰恰相反,它把物质上的享受放在第一位,对精神上的需求则无动于衷。对于这两种不同的生活方式,国家究竟应该如何行动才算是平等地对待了它们呢?它可以设法平等地提高每个人的物质福利,但这种平等无法像促进第二种生活方式那样促进苏格拉底式的生活方式,反过来说,假如国家致力于营造一个尊重文化的社会环境,那么显然第二种生活方式将无法像苏格拉底式的生活方式那样从中收益。或许,政府可以分别向这两种生活方式提供它们各自想要的资源,比如减少钟情于苏格拉底式生活的人的工作时间,给他们更多的闲暇讨论哲学问题,同时又向那些汲汲于物质追求的人提供更多的经济福利,但是这两者之间需要达到什么样的比例才算是使这两种生活方式得到了平等实现的机会呢?当然,国家可以完全不用理会这两种观念之间的分歧,既不对它们施以援手,也不妨碍人们对它们的追求,单单的不作为就是一种中立。但问题的关键在于,平等主义的分配方案本身给国家行为施加了消极责任,要求国家对自己能够去做但又没有去做的后果也承担责任,因此,除非人们过上这两种生活方式的机会已经是完全相同的了,否则,单纯的不作为同样无法使中立性成为一种可行的选项。[①] 在这个意义上,通过平等主义的分配原则来实现中立性始终是一种虚幻的和不现实的想法。

把中立性与平等主义的分配原则联系在一起,经常被称作是一种后果中立性(consequential neutrality)的主张,它意味着,政府行为的影响对于各种美好生活观念应当是中立的,没有任何一种生活方式能从国家行为中获

---

① 参见 Steven Wall, "Neutrality and Responsibility", *The Journal of Philosophy*, vol. 98, 2001, pp. 393—395。

取额外的好处。与之不同的另外一种主张是证成的中立性(justificatory neutrality),这种主张认为,尽管政府行为对于不同美好生活观念的影响是不平等的,但只要这些行为的基础在不同美好生活观念之间是中立的,就依然可以满足中立性的要求。显然,后果中立性与证成的中立性是两种彼此独立的要求,满足了前者的政治主张并不一定能够满足后者,比如国家可以为了使人们过上自主的生活来设法使各种美好生活的观念得到相同的实现机会,假设国家的确实现了这样的目标,那么它就可以满足后果中立性的要求,但却并没有在证成的意义上保持中立。反过来说,国家也可以满足证成的中立性,但却违反后果中立性的要求,比如它可以基于保障国防安全的理由来延长青年人服兵役的时间,这显然会使许多希望有更多闲暇时间从事学术研究的年轻人更难过上自己想要的生活,但它诉诸的道德理由本身却没有歧视这种生活方式。由于公共证成的主张本身就是针对什么样的理由可以用来为国家行为奠基而发的,所以它最终要求的只是证成的中立性,而不是后果中立性的。就像拉莫尔所说的,"中立性并不意味着与结果有关的东西,而是与程序有关的。也就是说,政治中立性体现为一种对何种因素可以用来证成政治决策的限制。"[①]

与后果中立性相比,证成的中立性似乎是一种更有前景的主张,它不仅特别契合公共证成的主张本身,而且也能够有效地规避后果中立性面临的不切实际、无法实现的指责。然而,在众说纷纭的各种版本的中立性主张中,到底其中哪些属于证成的中立性,哪些属于后果中立性呢?在对证成的中立性提出批评之前,这个问题必须首先得到解答。

第二节 实现证成中立性的两条路径

证成的中立性要求国家在证成自己行动时不能偏袒任何美好生活

[①] Charles Larmore, *Patterns of Moral Complexity*, Cambridge; New York: Cambridge University Press, 1987, p. 44.

的观念。但这种主张在直觉上也会面临"应当蕴含能够"的指责:对国家行为的证成总是要诉诸一些有吸引力的规范观念,并且预设了这些观念能够击败与之冲突的其他观念;而理性行动者同样也是依据某些规范观念来制定自己生活计划的,他们可能诉诸同样的规范观念,也可能诉诸其他观念,国家行为怎么可能在这两种生活计划之间保持中立呢? 由此可见,自由主义者必须首先展示证成的中立性是一种可行的(feasible)政治主张,否则它将依旧不适合成为指导国家行为的基本原则。换句话说,反至善论者们不仅需要解释证成的中立性何以可欲,还需要解释它何以可能。仅就不偏不倚的情形来看,对证成的中立性的可行性解释可以沿着两个不同方向进行:有些人或许会主张某些道德理由是先天地中立于各种美好生活观念的,基于这样的理由就可以中立地证成国家行为;另外一些人则会认为政府行为不需要诉诸中立的道德理由,它们只要能被公民基于各自美好生活观念所接受就够了。第一种路径可以被称作是"寻找中立的道德理由"(the search for neutral moral reasons),罗尔斯的后期政治哲学通常被看作是这种路径的典范;第二种路径可以被命名为"寻找中立的政治方案"(the search for neutral political proposals),它在高斯的政治哲学中得到了体现。关于证成中立性的这两种路径虽然存在不少重叠之处,但却有着根本差异,需要被分别加以考察。不过,在此之前,最好首先排除其他几种中立性的主张,因为不管它们的支持者是否用证成的中立性来标记自己的主张,它们都没有真正满足证成中立性的要求。

在德沃金那里,中立性的基础是公民应该得到平等对待这一抽象的平等原则,但他对这种原则的诠释又是建立在对美好生活的一种特殊理解之上的,因此德沃金主张的并不是证成的中立性,而是后果中立性。在题为《自由主义平等的基础》的讲座中,德沃金明确指出,他试图"展示作为一种政治哲学的自由主义是如何与我们精神世界的另外一个部分——我们关于美好生活的观念联结在一起的"①。他把这种美好生活的观念称作"挑战模式",其基本要旨是,生活本身就是一种不可回避的挑战,每个人都需要发挥自己的各种技能过好自己的生活。尽管不同人的生活对他人、社会造成的影响有所不同,但只要他们同样成功地应对了自己生活中的各种挑战,他们的生活就具有同样的内在价值。尽管德沃金声称挑战模式是关于美好生活之结构的主张,可以容纳各种实质的生活目标,但这种做法依然会排除许多墨守成规、因循守旧的生活方式,因此同样构成了一种独特的美好生活观念。如果说《政治自由主义》中的罗尔斯在反对至善论的同时也放弃了关于美好生活的整全主张,而拉兹等至善论者们又总是试图寻求某种特殊的美好生活观念来要求国家帮助人们过上这种观念所指定的生活方式的话,那么德沃金就是既要坚持一种特殊的美好生活观念,又要反对国家帮助人们过上任何一种生活方式。这种立场在后果中立性的意义上可以被看作是反至善论的,但在证成的意义上却依然是至善论的,与证成中立性的要求背道而驰、无法兼容。不仅如此,德沃金所谓"挑战模式"的美好生活观念本身也的确是充满了争议的,比如有学者曾经指出,它描述的是其实一种令人钦佩、值得赞赏的生活模式,但却不未必是值得欲求或选择的生活,与人们直觉上偏好的美好生活观念是完全不同的。② 所以,德沃金的主张非但不符合证成的中立性的主张,而且也无法满足公共证成的要求,是可以被弃而不论的。

另外一种可以从证成的中立性的阵营中排除出去的是通过体验和自主的价值来确立中立性的论证,阿克曼(Bruce Ackerman)在《自由主义国家中的社会正义》中就提供了这样的论证。他认为,即便我们确信

---

① Ronald Dworkin, "Foundations of Liberal Equality", in Stephen Darwall (ed.), *Equal Freedom: Selected Tanner Lectures on Human Values*, Ann Arbor: University of Michigan Press, 1995, p.190.

② 参见 Richard Arneson, "Cracked Foundations of Liberal Equality", in Justin Burley (ed.), *Dworkin and his Critics*, Malden MA: Blackwell Publishing Ltd, 2004, pp.80—82.

自己的美好生活观念是正确的,也需要通过自由地体验各种生活方式并进行比较、反思之后才能得到它,而非中立的国家行为显然妨碍了这样的体验。不仅如此,就算我们相信自己并不需要通过这样的体验才能过上自己最终想要的生活,美好生活的观念也只有通过自主的慎思和选择后才能被我们真正接受,国家行为因此不能被用来施加任何一种善观念。① 这里的问题在于,体验的价值并非总是绝对有效的,人们总是可以找到一些不承认体验的重要性但又同样合理的生活方式,比如从小到大一直生长在某种宗教场所里的人,对他们来说,尝试去体验其他生活方式本身是缺乏任何吸引力的。② 就此而言,诉诸体验的价值就没有在证成的意义上中立地对待所有美好生活的观念。如果说体验的价值至少还能为后果中立性提供某些依据的话,那么自主的价值甚至根本无法确立后果中立性的主张,相反,给定自主对于人们美好生活的重要意义,国家应该主动去扩展人们自主选择的范围,创造欣赏、培育自主的社会环境等。③ 这些都表明,自主要求的其实是至善论的国家行为,而不是中立的国家行为。因此,不论是诉诸"挑战模式"的生活观念,还是诉诸自主的价值,都无法与证成中立性的主张相容,毋宁说,它们反而体现了与至善论和解的趋势。④

最后,还有一种思路是通过价值怀疑论来证成中立性的做法。这种做法主张,给定价值怀疑论的立场,任何美好生活的观念都缺乏必要的确定性,因此不能成为国家行为的基础,唯一合理的选择就是在这些观

---

① 参见 Bruce Ackerman, *Social Justice in the Liberal State*, New Haven: Yale University Press, 1980, p.11。
② 参见 Simon Caney, "Consequentialist Denfensces of Liberal Neutrality", *The Philosophical Quarterly*, vol.41, 1991, pp.469—471。
③ 基于自主的价值反对中立性是至善论者通行的做法,对阿克曼的反驳可见 George Sher, *Beyond Neutrality: Perfectionism and Politics*, New York: Cambridge University Press, 1997, pp.61—71。
④ 参见应奇《摆荡于竞争与和解之间:当代自由主义之观察》,《吉林大学社会科学学报》2008 年第 1 期,第 52—55 页。

念之间保持中立,不诉诸其中任何一种来证成国家行为。① 价值怀疑论本身是一种客观的哲学主张,没有偏袒任何一种美好生活的观念,因此诉诸怀疑论的反至善论似乎应该被看作是证成的中立性主张,而不是后果中立性的主张。但其实不然,价值怀疑论不仅排除了人们凭借某种美好生活观念向他人提出道德要求的可能,而且因为所有生活观念都缺乏确定性,也同时使他们对自己生活目标的追求变成了非理性的独断和执迷。② 但证成的中立性恰恰并不否认人们能够理性地坚持他们自己所选择的生活方式,相反,它否认的只是把自己的生活观念强加于他人的做法,为了实现这个目标,我们只需要承认各种美好生活观念之间的冲突是客观而真实的就足够了,并不需要否定这些生活观念都是虚幻的。③ 因此,基于怀疑论的中立性主张虽然的确不是后果中立性的观点,但它同样是可以被忽略和排除的。为了确立证成的中立性,我们并不需要否定美好生活观念的客观性,只要表明国家行为或者是建立在那些本身中立的道德理由之上的,或者得到了各种美好生活观念同等程度的支持就足够了。

第三节 寻找中立的道德理由及其问题

在讨论寻找中立的道德理由之前,首先需要注意的是,罗尔斯并不认为自己的主张能够满足证成中立性的要求,因为它最终还是要诉诸道德人格观念这样的实质性的理由。④ 但罗尔斯的这种辩解可能只是一种

---

① 参见 Brian Barry, *Justice as Imparity*, New York; Oxford: Clarendon Press, 1995, pp. 168—169。
② 参见 Susan Mendus, *Impartiality in Moral and Political Philosophy*, Oxford; New York: Oxford University Press, 2002, pp. 20—21。
③ 参见 Simon Caney, "Impartiality and Liberal Neutrality", *Utilitas*, vol. 8, 1996, pp. 279—280。
④ 参见 John Rawls, *Political Liberalism*, New York: Columbia University Press, 2005, pp. 190—195。

语词之争,因为中立性要求的并不是在所有实质的道德理由之间保持中立,而是在合理公民可能持有的美好生活观念之间保持中立。由于在政治自由主义中,人们对自己美好生活的追求是在各种宗教、哲学的整全学说的指引下进行的,因此当罗尔斯要求正义原则对所有合理整全学说均不持立场时,他其实已经承认了政治自由主义是一种中立的主张。不仅如此,他还进一步回答了国家如何才能在证成自己行为时中立于所有美好生活的观念。罗尔斯的论证可以被总结为如下的形式:

1. 按照自由主义合法性原则,强制性政治权力的行使必须得到合理公民的共同支持;

2. 给定判断的负担,各种整全学说之间的多元分歧是现代社会永恒的事实,合理公民因此可以拥有各自不同的美好生活观念;

3. 国家如果基于某些特殊的美好生活观念来行使强制性的政治权力,就必然会压制支持其他美好生活观念的合理公民,并因此无法得到他们的共同支持;

4. 所以,国家应该把所有美好生活的观念从自己的道德基础中排除出去,这样才有可能中立地对待这些生活观念;

5. 政治观念来源于现代社会公共的政治文化,而不是任何宗教、哲学的学说,并且只能应用于社会最基本的政治、经济制度,所以对各种不同的美好生活观念来说都是不持立场的;

6. 正义原则是从这些政治观念中建构而来的,它也因此同样只适用于社会最基本的政治、经济制度,并且对所有的整全学说都不持立场;

7. 当国家基于正义原则而行动时,它不仅能够满足合法性的要求,而且也没有偏袒任何一种美好生活的观念;

8. 所以,国家可以通过诉诸正义原则来满足证成中立性的要求。

如果说自由主义合法性原则与多元分歧的事实共同解释了证成的中立性为什么可欲的话,那么通过政治观念来建构正义原则的做法则回答了证成的中立性何以可能的问题。由于政治观念对于各种美好生活的问题是不持立场的,因此它们本身就可以构成中立于各种美好生活观念的道德理由,而国家正是通过诉诸这些本身中立的道德理由来证成自己行为的。在这个意义上,政治自由主义构成了寻找中立的道德理由的典范。

与罗尔斯类似,拉莫尔也同样是通过寻找中立的道德理由来为证成的中立性奠基的。他认为,"强制性政治合作的根本原则应当对受约束的对象证成"[1],由于合理公民关于美好生活的分歧是现代社会的永恒事实,所以政治权力的行使就只能诉诸"公民能够共同确认的最小道德基础"[2]。这种最小的道德基础同时也构成了他们"在回应分歧时能够诉诸的中立的基础"[3],因此为国家行为的证成提供了中立的道德理由。

除了拉莫尔,内格尔也可以被看作是寻找中立道德理由的代表人物,他声称:"如果自由主义要被当作一种更高阶的理论,而不只是另一种宗派性学说加以辩护,就必须表明它来自对公正本身的解释,而不是来自一种可以公正地得到的善的特殊观念。"[4]这种"对公正本身的解释"源于行动者超越自身独特性,平等地把所有行动者考虑在内的非个人立场(impersonal standpoint),构成了行动者中立的(agent-neutral)理由,是"人们在证成政治权力的行使时可以诉诸的价值"[5]。因此,当自由主义国家基于这样的理由而行动时,就可以满足证成中立性的要求。

表面看来,"寻找中立的道德理由"的确为证成的中立性提供了良好的基础,但它也给中立性的支持者们带来了稳定性论证的负担,而罗尔

---

[1] Charles Larmore, *The Morals of Modernity*, New York; Cambridge: Cambridge University Press, 1996, p. 152.
[2] Ibid., p. 123.
[3] Charles Larmore, "Liberal Neutrality: A Reply to James Fishkin", *Political Theory*. vol. 17, 1989, p. 580.
[4] [美]托马斯·内格尔:《道德冲突与政治合法性》,《自由主义中立性及其批评者》,应奇编,南京:江苏人民出版社2007年版,第22页。
[5] Thomas Nagel, *Equality and Partiality*, New York: Oxford University Press, 1991, p. 156.

斯对稳定性问题的解决恰恰暴露了通过"寻找中立的道德理由"来满足证成的中立性要求会面临的困难。具体来说,单独主张国家行为能够得到中立的道德理由的支持,并不意味着人们都有充分的理由去服从这种行为,因为那些非中立的美好生活观念同样是他们最核心、最根本的利益,假如这些美好生活的观念产生了与政府行为相冲突的道德要求,中立的政府行为就很有可能会被合理公民拒绝接受。换句话说,即便中立的道德理由同时也是合理公民共同分享的理由,但除非这些公民都把这种理由看作是证成正义原则的充分理由,否则正义原则就依然会被他们抛弃。所以,"寻找中立的道德理由"的支持者们除了要展示政府行为据以被证成的理由,还应该进一步表明这些理由不会和人们各自不同的美好生活观念发生冲突,是足够稳定的。表面看来,这恰恰就是罗尔斯通过重叠共识的理念试图实现的目标,因为重叠共识意味着合理公民总是能够从自己各自不同的整全学说中找到支持正义原则的理由,确保它始终得到所有合理整全学说的支持。

然而,事情并没有那么简单。首先,在现实社会中,不难发现有许多合理的整全学说本身就包含了大量与正义原则相互冲突的主张,是很难提供对正义原则的支持的。比如,许多人就曾经质疑"功利主义何以能够被包括在关于罗尔斯正义原则的重叠共识之中,因为它不仅反对论证正义原则时所依赖的根本前提,而且反对这个论证本身"[①]。在这个意义上,宣称正义原则已经得到了所有合理整全学说的支持,这多少有点自欺欺人,实际上"只有很少的整全学说能够被期待像罗尔斯描述的那样支持公平的正义原则"[②]。其次,现实社会中总是存在数量繁多、不可胜数的整全学说,并且随着时间的推移,还会有新的整全学说不断产生出来,罗尔斯既不可能——穷尽现有的整全学说,论证它们都能以自身独

[①] Samuel Scheffler, "The Appeal of Political Liberalism", *Ethics*, vol. 105, 1994, p. 10.
[②] Leif Wenar, "Political Liberalism: An Internal Critique", *Ethics*, vol. 106, 1995, p. 33.

特的方式去支持正义原则,也无法预先断定未来出现的整全学说必定不会敌视正义原则,所以重叠共识就只能是一种理想的情形,不可能是现实社会中业已形成的历史事实。用一种虚拟、假想的情形来为正义原则的稳定性辩护,这显然是自我矛盾的,因为承认重叠共识是一种理想的情形恰恰也就承认了正义原则并没有真正得到所有合理整全学说的共同支持。当然,罗尔斯或许会回应说,重叠共识要求的是正义原则得到合理整全学说的支持,并不指望不合理的整全学说也去支持正义原则,所以,尽管他无法穷尽所有的整全学说,但只要能够确定其中那些合理的学说是可以产生支持正义原则的力量的,重叠共识的理念就依然能够解释正义原则的稳定性。但这种回应不可能真正逃脱我们的批评,因为除非从概念上就把合理整全学说定义为支持正义原则的学说,否则合理整全学说的数量也同样是非常庞大和难以穷尽的。可是如果合理整全学说真的被定义为支持正义原则的学说的话,那么罗尔斯也就不需要通过重叠共识来充分地证成正义原则了,因为合理的整全学说在概念上就会去支持正义原则,重叠共识将只是一种同义反复而已,并不具有独立的证成的力量,是可以被直接忽略的。① 事实上,这种回应也没有注意到,重叠共识的目标是确立正义原则的稳定性,而稳定性意味着正义原则必须得到现实社会中绝大多数整全学说的支持。因此,合理整全学说的范围必须足够包容。就像罗尔斯所承认的,对合理整全学说的理解应该是非常宽松的,应该"把许多为人所知的、传统的宗教、哲学和道德学说看作是合理的,即便还没有认真地考察过它们"②。所以,虽然重叠共识的确是只针对合理整全学说而言的,但正义原则能否真的得到这些学说的一致支持却依旧是个悬而未决的问题。

---

① 我们在第二章中曾经介绍过内在政治自由主义的观点,邝就是利用这样的方式来批评重叠共识的理念的,参见 Jonathan Quong, *Liberalism without Perfection*, Oxford: Oxford University Press, 2011, pp. 162—191。
② John Rawls, *Political Liberalism*, New York: Columbia University Press, 2005, p. 59.

如果正义原则并没有真正赢得所有合理整全学说的支持,那么它就是一种缺乏稳定性的政治主张,而罗尔斯显然不会接受这样的结论,所以,他在《政治自由主义》中其实是基于"权宜之计—宪法共识—重叠共识"的动态过程来为正义原则的稳定性奠基的,这种动态过程能够使他既不需要逐一考察合理公民实际拥有的整全学说,又可以断定正义原则一定能够得到这些学说的支持。罗尔斯的论证是这样进行的,首先,他注意到,对许多合理公民而言,正义原则一开始只是被他们作为解决彼此利益冲突的权宜之计接受下来的,他们"都是在没有看到正义原则和自己的其他观念之间的任何特殊联系时,就在宪法和政治实践中认可了正义原则"①。但随着正义原则的成功实施,它会逐渐培养起人们对它的忠诚,进而"转变公民们的整全学说,使他们至少能接受自由宪制的原则"②。由此便形成了关于基本政治制度的宪法共识。给定这样的基础,在不断参与公共政治生活的过程中,合理公民们将会逐步认识到正义原则内在的吸引力,并在"发现正义原则和自己更宽泛的学说之间的冲突时,选择调整或改变这些学说,而不是放弃正义原则"③。在这个时候,我们就可以说,虽然某个特定的整全学说到底会给正义原则提供什么样的支持性的理由总是有待考察和研究的,但所有合理整全学说都能够在做出恰当修改后支持正义原则却是十分肯定的,正义原则因此是足够稳定的。毋庸置疑,这种从权宜之计出发,经由宪法共识来实现重叠共识的路径是十分重要的,它意味着,尽管许多合理整全学说可能与正义原则是存在冲突的,但合理公民却无需固守自己原先的整全学说,相反,他们应该采取批判性的立场,从正义原则出发来尝试修改和调整这些学说,使之最终能产生支持正义原则的理由。比如,虽然传统的儒家学说总是提倡君君臣臣的王道政治,但许多现代儒家知识分子却致力于重新梳理

---

① John Rawls, *Political Liberalism*, New York: Columbia University Press, 2005, p.160.
② Ibid., p.163.
③ Ibid., p.160.

传统儒家学说,在肯定自由民主制的同时"把这些制度建基于儒家'善'的观念上,而不是自由主义的'正当'观念上"①。这种发生在儒学内部的转变就十分典型地体现了一种关于正义原则的重叠共识是如何形成的。不仅如此,"权宜之计—宪法共识—重叠共识"的路径还可以大大扩展合理整全学说的范围,确保正义原则得到现实社会中绝大多数宗教、哲学学说的支持。因为"即便是历史上的那些非自由主义的学说,也会在自由主义制度鲜活的经验中得到发展,最终加入关于自由主义政治的正义观念的重叠共识之中"②。就像罗尔斯所说的,"一个合理、有效的政治观念能够使整全学说向自己靠拢,并且在需要的时候把它们从不合理的塑造为合理的。"③在这个意义上,虽然重叠共识只要求正义原则获得合理整全学说的支持,但许多不合理的整全学说也能够在参与公共政治生活的过程中实现自我净化,提升为合理的整全学说,正义原则也将因此变得愈发稳固和坚挺。

正如斯坎伦观察到的,重叠共识其实是合理公民在正义原则和整全学说之间进行反思平衡的过程。④ 它的目标不是把正义原则塑造为各种合理整全学说的重叠部分,而是在原本缺乏联系(甚至存在冲突)的两套信念体系之间建立起可靠的纽带。因此,与人们通常设想的不同,重叠共识其实并没有把正义原则变成各种合理整全学说的交集部分,使它同时从属于所有的合理整全学说。⑤ 相反,它只是为人们在实践慎思中处理正义原则和整全学说的冲突提供了一些指引,希望他们基于公共的正

---

① 陈祖为:《儒家致善主义》,香港:商务印书馆2016年版,第22页。
② Paul Weithman, *Why Political Liberalism*, New York: Oxford University Press, 2010, p. 310.
③ John Rawls, *Political Liberalism*, New York: Columbia University Press, 2005, p. 246.
④ 参见 Thomas Scanlon, "Rawls on Justification", in Samuel Freeman (ed.), *The Cambridge Companion to Rawls*, New York: Cambridge University Press, 2003, p. 160。
⑤ 罗尔斯本人在讲授重叠共识的理念时,也没有把各种合理整全学说重叠到一起去,而是画了几个互不相交的大圈,然后再把它们与正义原则分别联结起来。参见何怀宏《寻求共识:从〈正义论〉到〈政治自由主义〉》,《读书》1996年第6期,第24页。

义原则来消化和处理自己原先拥有的整全学说,确保自己的信念体系始终是融贯的。这是一种以正义原则为中心向周边发散的扩展论证,而不是把各种合理整全学说当作不变的前提,从这些前提出发向正义原则靠拢的聚合论证。① 由于在这种论证过程中,合理公民为了支持正义原则不得不主动调整、修改自己原有的整全学说,所以正义原则其实也没有真正在这些学说之间保持不偏不倚,它因此不能为国家行为的证成提供不偏不倚的道德理由。

实际上,就算合理公民在没有修改自己的整全学说时也能够形成关于正义原则的重叠共识,正义原则也很难在他们的美好生活观念之间保持不偏不倚,因为这些合理整全学说提供给正义原则支持力度是完全不同的。许多人认为,重叠共识是由许多种契合论证构成的,它是"公共证成的正义观念与各种不同的、相互竞争的整全伦理主张的契合,这些主张中的每一个都会以自己独特的理由把正义确认为善"②。不论合理公民采取哪一种整全学说,都会有理由"认为维持(由作为公平的正义所确定的)正义感是属于自己的善观念的"③。但这种理解没有注意到,契合论证是罗尔斯在《正义论》中提供的稳定性论证,在那里,他为了使这种论证得出"把公共的正义原则当作人们生活计划的调节性因素来追求是符合理性选择原则的"④结论,不得不按照康德主义的观点来构思理性的生活计划。这就十分清楚地表明,从除了康德主义之外的其他合理整全

---

① 把重叠共识理解为聚合论证的观点可见 Gerald Gaus, *The Order of Public Reason*, New York: Cambridge University Press, 2011, p. 336; Kevin Vallier, "Convergence and Consensus in Public Reason", *Public Affairs Quarterly*, vol. 25, 2011, pp. 264—267。
② Samuel Freeman, "Political Liberalism and the Possibility of a Just Democratic Constitution", in *Justice and the Social Contract: Essays on Rawlsian Political Philosophy*, Oxford; New York: Oxford University Press, 2007, p. 192.
③ Paul Weithman, "Legitimacy and the Project of Political Liberalism", in Thom Brooks and Marsha Nussbaum (eds.), *Rawls's Political Liberalism*, New York: Columbia University Press, 2015, p. 92.
④ John Rawls, *A Theory of Justice*, Cambridge, Mass: Harvard University Press, 1971, p. 577.

学说出发,是不可能得到正义原则与理性生活计划是契合的结论的。因此,把重叠共识理解为许多种整全学说与正义原则的分别契合显然是错误的,事实上,罗尔斯自己就承认了重叠共识只要求合理的整全学说"契合于、支持或相容于由政治的正义观念确立的政治价值"[1]。而这也就表明,合理整全学说对正义原则提供的支持程度其实是非常多样化的,即便某些整全学说无法为人们接受正义原则提供任何正面的理由,但只要合理公民"能够严格区分那些适用于私人领域行动的信念与可以在公共领域中据以行动、论辩的信念"[2],只在与公共政治事务无关的情形中使用这些整全学说,关于正义原则的重叠共识也依然可以得到实现。比如,对公共事务漠不关心的佛教徒尽管很难从自己信奉的教义中获得支持正义原则的理由,但只要他能在公共政治事务中履行好自己作为公民的责任,那么他所信奉的宗教学说就同样可以参与重叠共识。只是在这个时候,正义原则将不可能在所有美好生活的观念之间保持不偏不倚,因为与那些能够正面地支持正义原则的整全学说相比,佛教徒们为了维持自己的完整性(integrity)将不得不付出更多的牺牲、承受更多的紧张。[3] 重叠共识因此否定了正义原则作为中立道德理由的地位,它表明,即便正义原则能够在不修改合理整全学说基本内容的同时得到这些学说的支持,它也没有真正不偏不倚地对待这些学说。

诚然,罗尔斯的支持者们或许会说,正义原则并不需要在所有整全学说之间保持严格的不偏不倚,它只需要独立于这些学说就足够了,而

---

[1] John Rawls, *A Theory of Justice*, Cambridge, Mass.: Harvard University Press, 1971, p. 169.
[2] Daniel Weinstock, "A Neutral Conception of Reasonableness", *Episteme*, vol. 3, 2007, p. 238.
[3] 关于完整性,参见[英]伯纳德·威廉斯《道德运气》,徐向东译,上海:上海译文出版社2007年版,第1—28页。威廉斯认为每个人都有一套构成自己品格(character)的根本计划,它提供了这个人继续生活的理由。当人们能够依据自己的根本计划不受阻碍地行动时,其完整性就能得以维持,而不偏不倚的道德要求总是会对这种完整性构成威胁。在这个意义上,只要罗尔斯的正义原则对人们根本计划的影响程度是不一样的,那么为了确保个人的完整性,人们付出的牺牲和妥协就必然是不一样的。

正义原则的确是独立于各种宗教、哲学学说的,因为它是从现代民主社会的公共政治文化中建构出来的,不依赖于任何一种特殊的思想传统。对于这种回应,我们将在下一章讨论证成的中立性的排除情形时进行更加深入的讨论,这里只需要指出一点就够了:正义原则虽然是依据一系列潜存于现代民主社会公共政治文化中的政治观念建构而来的,但从历史的角度来看,公共政治文化本身就是由一些特定的整全学说所塑造的,尽管政治观念最终可能的确会独立于这些整全学说,但它显然还是更亲近这些学说,并且也容易得到这些学说的支持。这从根本上决定了正义原则不可能不偏袒某些特定的美好生活的观念,寻找中立的道德理由因此最终是一种失败的谋划,不能真正满足证成的中立性的要求。

第四节 寻找中立的政治方案及其问题

按照高斯的观点,同样的政府行为可以基于不同的理由面向不同公民得到证成,这意味着,假如所有合理公民能够出于不同的理由接受某种相同的政治方案,那么证成的中立性就依然可以得到满足。只是在这个时候,中立性的首要主题将不再是据以证成国家行为的道德理由,而是国家行为本身。换言之,"公共理性的自由主义者将关心制度的塑造和共同政治方案的聚合,而不是对我们共同的政治对话之结构的调节。"① 这种实现证成中立性的尝试可以被称作是"寻找中立的政治方案",与"寻找中立的道德理由"相比,它具有这样一些特点:

1."寻找中立的政治方案"在本质上预设了公共理性的聚合(convergence)模式,它允许人们基于各自不同的私人理由达成一致。而罗尔斯显然更倾向于公共理性的共识(consensus)模式,要求基于共同的公共理由进行公共推理。如果说共识的模式更具有理想主义精神的话,

---

① Kevin Vallier, "Against Public Reason Liberalism's Accessibility Requirement", *Journal of Moral Philosophy*, vol. 8, 2011, p. 389.

那么聚合模式显然更加现实和灵活,也因此更具有可行性。

2."寻找中立的政治方案"不需要区分道德理由内部的两种成分,相反,人们是凭借同样的评价标准和规范理由来参与公共政治和制定个人生活计划的,这两个领域将不再会有潜在的冲突,所以不需要论证正义原则的稳定性。事实上,按照高斯,整全学说和政治观念本身就非常含混,最好抛弃这种区分。① 不仅如此,他也没有像罗尔斯那样通过无知之幕的设置来使用抽取的策略(bracket strategy),在为国家行为奠基时排除有争议、有分歧的观念。因此,上一节中通过对罗尔斯稳定性论证的考察来反对中立性的做法就不能再应用于高斯的论证了,要想反对"寻找中立的政治方案",我们必须提出新的论证。

3. 高斯特别关注合理公民为了服从中立的政府行为而付出的"机会成本"。他注意到"我们关于善的分歧不仅在于何者有价值,更在于这些价值的相对重要性"②。因此仅仅诉诸人们共同具有的理由是不够的,"我们必须指向共同的价值排序,以使所有理性的公民都同意获得这些价值比他们可能获得的其他价值更重要。"③由于他把政治制度的安排作为证成中立性的首要主题,这也意味着中立的政治方案必须是所有合理公民可以接受的,并且这些公民都更加偏好这种政治方案,而不是他们可能选择的其他政治方案。显然,与罗尔斯的主张相比,高斯的方案更简明、直接一些,它不需要先通过人们共同分享的公共理由来确定正义原则的内容,然后再诉诸重叠共识的理念来表明这种公共理由也是证成正义原则的充分理由,相反,只要从人们各自不同的评价标准出发,看看

---

① 高斯对整全学说和政治观念这种区分的挑战可见其 *Contemporary Theories of Liberalism*, London: SAGE, 2003, pp. 181—185。
② Gerald Gaus, "Liberal Neutrality: A Compelling and Radical Principle", in George Klosko and Steven Wall (eds.), *Perfectionism and Neutrality*, MD: Rowman & Littlefield, 2003, p. 157.
③ Gerald Gaus, "The Moral Foundations of Liberal Neutrality", in Thomas Christiano and John Christman (eds.), *Contemporary Debates in Political Philosophy*, Oxford: Blackwell, 2009, p. 93.

哪一种政治方案能够面向这些评价标准同时得到证成,就可以确保这种方案能不偏不倚地对待所有美好生活观念了。

如果说罗尔斯的政治哲学主要是围绕着公平的正义原则被建构起来的话,那么高斯的政治哲学就是围绕着"什么样的政治方案可以被公共地证成"建构起来的,他的主张也因此被称作是证成的自由主义。与政治自由主义相比,证成的自由主义是一种更加彻底的主张,但它在回答"证成的中立性何以可能"时却面临更多的困难。一方面,高斯无法再诉诸任何本身中立的道德理由来为政府行为奠基,因为所有可以证成政府行为的理由都是合理公民基于自己独特评价标准所接受的理由,它们本身就是这些公民各自美好生活观念的内在部分,是属于他们的私人理由,不可能中立于所有美好生活观念。另一方面,证成的中立性不仅关注人们可以接受的政治方案,还关注他们对这些政治方案的排序,只有那些被一致认为比其他可能的方案更好、更重要的方案才是真正中立的。这些都引起了不确定性(indeterminacy)的难题:公共证成可能无法产生确定的结论,没有任何一种政治方案能够被所有公民都看作是最应该被接受的。正如高斯自己承认的,"我们有时候能看到,或者经常看到一个人在某个恰当层面上生效的理由是不确定的,他可能有两个相互竞争的理由,没有任何一个能击败另外一个。"[1]这种不确定性也给证成的中立性制造了麻烦,假如有太多彼此冲突的、互不相容的政治方案都能被人们认为是可以接受的,但其中没有一个能都被他们认为是最应该接受的,那么自由主义国家该如何做出选择呢?为了展示证成的中立性的确是一种可行的政治目标,高斯需要首先解决公共证成中的不确定性难题。[2]

---

[1] Gerald Gaus, *The Order of Public Reason*, New York: Cambridge University Press, 2011, p. 305.
[2] 值得注意的是,高斯对公共证成不确定性难题的解决主要是针对社会道德而言的,但由于政治主张本身也被他看作是公共的社会规范,因此高斯的解决方案同样适用于政治哲学。本书最后一章会更加详细地讨论高斯对社会道德的证成。

合理的公民虽然无法就某种特定的政治方案形成聚合,但这并不意味着他们不能聚合到某一组政治方案上来,特别是考虑到所有合理的公民都偏好稳定、和平政治秩序胜过混乱的无政府状态,这一点就尤为重要了。按照高斯,合理公民可以首先识别出一些"社会最优合格序列"(socially optimal eligible set),其中的每一个序列都是他们可以接受的,但又没有任何一个能够胜过其他的序列。接着,高斯试图通过与人类权利相关的两个观念来缩小这些序列的范围。首先是能动性(agency)的视角,它意味着这些人必须把彼此看作是凭借自己的慎思而做出决定的行动者。这种观念为诸如免于干涉的自由,思想、言论自由等基本原则提供了依据。其次是人类权利的裁决(jurisdictional)的功能。高斯认为,与期待合理公民总是能够达成一致相比,有时候让他们处理各自的私人事务无疑更加合理。"与寻求调节道德空间的统一方式相比,我们更应该分解它。我们可以把不同部分的权威分解给不同的个体。"[①]比如类似私有财产权、隐私权等权利就授予了公民对某些私人事务的权威,应该得到人们的支持。能动性的视角和权利的裁决功能缩小了社会最优合格序列的范围,确立起一系列基本权利的重要地位,这些权利因此得到了中立的证成。然而,这些权利本身依然是非常抽象和一般的,并不能解决具体、特殊情形中的不确定性问题。为了进一步解决不确定性的问题,高斯接着提出了一种道德均衡(moral equilibrium)的模型:假设两个合理的公民 A 和 B 形成了关于某种社会最优合格序列的聚合,这种序列包括 x 和 y 两种方案,A 偏好 x 胜过 y,而 B 偏好 y 胜过 x,并且他们都承认不论 x 还是 y 都胜过没有合作的情形。如下图所示:

	A	B
x	2	1
y	1	2

---

① Gerald Gaus, *The Order of Public Reason*, New York: Cambridge University Press, 2011, p. 373.

矩阵中的数字代表了 A 和 B 对不同方案的评价,数字越大说明评价越高。公共理性似乎无法在 x 和 y 两种方案间做出选择。但高斯认为,给定特殊的社会情境,假如 A 和 B 已经处于 x/x 的情境之中,那么 B 将没有理由单方面追求 y,那样会导致合作破裂。同样,假如 A 和 B 已经处于 y/y 的情境之中,那么 A 也没有理由单方面追求 x。由于公共的政治事务是大量社会成员重复进行的博弈,因此这种道德平衡的模型也更加适用于解决具体情形中的不确定性问题,而通过这种路径依赖的(path-dependent)方式,公共证成就可以摆脱不确定性的困扰,产生确定的政治结论了。

在这里不难发现,高斯对公共证成的不确定性难题的解决最终恰恰背叛了证成的中立性的要求。因为证成的中立性意味着对国家行为的证成能够在不同美好生活的观念之间保持中立,不偏袒其中任何一种生活方式。但是在道德平衡的模型中,合理公民最终被选择的方案显然更加偏向于那些被更多人采纳的和更有影响力的美好生活的观念,因为他们正是由于这些方案已经得到了更多的支持所以才选择接受这些方案的。比如在上面的情形中,x 的方案更加偏袒 A 的美好生活观念,而 y 的方案更加偏袒 B 的美好生活观念,不论最终选择的 x 的方案还是 y 的方案,它们都没有真正不偏不倚地对待所有的美好生活观念。① 不仅如此,高斯对能动性的依赖本身也体现了他对自主的生活方式的偏袒。尽管他声称,能动性只要求人们把彼此看作是"其行动被其自己的慎思所决定的行动者",并不要求他们成为自己生活的创造者或理性地审查自己生活。与个人自主不同,能动性表达的只是一种自治(autarchy)的理念,是大部分普通人能够满足的日常状态,而自主要求的是行动者对自

---

① 当然,高斯会断言说不同行动者对同一种政治方案的评价本身完全是不可比的,因此不能说 A 在 x/x 的道德均衡中就一定比 B 的收益更多。但这种否定人际比较的思路同样会给证成中立性造成困难,因为高斯也同样无法表明对国家行为的证成能够在不同合理公民那里得到相同程度的接受。

己生活的理性审查,属于"自治的人可能奋力去实现的卓越品德"①。但这里依然存在两个问题:第一,人们的行动在什么意义上是被他们的慎思所决定的,这本身就是一个哲学命题,而自主正是对这个命题的解释。只有在理性地反思、考察过自己的信念、动机和行动之后,人们才能说这些信念、动机和行动是被他们的慎思所引起的,而不是被异己的力量诱导或施加的。第二,自治与自主的区分只是程度问题,并不代表它们是完全无关的两个概念。事实上,即便是那些主张基于能动性的观念来建构自由主义的哲学家也不得不承认,能动性本身也是一种比较温和的自主。② 不仅如此,假如能动性表达的只是人类最基本的自治能力,那么它根本无法像高斯设想的那样建立起人们免于干涉的自由,比如一个宿命论者可能把无条件地服从权威的命令看作自己行动的依据,按照高斯的理解,由于这个人的行动依然是被他自己的信念和欲望所决定,所以依旧满足了能动性的要求。但这种能动性怎么能够产生无干涉的政治诉求呢? 相反,它更有可能允许国家强制推行某些特定的美好生活观念。由此可见,在解决公共证成的不确定性难题时,高斯其实已经预设了一种自主的生活方式,并没有真正不偏不倚地对待所有美好生活的观念。所以,"寻找中立的政治方案"同样不能实现证成中立性的理想。

不论是"寻找中立的道德理由"还是"寻找中立的政治方案",都不可能真正使国家在证成自己行为时不偏不倚地对待所有美好生活的观念。按照"应当蕴含能够"的原则,政治哲学不应该向国家施加它根本无法实现的任务,所以,公共证成的支持者们最好放弃中立性的主张,接受国家行为不得不偏袒某些特殊生活观念的事实,并去追问,到底什么样的美

---

① Stanley Benn, *A Theory of Freedom*, Cambridge: Cambridge University Press, 1988, p. 155.
② 对此可见 David Johnston, *The Ideal of a Liberal Theory*, Princeton NJ: Princeton University Press, 1994, pp. 71—79。

好生活观念才能构成国家行为的证成基础。然而,反至善论者或许会认为,证成的中立性并不需要遵循这么苛刻的标准,只要能从国家行为的基础中排除所有美好生活的观念,就依然可以表明证成的中立性是一种可行的主张。在这个意义上,罗尔斯的后期哲学虽然并没有真正建立在一些本身中立的道德理由之上,但依旧可以被理解为是中立的,因为它的确排除了所有宗教、哲学学说,从现代民主社会的公共政治文化中挖掘出了一系列只适用于社会最基本的政治、经济制度的政治观念,单独从这些观念中建构了出公平的正义原则。然而,如果支持中立性的理由在于,一方面所有行动者都对自己美好生活的观念都有着最根本的利益,另一方面不同美好生活观念之间的多元分歧是现代社会永恒的事实,那么正义原则得不到这些美好生活观念的同等支持就依然会构成一种缺陷,因为一些公民总是需要比其他人付出更多代价才能满足正义的要求,他们不得不承受更多的紧张,做出更多的妥协,这些都使他们继续维持自身独特的承诺和追求变得更加困难。不仅如此,就算罗尔斯的后期政治哲学不是通过"寻找中立的道德理由"来满足证成的中立性的要求的,而是通过把美好生活的观念排除出国家行为的道德基础来满足证成的中立性的要求的,我们也可以从另外的角度提出一些批评和质疑,论证它其实没有真正排除各种美好生活的观念,这就是本书下一章试图去做的工作。

第五章 证成的中立性何以可能之排除的情形

第四章讨论了证成的中立性的不偏不倚情形,指出不论是"寻找中立的道德理由"还是"寻找中立的政治方案"都没有成功地表明国家可以不偏袒任何一种美好生活的观念。根据"应当蕴含能够"的原则,政治哲学不应该向国家施加它永远无法实现的目标,不偏不倚的要求因此不适合成为指导国家行为的根本原则。然而,否定了不偏不倚的主张并不意味着国家就可以合法地基于某些特定的美好生活观念而行动了,因为除了不偏不倚的情形,证成的中立性还可以通过另外一种更加宽松的排除的情形而被满足。按照这种排除的情形,国家行为的证成虽然不可能在所有美好生活观念之间保持不偏不倚,但只要它不依赖于任何一种美好生活的观念,就同样可以体现反至善论的要求,在比较弱的意义上满足证成的中立性的要求。给定这样的主张,显然,高斯通过"寻找中立的政治方案"来满足证成的中立性主张的做法就是不合时宜的了,因为即便最终被证成的政治方案能够得到所有美好生活观念的同等支持,证成这种方案的理由也是来源于人们各自拥有的美好生活观念的。"寻找中立的政治方案"因此非但没有排除美好生活的观念,反而是通过诉诸这些观念而得以实现的,并不属于证成的中立性的排除情形。反之,罗尔斯的后期政治哲学,也就是他所谓的政治自由主义,尽管没有不偏不倚地对待所有美好生活的观念,但却例证了证成的中立性的排除情形。因为在政治自由主义中,正义原则是建立在许多政治观念的基础之上的,这些政治观念从范围上来说只适用于社会最基本的政治、经济制度,不能成为所谓的生活的艺术;从结构上来说对于所有指导人们如何过上美好生活的宗教、哲学学说均不持立场;从来源来说植根于现代民主社会的公共政治文化,是另外一套独立的价值体系。① 基于这样的政治观念建构的正义原则,虽然的确没有构成真正中立的道德理由,但依然能够独立于各种美好生活的观念,因此国家就可以通过诉诸正义原则来排除美好生活的观念,重新满足证成的中立性的要求。为了给至善论提供更加充分的辩护,我们将在这一章中对排除情形的证成的中立性进行考察,论证它的不足和缺陷。第一节首先解释了政治自由主义为什么不需要依赖任何整全学说就能证成国家行为,接着指出它面临着自反性的难题,因为它要求合法的政治主张必须得到所有合理公民的支持,但这种关于政治合法性的主张本身却并没有真的得到所有合理公民的支持;第二节考察了通过为政治自由主义提供知识论的基础来解决自反性难题的思路,论证了这是一种失败的解决方案;第三节考察了另外一种解决自反性难题的思路,这种思路强调政治自由主义内在的道德力量,试图把它变成一种更有道德约束力的主张,但这样做却不可避免地使政治自由主义染上了至善论的色彩;最后,我们对罗尔斯的政治观念进行了分析,论证了它们不可能真正独立于美好生活的观念,政治自由主义因此并没有把美好生活的观念从国家行为的道德基础中排除出去。据此,证成的中立性的排除情形最终还是一种永远无法实现的主张,不适合成为国家行为的根本原则。

---

① 参见 John Rawls, *Political Liberalism*, New York: Columbia University Press, 2005, pp. 11—15。

第一节　政治自由主义的自反性难题

罗尔斯的后期政治哲学之所以被称作政治自由主义，就是因为它区分了潜存于公共政治文化中的政治观念和各种宗教、哲学学说，主张把正义原则建立于政治观念的基础之上，避免使国家行为的证成被任何一种整全学说所垄断。但这是否意味着指引国家行为的正义原则将始终不会被任何整全学说决定呢？不少学者对此还是心存疑虑的，需要进行一番更加深入的分析。首先，整全学说可能会影响人们对正义原则的选择，因为罗尔斯在后期哲学中逐渐放宽了对正义原则的要求，认为只要能够形成一种自由主义正义原则的家族（a family of liberal conceptions of justice）就够了，可是政治哲学要想确定社会合作的公平条款，就必须从这种正义原则的家族中选择出一种实质性的正义原则，比如公平的正义原则。据此，有学者认为，合理公民在这个时候可以依靠自己的整全学说来进行选择。[①] 这种观点表面上似乎赋予了某些特定整全学说证成正义原则的功能，但其实不然，因为相比于其他没有被选择的正义原则，最终被选择的正义原则并没有真的因为整全学说而获得更多证成，即便合理公民只是随机地选择了某种正义原则，他们的选择也依然是有效的。其次，在罗尔斯那里，正义原则除了要诉诸公共政治文化中的政治观念而被建构之外，还需要通过重叠共识的理念获得进一步的证成，而重叠共识是通过各种合理整全学说的支持来为正义原则背书的，合理的整全学说因此在这里似乎也发挥了证成的作用。有些人甚至认为，罗尔斯对正义原则的建构本身只是起到了澄清正义原则道德基础的作用，"并不具有独立的规范力量，而它之所以能够可靠地发挥澄清的作用，就

[①] 这种解释可见 Paul Billingham, "Can My Religion Influence My Conception of Justice?" *Critical Review of International Social and Political Philosophy*, vol. 20, 2017, pp. 404—421。

是因为聚合的理由要比共识更高级。"①这种观点没有注意到,罗尔斯对正义原则的建构是以一系列政治观念为基础的,这些政治观念本身独立于各种宗教、哲学学说,不需要依赖于任何整全学说。实际上,罗尔斯已经非常清楚地指出,证成正义原则的是重叠共识本身,而不是参与共识的任何一种学说,所以合理公民只需要知道围绕着正义原则能够形成重叠共识就够了,"他们学说内容在公共证成中没有任何规范作用。"②最后,整全学说也可能在人们使用正义原则来解决一些基本的正义问题时发挥作用,因为罗尔斯允许人们援引自己的合理整全学说来为自己政治观点辩护。然而,罗尔斯之所以这样做,只是为了不遮蔽人们原本就有的整全学说而已,他并没有直接赋予整全学说以证成国家行为的功能,相反,罗尔斯明确指出,合理公民在公共论辩中引用整全学说的前提是他们的主张已经得到了所有公民共同分享的政治观念的支持。就此而,整全学说只是发挥了一些辅助性的作用,并没有真的在国家行为的证成中承担实质功能。由于人们的美好生活观念总是被一些特定的整全学说塑造,政治自由主义因此就从国家行为的道德基础中排除了美好生活的观念,为证成的中立性的排除情形树立了典范。

罗尔斯为什么要把正义原则建立在一系列政治观念的基础之上呢?这不仅是因为政治观念植根于公共的政治文化之中,是独立于各种整全学说的另外一套价值体系,更是因为政治观念已经得到了现实社会中合理公民的一致认可,而按照自由主义的合法性原则,指导国家行为的政治主张只有在诉诸合理公民共同接受的理由时才是合法的,所以,在多元分歧的现代社会中,正义原则的建构就只能诉诸合理公民共同分享的政治观念,不应该寄希望于任何宗教、哲学的整全学说。在这个意义上,政治自由主义的核心是它的合法性原则,这种原

---

① Kevin Vallier, "Convergence and Consensus in Public Reason", *Public Affairs Quarterly*, vol. 25, 2011, p. 266.
② John Rawls, *Political Liberalism*, New York: Columbia University Press, 2005, p. 387.

则产生了排除整全学说的力量,使强制性的国家行为得以摆脱对任何整全学说的依赖。然而,这里的问题在于,合法性原则本身也是一种指导国家行为的政治主张,因此同样需要满足它自己制定的要求,不能依据任何一种特殊的整全学说而被提出。这种自反性(self-reflexive)的特点给罗尔斯带来了额外的负担,因为他现在不仅需要表明正义原则能够得到合理公民的一致认可,而且还需要表明他自己所使用的合法性原则也同样能够得到合理公民的共同接受。然而,许多学者认为,罗尔斯的合法性原则本身就属于一种公共证成的主张,而公共证成已经预设了某些特殊的哲学立场,是不可能得到所有合理公民的共同接受的,罗尔斯的合法性原则因此恰恰没有满足它自己设立的标准,不应该成为对国家行为道德基础的规定。

公共证成是一种诉诸可接受性的实践活动,它要求政治主张必须得到合理公民的共同接受。但是,证成本身也是一种理性的慎思活动,而慎思又是"一种通过发现(规范的)理由来消除独断性的尝试,在缺少这种被发现的理由时,慎思是不可能的"①。因此用可接受性来定义公共证成,似乎意味着,只有那些能够被人们合理接受的主张才是适用于他们的理由。换言之,理由的关键不在于它是否符合客观事实的要求,而在于它能否被行动者所接受。由于接受本身只是一种主观的支持性态度,因此理由归根到底只是行动者心智状态和推理活动中的内在成分,而不是外部世界的客观事实。这种内在主义的观点显然属于一种非常有争议的哲学立场,在当代哲学中,它远远没有得到广泛的认可。

根据戴维森(Donald Davidson),行动归根到底就是由人们的信念和欲望引发的身体运动,在这里,欲望被广泛地用来描述行动者对特定目标的那种支持性态度,而信念则把行动者所要做出的行动与这个目标联系起来。戴维森认为,对行动理由的探讨最终可以归结为行动者内在的

---

① David Enoch, *Taking Morality Seriously*, Oxford: Oxford University Press, 2011, p.75.

心理状态如何因果性地引发了这个行动。① 在这个意义上,理由并不是任何独立于行动者心智状态的东西,它就是行动者内在的心理活动本身。显然,这种观点不能解释理由的规范性:当人们声称行动者 A 有理由做事情 B 时,他们并不只是在描述 A 的心智状态可以激发他做 B,相反,他们是在建议或要求 A 做 B。如果理由只是对行动的因果解释,那么行动者的任何行动都会在定义上符合理由的要求。因此,许多内在主义者往往采取更加折中的立场,比如威廉斯认为,"A 有一个理由做某件事情,当且仅当 A 有某个欲望,通过做那件事情,A 就可以使得那个欲望得到满足。"②这意味着,一方面,为了能够说明行动,理由必须以恰当的方式与行动者主观的动机集(subjective motivational set)相结合,并产生激发他去行动的力量,外部世界的事实本身并没有包含激发人们行动的力量,因此不能构成行动的理由。另一方面,理由又并不等同于行动者当下的欲望,相反,人们总是能够通过对自己信念、欲望体系的理性慎思发现并添加新的理由,并且去履行那些理由要求的行动。

威廉斯的主张似乎可以成功地兼顾理由自身的规范性和激发行动的能力,然而这种成功的前提是一种程序主义的实践理性观,它意味着"行动者能够因为缺乏某一欲望而遭受理性的批评,仅当该行动者可以从自己已有的信念、欲望中理性地产生这个欲望时"③。反之,当人们认为行动者的理性与他获取欲望的方式无关,而是取决于某些客观的实质标准(比如是否符合客观事实)时,内在理由的基础就会坍塌。按照实质主义的主张,理性的行动者应该总是出于正确的理由而行动,而理由的正确与否取决于理由的内容本身是否真实或有价值,与行动者主观的心

---

① 参见 Donald Davidson, "Actions, Reasons and Causes", *The Journal of Philosophy*, vol. 60, 1963, pp. 685—700.
② [英]伯纳德·威廉斯:《道德运气》,徐向东译,上海:上海译文出版社 2007 年版,第 145 页。
③ Brad Hooker and Bart Streumer, "Procedural and Substantive Practical Rationality", in Alfred Mele and Piers Rawlins (eds.), *The Oxford Handbook of Rationality*, Oxford: Oxford University Press, 2004, p. 59.

智状态没有关系。因此从实质主义的角度来看,内在理由要么是建立在一系列误解之上的,要么就是同义反复。就前者而言,人们的许多欲望是建立在独立的事实基础之上的,当他们要求采取行动满足自己欲望时,真正发挥规范作用的其实是欲望背后的那些事实而不是欲望本身。就后者来说,许多内在理由的支持者不过是把理由狭隘地理解为"对欲望的满足",忽视了理由本身的独立性和规范性。不仅如此,内在理由还可能产生悖谬的结论:尽管我现在清楚地知道采取某种行动可以避免我将来的痛苦,但由于我现在的心智状态中不存在避免将来痛苦的欲望,所以我将没有任何理由去避免将来的痛苦。① 基于这样的理解,实质主义认为,只有本身有价值的或能够产生有价值后果的事实才能支持我们采取特定的行动,理由并不依赖于行动者主观的心理活动,而是由事实给出的,是外在于行动者心智状态的。这也意味着,行动者的欲望并没有提供他们行动的理由,相反,是欲望的客体提供了这样的理由。正如帕菲特(Derek Parfit)所言,"行动的理由始终是从赋予我们拥有特定欲望和目标的事实中获取力量的。"②而行动者的理性就在于始终能够响应这些独立于自己心智状态而存在的理由,并出于理由而行动。比如一个理性行动者总是有避免痛苦的理由,这种理由源于痛苦本身的性质,和他们当前的心理状态无关。

给定外在主义的立场,它能够接受公共证成的主张吗?拉兹的政治哲学为回答这个问题提供了线索。拉兹采用了一种古典的路径来解释规范性,声称"人类行动的核心类型是意向行动,意向行动是出于理由的行动,而理由则是使该行动在某种方面或某种程度上成为善/好的事实"③。因此,行动者单纯的"想要"(want)并不能构成人们行动的理由,

---

① 这些批评是由 Derek Parfit 在 *On What Matters*, Oxford; New York: Oxford University Press, 2011, pp. 65—82 中给出的。
② Derek Parfit, *On What Matters*, Oxford; New York: Oxford University Press, 2011, p. 47.
③ Joseph Raz, *Engaging Reason*, Oxford: Oxford University Press, 1999, p. 23.

相反,理性的行动者总是应该响应理由,按照理由的要求而行动。在这里,拉兹反对把理性解释为人类推理活动的一种功能,认为理性"是认识事物本身的规范意义,领会它们构成的理由,以及这种事实带给人们的意义的能力"①。这意味着,理由归根到底乃是由外部世界客观的价值或善性(goodness)构成的,并不内在于行动者的心智状态之中。由于行动者主观的心理状态不可能影响客观世界的规范事实,证成因此并不需要考虑证成对象是否会接受这些规范事实。从这个角度来看,公共证成的设想显然是没有意义的:如果它只是要求人们诉诸公共的理由来证成国家行为,那么它相当于什么都没说,因为并不存在所谓的私人理由;如果它要求证成国家行为的理由必须是人们所接受的理由,那么它搞错了问题的关键,因为是理由的规范性决定了其可接受性,而非理由的可接受性决定了其规范性。

不仅如此,拉兹还指出,通过公共证成来确立政治主张合法性的做法属于一种认知的权威观,它最终会产生这样的结论:"权威的行使对服从者应该做什么事没有影响,因为无论什么时候,权威都应当指导他们做自己该做的事情。"②然而,认知的权威观根本不能解释权威在解决合作问题时的功能,比如在制定交通规则时,权威并不需要反映服从者的理性承诺,它的命令本身就构成了人们遵守规则的理由,改变了他们的慎思和行动。事实上,权威的本质在于:不论它发出什么样的指令,服从者都有放弃自己的判断遵循这些指令的义务。换句话说,权威的要求排除、替换了人们相关的考虑,构成了他们履行特定行动的理由。而权威之所以能够排除、替换人们的相关考虑,是因为它已经总结并反思了这些考虑,比如法官的裁决已经融合了控辩双方的陈述,并因此替换、超越了这些陈述,成为他们行动的最终依据。这种对权威的理解产生了拉兹

---

① Joseph Raz, *Engaging Reason*, Oxford: Oxford University Press, 1999, p. 69.
② Joseph Raz, *The Morality of Freedom*, Oxford: Clarendon Press, 1986, p. 48.

对于权威合法性的独特主张:"证明人们对其他人拥有权威的正规方式是,展示如果假想的服从者承认这个权威的指令是有约束力的,并试图遵循它们而不是直接适用于自己的理由,那么他可以更好地遵循适用于自己的理由。"①这种主张通常被称作服务的权威观(the service conception of the authority),它强调国家的合法性源于其在帮助公民追求各自幸福时的作用和功能,而非他们全体一致的同意或接受。在这里需要指出的是,拉兹也反对把幸福理解为行动者主观生活目标的满足,他认为人们是出于理由而选择、追求自己的生活目标的,"如果欲望的理由是错误的,那么即便这个欲望由于无知而被持有,这个人也并不希望自己的欲望得到满足。"②因此,幸福就不能等同于狭义的自我利益,相反它"是由对有价值的关系和目标全身心的、成功的追求构成的"③。在这个意义上,国家应该帮助公民选择那些真正有价值的生活目标,这成为一种至善论的主张,而不是把美好生活的观念排除在自己行为依据之外。当然,由于政治权力本身具有强大的破坏性和容易被腐蚀的特点,需要被更加谨慎地行使和对待,因此拉兹也认可立法中立性(legislative neutrality)的要求,认为不应该强制那些虽然没有价值但也没有造成伤害的生活方式。④ 只是这种立法的中立性与至善论的原则依旧是一致的,并没有构成反至善论的主张。

通过对拉兹政治哲学的考察,不难发现,外在主义的支持者们不仅对公共证成的主张提出了质疑,而且也反驳了罗尔斯反至善论的主张。因此,把公共证成作为一种合法性原则,将会使它无法满足合理公民共同接受的要求,不能成功发挥为政治自由主义奠基的作用。为了重新把政治自由主义确立为合法的政治主张,罗尔斯必须对外在主义的质疑进

---

① Joseph Raz, *The Morality of Freedom*, Oxford: Clarendon Press, 1986, p. 53.
② Ibid., p. 142.
③ Joseph Raz, "The Role of Well-being", *Nous*, vol. 18, 2004, p. 269.
④ 参见 Peter De Marneffe, "Liberalism and Perfectionism", *American Journal of Jurisprudence*, vol. 43, 1998, p. 101。

行回应和反击。这种回应可以沿着两条不同路径展开：第一，他可以论证外在主义的知识论立场完全是错误的，并且基于一种内在主义的道德知识论来为公共证成和反至善论辩护；第二，他也可以声称即便外在主义的观点是正确的，也是不相干的，因为政治哲学需要保持自身的独立性和知识论克制的立场。接下来的两节将分别对这两种可能的路径进行考察，分析它们能否成功地回应外在主义的批评。

第二节 政治自由主义的知识论基础及其问题

拉兹对政治自由主义的批评依赖于外在主义的哲学立场，因此最简单直接的回应便是论证外在主义的观点是一种错误的知识论主张，不值得合理公民们继续支持。在《正义论》中，罗尔斯的确表达过一种类似内在主义式的哲学立场，声称"一个人的善是被对他来说最理性的生活计划所决定的"①。政治自由主义虽然表面上放弃了这种表述，但对证成的解释却依然契合于内在主义的知识论。因此，完全可以设想，当罗尔斯把"可接受性"作为证成的标准时，他的确承诺了一种内在主义的知识论，并因此拒绝承认外在主义是一种正确的哲学主张。给定这样的立场，政治自由主义就可以通过要求合理公民放弃外在主义的知识论来回应自反性的难题，重新成为合法的政治主张。在当代政治哲学中，高斯正是基于内在主义的道德知识论来提出自己的主张的，他的观点也因此非常值得借鉴。

按照高斯的观点，能够证成行动者信念、欲望的理由只能是行动者凭借自身既有的信念、欲望体系，在充分信息和他人批评的挑战下可以接受的理由。换言之，证成的理由是行动者"因为自己接受或相信了其

---

① John Rawls, *A Theory of Justice*, Cambridge, Mass: Harvard University Press, 1971, p. 395. 对罗尔斯作为内在主义者的讨论，还可参见 Derek Parfit, *On What Matters*, Oxford; New York: Oxford University Press, 2011, pp. 103—105.

他东西而拥有的理由"①。在这个意义上,人们可以说这些理由是行动者理性地承诺了(commit)自己应该去接受的理由,因为"凭借对 p 的信念而承诺相信 q 意味着,根据 p 和 q 的逻辑关系,一个人同时相信 p 但又拒绝 q 的人的信念是不一致的"②。显然,高斯在这里预设了内在主义的哲学立场——"给某人一个理由就是给她一种考虑 Φ,当她在充分信息的条件下,以深思熟虑的方式使用自己的理性能力时,能够被认为是会支持 Φ 的。"③这种立场对国家行为的证成产生了两方面的影响。首先,由于理由总是相对于行动者既有的评价体系的,对行动者 A 成立的理由并不一定能够对 B 成立,所以行动者对自己生活方式的选择不可能面向所有人得到证成,相反,不同的人总是有自己独特的理由选择各自不同的生活道路。其次,给定国家行为强制性的特点,所有公共的政治主张都需要被证成。而依据内在主义的观点,证成总是面向特定证成对象的,因此在证成公共的政治主张时,就必须考虑公民独特的评价标准,并展示他们如何凭借自己已有的信念、欲望而理性地承诺了自己去接受那些政治主张的。就前者而言,高斯解释了现代社会多元分歧的事实,认为人们关于美好生活的分歧是他们理性自由使用的必然结果,是不可能被消除的;就后者而言,他又强调公共证成之于国家合法性的意义,要求强制性的国家行为必须诉诸所有公民能够基于自己评价标准而接受的理由。这种看待自由主义合法性的方式会产生什么样的政治结论呢?显然,由于不同公民的美好生活观念是他们依据各自不同的评价标准选择并接受的,所以这些观念充其量只能得到私人的证成,也就是说,任何美好生活的观念都只是针对特定行动者成立的,不能成为所有人都有理由接受的主张。当国家基于那些特殊的美好生活观念而行动时,它的行动

---

① Gerald Gaus, *Justificatory Liberalism*, New York: Oxford University Press, 1996, p. 35.
② Stanley Benn, *A Theory of Freedom*, Cambridge: Cambridge University Press, 1988, p. 24.
③ Gerald Gaus, "The Moral Foundations of Liberal Neutrality", in Thomas Christiano and John Christman (eds.), *Contemporary Debates in Political Philosophy*, Oxford: Blackwell, 2009, p. 86.

必定无法得到所有合理公民的共同接受。所以，基于内在主义知识论的政治主张应当是反至善论的。

显然，假如罗尔斯沿着第一条路径，利用内在主义的道德知识论来回应拉兹等至善论者的批评，政治自由主义就会变成一种与高斯的观点类似的主张。这也意味着，罗尔斯在建构政治自由主义的过程中并没有真正避免所有整全学说，他至少预设了内在主义的哲学立场，因此无法满足自反性的要求。不过这样做起码可以为公共证成提供坚实的知识论基础，并且能够否认合理公民基于外在主义的立场来反驳公共证成的主张，使政治自由主义无需再面对自反性难题的困扰。然而，高斯的观点真的无懈可击吗？内在主义的知识论是不是一定可以拯救反至善论的政治主张？事情并没有那么简单。首先，高斯并没有真正从国家行为的道德基础中排除美好生活的观念，相反，由于证成总是要诉诸合理公民各自不同的评价标准，而合理公民又总是依据自己的评价标准来选择美好生活观念的，因此对国家行为的证成反而要求诉诸这些公民各自不同的美好生活观念。不仅如此，在上一章中，我们也曾经指出，高斯的这种思路必然会引发公共证成的不确定性难题，他为了解决这个难题最后又不得不肯定自主的生活方式，因此高斯的主张其实并没有满足证成的中立性的要求。

其次，高斯假设每个合理公民都拥有自己独特的评价标准，并且总是依据这种评价标准来制定自己的生活计划，判断什么样的政治主张是可以接受的。但他却没有清楚地解释这种所谓的评价标准究竟指的是人们当前实际拥有的信念、欲望体系，还是他们当前实际拥有的信念、欲望体系的某种理想化的版本。如果是前者，那么这种所谓的评价标准实际上并不能很好地发挥作用，因为大部分人在任何时刻实际拥有的信念、欲望体系中都会存在不少含混、抵牾之处，基于这样的信念、欲望体系实际上根本无法辨别什么样的政治主张是可接受的。如果是后者，那么他实际上允许，甚至要求了国家去帮助人们修改、调整他们自己当前的信念和欲望。就像高斯自己承认的那样,由于合理的公民可能会拥有错误的信念,所以"要想满足自由主义的合法性原则,我们不应该去寻求合理的人的共识,而应该寻求与合理信念不冲突的论证"①。也就是说,在判断某个主张是否是合理公民应该接受的理由时,我们必须首先对这些公民当前的信念、欲望体系进行一番理想化的改造,剔除不够理性的部分,调整其中有冲突的地方,澄清内部的含混之处等。显然,这种做法不可避免地会触动合理公民当前拥有的美好生活观念,因此在实际上赋予了国家帮助合理公民调整、改善其生活计划的权利,是一种非常典型的至善论的主张,与证成中立性的宗旨正好背道而驰。所以,就算内在主义的道德知识论能够帮助政治自由主义解决自反性的难题,它也无法产生反至善论的后果。

第三节 政治自由主义的道德基础及其问题

对拉兹和高斯政治哲学的考察似乎产生了这样的结论:如果内在主义的知识论成立,那么合法的政治主张就应该诉诸合理公民的共同接受;如果外在主义的知识论成立,那么合法的政治主张就应该诉诸那些客观真实的价值。但事实并没有这么简单,诚然,迄今为止几乎所有的至善论者都分享了外在主义的理由观和客观主义的价值理论。②但这并不意味着所有外在主义者都必然支持至善论的主张,比如拉莫尔就是个例外。他一方面为道德实在论的主张进行辩护,认为理由是外部世界的规范事实,并不存在于人类心智状态之中。道德因此不能被解释为人类理性建构的产物,它本身就是一种不可还原的、独立存在的规范领域,

---

① Gerald Gaus, "Reasonable Pluralism and the Domain of the Political", *Inquiry: An Interdisciplinary Journal of Philosophy*, vol. 42, 1999, p. 275.
② 参见 Steven Wall, "Perfectionism", in Fred D'Agostino and Gerald Gaus (eds.), *The Routledge Companion to Political and Social Philosophy*, New York: Routledge, 2013, p. 342.

"我们的理性不能脱离这个领域而思考,我们只能承认它的存在。"① 另一方面又支持政治自由主义的观点,声称对国家行为的证成必须建立在公民共同接受的公共理由的基础之上,避免诉诸任何有争议的美好生活观念。就前者而言,拉莫尔与拉兹一样都是外在主义的支持者;就后者而言,他又与高斯类似,都坚持了公共证成的主张和反至善论的立场。不仅如此,拉莫尔还试图通过强调政治哲学的独立性来调和外在主义的立场和公共证成的主张。他认为道德实在论虽然是正确的,但"它对于我们作为自由主义公民的自我理解而言并非本质性的"②。因为政治哲学不是道德哲学的简单推广或应用,它需要考虑更加现实的问题,"是一个更加独立的学科,讨论的是由道德思考引发的深刻分歧所塑造的领域。"③ 具体来说,政治哲学应该采取知识论克制的态度,把合理公民在美好生活问题上的分歧本身就看作是需要面对的给定情境,探讨什么样的主张能够得到他们的共同接受,而不是追问这些分歧是不是真的反映了那些不可通约的多元价值,或者合理公民持有的生活观念到底能不能在知识论上得到证成。

在这里必须注意的是,尽管罗尔斯也强调政治哲学的独立性,但他对独立性的要求比拉莫尔的更加温和。罗尔斯认为,政治哲学的独立性并不意味着它和其他学科是隔绝的,它只要求"哲学的每一个部分都应当有自己的主题和问题,并且它们同时还处于直接或间接的互相依赖的关系之中"④。显然,这种独立性并没有蕴含知识论克制的立场,它只是否定了那种认为形而上学、知识论和道德哲学之间存在方法论上的等级

---

① Charles Larmore, *The Autonomy of Morality*, Cambridge; New York: Cambridge University Press, 2008, p. 122.
② Ibid., p. 14.
③ Charles Larmore, "What is Political Philosophy", *Journal of Moral Philosophy*, vol. 10, 2013, p. 289.
④ John Rawls, "The Independence of Moral Theory", *Proceedings and Addresses of American Philosophical Association*, vol. 48, 1974, p. 19. 需要指出的是,政治哲学被罗尔斯认为是道德理论的一个部分,因此他关于道德理论独立性的主张也同样适用于政治哲学。

体系,政治问题可以诉诸人们对实体、意义等的恰当理解来解决的观点。因此,当拉莫尔通过知识论克制的立场来定义政治哲学的独立性时,他需要对这种强独立性的主张提供更多解释,这就是平等尊重的原则。拉莫尔认为,"对人的尊重位于政治自由主义的中心,这不是因为在寻找共同根据时,我们发现了它存在在那里,而是因为正是它推动我们寻找共同的根据。"① 换言之,在面对合理公民的分歧时,为了表达对这些公民的平等尊重,自由主义国家需要保持知识论克制的立场,不去辨别这些公民各自不同的美好生活观念是不是正确的或真实的,而是退回到他们共同分享的信念中,以此作为国家行为的依据。正是在这个意义上,拉莫尔的观点构成了政治自由主义解决自反性难题的另外一条路径,它基于平等尊重的基本原则,通过强调政治哲学的独立性和知识论克制的立场,要求国家行为诉诸人们共同分享的信念而不是各自不同的美好生活观念,为公共证成和反至善论的主张提供了依据。

如果说高斯那里,公共证成主要是一种认知的要求的话,那么在拉莫尔这里,公共证成就是一种被平等尊重的原则激发的道德要求,是对自由主义核心价值观的表达。前者追求的可接受性是理性推理意义上的可接受性;而后者追求的可接受性则更强调动机的因素。② 就此而言,高斯是通过挖掘"合理性"的知识论内涵来为公共证成奠基的,而拉莫尔则是通过强调"合理性"的道德内涵来为公共证成奠基的。③ 为了更好地

---

① [美]查尔斯·拉莫尔:《现代性的教训》,刘擎、应奇译,北京:东方出版社 2010 年版,第 280 页。
② 关于这两种可接受性的区分,参见 James Bohman and Henry Richardson, "Liberalism, Deliberative Democracy, and 'Reason that All Can Accept'", *Journal of Political Philosophy*, vol. 17, 2009, p. 254.
③ 关于罗尔斯"合理性"的知识论内涵与道德内涵的区别,及其政治影响的讨论还可参见 Steven Lecce, "Contractualism and Liberal Neutrality: A Defence", *Political Studies*, vol. 51, 2003, pp. 533—536. 另外,值得注意的是,近来拉莫尔也调整了自己的立场,开始承认合理性具有知识论的一面了,参见 Charles Larmore, "Political Liberalism: Its Motivations and Goals", David Sobel, Peter Vallentyne and Steven Wall (eds.), *Oxford Studies in Political Philosophy*, Oxford: Oxford University Press, 2015, p. 73.

说明这两种思路的区别,可以设想某个合理公民 A 由于某种推理错误得到了一个不恰当的生活目标,比如他原本想成为职业的哲学家,但却错误地以为需要丰富的生活阅历而不是专业知识的积累来帮助自己尽快进入哲学领域,为此决定不读大学,先去工作。按照高斯,A 的这种主张其实并不符合他自己的评价标准,因此在证成某些政治主张时,不应该把"不读大学"看作 A 的理由。然而,从拉莫尔的角度来看,政治哲学既然要保持知识论克制的立场,那么在证成某些政治主张时,就不应该深究"不读大学"对于 A 来说到底是不是正确的选择,而是应该尊重 A 的这种选择,不去强制他读大学,只有这样才是对他的真正尊重。由此可见,当拉莫尔通过强调政治哲学的独立性和知识论克制的立场来回应拉兹的批评时,他付出的代价是不得不给政治自由主义施加一层非常厚重的道德基础。现在,我们的问题是,这种平等尊重的原则是否构成了一种整全学说?

毋庸置疑,平等尊重本身是一个非常抽象、空洞的理念。正如德沃金一再指出的那样,我们可以把从古到今的所有政治理论都看作是回答"政府如何才能做到平等尊重其公民"的尝试,而自由主义仅仅是其中的一种回答。① 不仅如此,即便在自由主义内部也存在关于平等尊重的不同理解,并产生了截然不同的政治结论。德沃金本人的主张就是一个很好的例子,他主张平等尊重的原则要求正义的分配方案满足"敏于志向,钝于禀赋"的条件,在消除那些产生自社会资源和自然天赋的不平等的同时,允许那些产生自个人目标和个人努力的不平等。② 这种分配正义的方案与罗尔斯的差别原则是存在直接冲突的,尽管罗尔斯也同意,人们不能从自己偶然拥有的天赋能力中获取额外的利益,但他的方案无疑更具有平等主义的色彩——社会和经济的不平等分配必须有利于那些

---

① 参见[美]罗纳德·德沃金《至上的美德》,冯克利译,南京:江苏人民出版社 2003 版,第 1—3 页。
② 参见同上书,第 67—126 页。

最不利群体,这意味着,即便人们通过自己的努力获得了超过其他社会成员的收入,这些收入也必须在使社会最不利群体受益时才能合理地归属于他们。显然,差别原则无法真正满足"敏于志向"的条件,它最起码对于那些努力工作以获得更多社会财富的人的志向来说是不敏感的。① 这就表明,当拉莫尔诉诸平等尊重的原则来为政治自由主义奠基时,他需要进一步说明自己所依赖的平等尊重的内涵是什么。

当然,拉莫尔可以回应说,不论是德沃金的解释,还是罗尔斯的解释都可以作为政治自由主义的基础,因为政治自由主义允许存在"自由主义正义原则的家族",资源平等的主张和公平的正义原则都可以被看作是这种家族中的一种。但这种回应并不能成功,因为即便德沃金对平等尊重的解释与罗尔斯的解释只是政治自由主义的内部争论,但依然存在对平等尊重的其他解释,并且这些解释将无法产生政治自由主义的结论。比如后果论的支持者们可能会质疑,为什么平等的尊重要求尊重社会成员美好生活的观念和生活计划(即便它们是错误的)呢?如果某个社会成员拥有了一种不恰当的、错误的善观念,那么表达对他们平等尊重的最佳方式就是使其认识到自己的错误,放弃不恰当的生活计划,而不是尊重他这种错误的善观念。给定这种对平等尊重的理解,国家行为还能满足证成的中立性的要求吗?显然不能。由此可见,平等尊重的道德原则要想为政治自由主义奠基,就必须有排除后果论的力量,而要获得这样的力量,它就必须预设某些更加深刻的哲学主张,比如罗尔斯"人际分离"的命题。在《正义论》中,罗尔斯指出,功利主义通过构想一种不偏不倚的第三者,把适用于个体的选择原则推广到了整个社会,忽视了人与人之间的差异,造成对个人自由的压制。要想避免这种后果,就需要正视不同社会成员之间的人际差异,赋予他们选择自己善观念的自由

---

① 对于差别原则没有符合"敏于志向"的指控,参见[加]威尔·金里卡《政治哲学导论》,刘莘译,上海:上海三联书店 2004 年版,第 136—141 页。

权利，并要求自由主义国家保护公民的这种自由。① 通过人际分离的命题，罗尔斯区分了个体的理性选择原则和国家的理性选择原则，指出，即便某种善观念在个体的层面来说是错误的、不恰当的，国家也不能把它视作是错误的或不恰当的。因此，在证成强制性的国家行为时，人们不能区别对待合理公民可能拥有的不同美好生活观念（即便其中某些观念可能是错误的）。显然，平等尊重的原则只有在与这种人际分离的命题结合在一起时，才能为政治自由主义提供依据。但这也意味着，政治自由主义的道德基础其实并不是一个抽象、普遍的道德原则，而是有着丰富内涵的整全学说。因此当拉莫尔诉诸平等尊重的原则来为政治自由主义奠基时，他所承诺的其实根本不是一种无争议的政治道德，而是对这种原则的一种特殊的整全解释。就像有人注意到的那样，"尽管合理的、多元论、重叠共识等观念，甚至中立性的论述都在很多方面适合为自由主义辩护。但罗尔斯一直犹豫不敢迈出关键的一步，承认政治自由主义的确建立在那些非公共的、整全的美好生活观念之上，并且这些观念至少应该包括个人自主的理念。"②

通过对拉莫尔政治哲学的考察，不难发现，政治自由主义可以在承认外在主义知识论的同时继续坚持把公共证成的主张看作是合法性原则，但这样做的前提是把公共证成理解为一种独立于任何知识论立场的道德要求，然而，要想确立公共证成的独立性，就必须诉诸平等尊重的道德原则，并且依据一些特殊的整全学说来解释这种道德原则。公共证成因此"不会是隔绝的道德要求，而是与自由主义的核心价值密切相关并蕴含于其中的……它们很可能与个人的尊严和自主，以及要求得到尊重

---

① 参见 John Rawls, *A Theory of Justice*, Cambridge, Mass： Harvard University Press, 1971, pp. 26—27。
② Bert van den Brink, *The Tragedy of Liberalism*, Albany, N. Y： State University of New York Press, 2000, pp. 49—50

的观念联系在一起"①。在这个意义上,政治自由主义就算解决了自反性的难题,也依然没有排除所有美好生活的观念,证成的中立性也因此是一种注定无法实现的虚幻的政治理想。

第四节 存在独立于美好生活观念的政治观念吗?

以上考察表明,政治自由主义要想解决自反性的难题,就不得不要么接受一种内在主义的知识论主张,要么承认自己建立在对平等尊重原则的特殊解释之上,但不管它采取哪一种策略,都隐含了许多至善论的因素,因此不可能真正把美好生活的观念排除在国家行为的道德基础之外。所以,证成的中立性最终还是一种不能被完全实现的理想,不适合成为指导国家行为的根本原则。然而,反至善论者还是会认为,即便政治自由主义包含了许多美好生活的观念,但这些观念只是存在于它的合法性原则之中,并没有直接对正义原则产生影响,而强制性的国家行为归根到底又是只受正义原则指引的,因此证成的中立性还是可以得到满足的。毕竟,正义原则本身还是以许多政治观念为基础的,而这些政治观念的确能够区别于各种整全学说,为国家行为提供独立的道德基础。

针对这样的回应,我们需要重新考察下罗尔斯对政治观念的三个规定:第一,政治观念只适用于社会基本结构,不适用于人们整体的生活计划;第二,政治观念对于所有整全学说来说都是不持立场的,是一种独立的模件(module);第三,政治观念潜存于现代民主社会的公共政治文化之中,得到了人们的广泛接受。② 现在,我们的问题是,这三个条件是否真的能定义出一套独立于美好生活观念的价值体系?

首先考虑第三个条件。自由平等人和社会作为公平合作的体系是

---

① George Klosko, *Democratic Procedures and Liberal Consensus*, Oxford; New York: Oxford University Press, 2004, p. 9.
② 参见 John Rawls, Political Liberalism, New York: Columbia University Press, 2005, pp. 11—15。

潜存于现代社会公共政治文化之中的观念吗？这是一个事实判断的问题，对它的回答应该诉诸某些经验的证据，就像罗尔斯指出的那样，人们可以从现代社会的各种经典政治著作、法律条文、政治宣言等中挖掘这些证据。出于简洁的目标，这里只需要指出如下这一点就够了：即便自由平等人和社会合作的观念潜存于现代社会的公共政治文化之中，它们也并非是唯一、优先的观念，比如竞争性的个人主义、基督教利他主义等同样也是现代社会公共政治文化中隐藏的人格观念，而诉诸这些观念显然会导向至善论的政治立场。① 不仅如此，人们对自由的理解总是受制于特定社会的历史文化，尽管抽象的谈论自由总是能够得到他们的一致认同，但在涉及具体问题时，不同的人还是会做出不同解释和判断。同性恋有结婚的自由吗？人们有实践多夫多妻制的自由吗？公共场合有裸奔的自由吗？东亚人有吃狗肉的自由吗？通过对这些具体问题的调查研究，不难发现，大部分公民对于自由平等人这种观念的接受并非是毫无保留的，相反，他们总是默而不宣地为这种观念设置了各种不同的限制和约束。② 因此，自由平等人的观念也远远没有得到社会成员的普遍认可。

再来考虑第二个条件：政治的观念是免于立场的。在这里需要注意，罗尔斯对政治观念的这种性质进行了限定：首先，政治观念是对所有整全学说，而不仅仅是对合理整全学说不持立场的；其次，政治的观念只是呈现为（presented as）不持立场的，它本身依旧可以是某个或某些合理整全学说的一个部分。这里的问题在于，政治观念既然可以对所有整全学说都不持立场，那么即便它与某些整全学说的内容是相互冲突或直接对立的，它也依然可以对它们呈现为不持立场的。由此可知，功利主义

---

① 参见 Gerald Doppelt, "Is Rawls' Kantian Liberalism Coherent and Defensible", *Ethics*, vol. 99, 1989, p. 843.
② 参见 George Klosko, *Democratic Procedures and Liberal Consensus*, Oxford; New York: Oxford University Press, 2004, pp. 60—70。

的人格观念虽然与康德式的道德人格观念在实质内容上水火难容,但也同样可以在罗尔斯的意义上宣称自己对包括后者在内的所有整全学说都呈现为不持立场的。免于立场的要求在这个意义其实是非常空洞的,它最好被看作是政治观念的结论,而非其前提,因为任何一种观念都可以在这种意义上呈现为不持立场的。

最后考虑下政治观念的第一个条件:它们只适用于社会最基本的政治、经济制度。这个条件的特殊之处在于,它只是对政治观念应用范围的规定,而不是对它实质内容的规定。也就是说,它其实是一种完全与内容无关的定义,因此,原则上,任何观念都可以通过修改自己的适用范围,成为政治的。比如,边沁式的功利主义把人看作是快乐和痛苦的载体,把社会看作是最大化快乐的工具,当政治哲学家们只是基于这两种观念来建构公共的政治原则时,他们同样把功利主义的观念变成了只适用于社会基本结构的政治观念。假如罗尔斯声称,政治自由主义因为诉诸那些政治观念所以是中立的,那么基于这种功利主义的观念来证成国家行为的做法也同样是中立的。如果按照这样的逻辑,那么任何把特定的美好生活观念限定为只适用于社会基本结构,并使用这些限定后的观念来证成国家行为的主张也都可以被看作是中立的。事实上,罗尔斯自己所使用的自由平等人的观念也没有完全局限于社会最基本的政治、经济制度,相反,它把正义感和理性生活计划作为人们的高阶利益,本身就是一种关于何者在人类生活中是有价值的主张。[1] 因此,通过适用范围来区分政治观念和整全学说的做法并不能真正满足证成的中立性的要求,它实际上只是给指导国家行为的美好生活观念增加了禁止干涉私人生活的限制而已,问题的关键将依旧在于:到底什么样的美好生活观念可以成为证成国家行为的基础?

---

[1] 这种观点可见 Roberto Alejandro,"What is Political about Rawls's Political Liberalism", *The Journal of Politics*, vol. 58, 1996, pp. 15—16。

既然政治观念的这三个条件都不足以表明它们是独立于各种整全学说的另外一套价值体系,那么,认为政治自由主义通过诉诸这些观念排除了整全学说的观点就显然只是一种似是而非的修辞了。它只是从另外一个角度重新描述了建构正义原则的那些观念而已,并没有真的表明那些观念可以独立于合理公民可能拥有的美好生活观念。就此而言,政治自由主义同样也没有在排除美好生活观念的意义上满足证成的中立性的标准。

政治自由主义是建立在公共证成的要求之上的,它也因此面临着自反性的难题:只有当它本身已经得到合理公民的共同接受之后,才能真正合法地用来指导国家行为的证成。然而,在现实社会中,的确存在大量的合理公民基于外在主义的知识论提出了与公共证成针锋相对的主张,要求国家诉诸一些特定的美好生活观念来行使自己的政治权力。为了解决政治自由主义的自反性难题,罗尔斯可以放弃自己原本主张的知识论克制的立场,论证外在主义的观点是错误的,要求合理公民放弃这种错误的立场,重新把公共证成确立为人们共同接受的合法性原则。罗尔斯也可以通过强调政治自由主义内在的道德色彩来使它独立于任何一种知识论的主张,禁止合理公民基于外在主义的立场来反驳公共证成的主张。然而,这两种解决方案都不可避免地会赋予政治自由主义许多至善论的因素,最终无法使它成为一种排除所有美好生活观念的反至善论主张。证成的中立性在这个意义上也同样无法通过排除的情形得到满足,最终还是一种不切实际的要求,不应该成为指导国家行为的根本原则。不仅如此,通过政治观念的三个特点,也可以发现,政治自由主义对政治观念与整全学说的区分是不成功的,并没有真正确立出一种独立于所有美好生活观念的价值体系。在这个意义上,就算国家真的应该只诉诸一系列政治观念来证成自己的行为,这种证成也同样特许了某些特定的美好生活观念,并不真的是中立的。公共证成的支持者们因此最好放弃这种"清楚地表述自由主义几个世纪以来所持立场的最新尝试"①,直面至善论的现实,去探索到底什么样的美好生活观念才有资格成为国家行为的合法基础,这正是本书接下来的几章试图回答的问题。

---

① [美]杰里米·沃德隆:《立法与道德的中立性》,《自由主义中立性及其批评者》,应奇编,南京:江苏人民出版社2007年版,第84页。

第六章　为实质主义的自主观辩护

公共证成是在现代社会多元分歧的历史条件下寻求政治合法性的一种事业,它以合理公民作为首要的论证对象和基本出发点,试图探索什么样的政治主张才能获得他们的共同接受,成为指导国家行为的合法依据。许多学者认为,给定这样的限制和目标,公共证成的理论必定是反至善论的,它禁止国家基于任何美好生活的观念而行动。然而,在分别考察了多元分歧的事实、合理公民的设定、罗尔斯的道德人格观念和中立性的原则后,我们发现,国家不仅无需通过把各种美好生活观念排除在自己行为的道德基础之外来回应多元分歧的事实和表达对合理公民的尊重,而且不可能真正依据罗尔斯的道德人格观念来建构合法的政治主张或者要求国家行为的证成始终中立于各种美好生活的观念。因此,至善论的主张非但没有与公共证成的一些基本预设冲突,而且是它必须面对和接受的现实。在这个意义上,公共证成的理论家们要做的,不是画地为牢地事先假定合理公民有按照自己的意愿选择自己生活方式的自由,然后设法在这种自由之外寻找能够被他们共同接受的道德理由,而是在承认国家行为不可避免地要诉诸某些美好生活观念的同时,去追问到底什么样的美好生活观念才能得到合理公民的共同接受,为强制性的国家行为提供道德基础。所以,在反驳了公共证成的理论必定蕴含反至善论的结论之后,我们将在接下来的几章中致力于正面地考察合法的国家行为最终应该建立在什么样的美好生活观念之上,展示至善论在当代政治哲学公共证成的转向中的前景和路径。首先需要考察的是自主的生活方式,许多学者认为,公共证成的理论的确预设了合理公民在公共政治领域的自主能力,只是他们拒绝承认这种能力会导向任何一种美好生活的观念,哪怕是自主的美好生活观念。[①] 本书第三章对罗尔斯的道德人格观念的分析也揭示了自主在现代政治哲学中的重要性,因为不论是道德人格观念所包含的正义感的能力,还是选择自己善观念的能力,都是对合理公民自主能力的解释和表达。罗尔斯的问题只是在于,他错误地使用了两种彼此对立、互不相容的主张来解释合理公民的同一种自主能力,自主本身在他的公共证成理论中的地位还是足够牢固的。因此,在接下来的两章中,我们将对自主这一当代实践哲学中的重要议题进行考察,检验公共证成的理论到底有没有赋予作为一种生活方式的自主以优先性。由于当前学界关于自主的定义本身还存在许多争论,必须首先确定自主的概念,然后才能回答什么样的生活方式才能被看作是自主的生活方式,所以本章将只针对自主的概念进行探究,关于自主的生活方式及其政治内涵的问题会留到下一章进行讨论。第一节首先确定了讨论自主的基本单位和出发点,解释了为什么要通过考察自主的欲望来研究自主的概念本身;第二节介绍了当前学界关于自主概念的三种定义:程序主义、历史主义和实质主义,指出它们的根本分歧在于是不是把响应理由作为判断行动者自主与否的标准;第三节以"酸葡萄"的情形为例,论证了自主的欲望必须响应理由,自主因此只能是实质主义的,而不是程序主义或历史主义的;第四节进一步澄清并捍卫了实质

[①] 参见 Gerald Gaus, "The Place of Autonomy within Liberalism", in John Christman and Joel Anderson (eds.), *Autonomy and Challenges to Liberalism*, New York: Cambridge University Press, 2005, pp. 272—306.

主义的自主观,回应了许多常见的批评。

第一节　以自主的欲望为起点

"自主"这个词总是和不同对象联系在一起,它可以描述人们做出的某种行动(action),也可以描述做这种行动的欲望(desire)或偏好(preference),有时候人们还会说发出这个行动的人拥有自主的能力,是自主的行动者(agent),以及这个人过着自主的生活等。在这些不同表述中,对"自主"的理解总是受到其描述对象的限制,它本身的内涵反倒变得隐没不彰了。这诚然是可以理解的,因为自主归根到底不过是一种关系属性,它表达了行动者与他自身具有的事物或做出的行为之间那种几乎同一的、非异己的关系。但无论如何,缺少了对"自主"本身的统一理解,总会给人们使用这个术语带来诸多隐忧。更何况,在行动者的能力、行动者本人、行动者发出的行动、行动者形成的欲望或偏好以及行动者的生活之间本来就存在着密不可分的内在联系。因此,要想更准确地把握"自主"这个概念,最好先确定它所适用的最基本对象是什么,然后借助这种对象来澄清自主的意义,进而把它扩展到对其他对象的描述中去。

毋庸置疑,行动是沟通这些对象的枢纽:人们的能力要通过行动得到表达,各种不同的行动序列构成了他们的生活,并展示了其作为行动者的特质。因此,把"自主的行动"作为探讨自主概念的起点似乎更加合理一些。但问题在于,究竟什么样的东西才算是行动?远处天空飘来一朵乌云只能说是事件(event),不能说是行动,因为它根本不是由行动者发出的;但并非所有行动者发出的动作都是行动,比如我由于受到电击而浑身战栗,这充其量只算是行为(behavior)而非行动。按照戴维森,行动归根到底就是由人们的信念(belief)和欲望引发的身体运动,在这里,欲望被广泛地用来描述行动者对特定目标的那种支持性态度,而信念则把行动者所要做出的行动与这个目标联系起来。戴维森认为,对行动的解释最终就是对行动者内在心理状态如何引发行动的因果解释。① 如果这样的解释成立,那么判断某个行动自主与否的关键就在于引发该行动的心理状态是否自主,即人们意图做该行动的信念和欲望的集合是不是自主的。

给定信念和欲望的不同本质,显然,决定某种特定心理状态自主与否的关键应该取决于欲望的性质,而不是信念的性质。尽管人们也经常会说"我选择了相信某某事情",但把自主这个属性归属于信念,无论如何都是不够恰当的。按照休谟,信念就是"和现前一个印象关联着的,或联结着的一个生动的观念"②,而不论印象还是观念都是外部世界刺激灵魂后的产物,不是我们能够自由地接受或拒绝的。威廉斯也曾经指出,如果我们还把信念看作是响应真理或证据的,那么我们将注定不能自由地选择自己中意的信念,"决定相信某某事情"不过是一种修辞而已。③但是,拉兹却认为,威廉斯的论证只能表明我们不能随心所欲、罔顾真理或证据地选择自由,不能证明信念是我们无法主动引导的。事实上,尽管信念必须服从理性规则的限制,但限制人们相信什么的理由却并非总是决定性的,在这个时候,就像对行动的选择能够揭示行动者的品格特征一样,信念的形成也反映了我们的品格和趣味,而不只是外部世界的真理。在这个意义上,拉兹主张,信念并不属于那种发生在我们身上的消极的方面,它同样是我们可以主动引导的对象。④

拉兹的主张似乎暗示了特定心理状态自主与否也取决于其中的信念是如何被持有的,但情况并非如此。首先,拉兹并不分享行动是由信念和欲望组成的心理状态所引导的那种休谟主义的立场,他支持的是一

---

① 参见 Donald Davidson, "Actions, Reasons and Causes", *The Journal of Philosophy*, vol. 60, 1963, pp. 685—700。
② [英]大卫·休谟:《人性论》,关文运译,北京:商务印书馆1996年版,第114页。
③ 参见 Bernard Williams, "Deciding to Believe", in *Problems of the Self*, Cambridge: Cambridge University Press, 1973, p. 148。
④ 参见 Joseph Raz, *Engaging Reason*, Oxford: Oxford University Press, 1999, pp. 8—10。

种更加古典的进路:外部世界本身就充满了具有规范性的理由,理性的行动者能够认识这些理由,并基于理由而行动。在这种进路中,作为对理由的思虑,信念本身就可以激发行动,而不是像休谟主义者声称的那样,只有欲望才能充当激发行动的动机,信念只是揭示了行动者目标与行动之间的关联。因此,拉兹并不是在休谟主义者的意义上使用"信念"这个概念的,他所谓的信念本身就包含了激发行动的元素。其次,虽然信念和行动都属于人们生活中主动的方面,但这里的"主动"指向的是行动者对理由的响应而非自由选择,事实上,拉兹自己也承认,信念虽然是主动的,但却不是人们可以选择或决定的对象。综合这两方面的考虑,有理由搁置拉兹的质疑,起码,给定信念是心灵向世界适应,而欲望则是世界向心灵适应的区分,决定行动自主与否的关键在于欲望而非信念的自主。① 因此,自主所适用的最基本对象就是激发行动的欲望,要想确定自主的能力是什么样的,最好首先确定自主的欲望必须满足什么条件。

第二节 自主:程序主义的、历史主义的和实质主义的

自主乃是把行动者的自我认同(identity)与他自身的目标、动机等联结在一起的东西,惟其如此,才能说这些目标和动机是他主动形成的,不是偶然发生在他身上的,或者从外部施加给他的。在这个意义上,对自主的定义可以被还原为行动者认同自身目标、动机等的条件和程序。许多学者认为,"当一个人认同自己的欲望、目标和价值,并且这样的认同本身没有受到那些使之外在于个体的东西的影响时,这个人就是自主的。"② 具体来说,只有当行动者批判地反思自己做某种事情的欲望,使之与自己想要拥有什么欲望的二阶欲望(second-order desire)保持一致时,我们才能

---

① 关于信念与欲望的这种区分,参见 G. E. Anscombe, *Intention*, Cambridge, Mass: Harvard University Press, 2000, pp. 1—5。
② Gerald Dworkin, "The Concept of Autonomy", *Grazer Philosophische Studien*, vol. 12, 1981, p. 212.

说他认同这种欲望,或者这种欲望于他而言是本真的(authenticity)。在这里,二阶欲望指的是人们关于欲望的欲望,按照法兰克福特(Harry Frankfurt),人们正是凭借二阶欲望来选择、控制、认同自己做某种事情的欲望的。① 所以,要判断某个欲望是否自主,只要看它能否得到行动者认同,以及这种认同的程序是否独立的就够了。在这个意义上,自主归根到底是"人们批判地反思自己一阶偏好、欲望、希望等,并凭借自己高阶的偏好和价值接受或改变它们的能力。通过行使这种能力,人们确定了自己的本质,赋予自己生活以意义和融贯性,并为自己所成为的那种人而负责"②。这种对自主的理解通常被称作程序主义的,因为它把自主的问题归结为行动者凭借当前心智状态进行反思、认同的过程;与此同时,它也被认为是非实质主义的,因为自主并不要求人们采纳任何特定的目标或欲望,相反,只是一张内容中立的(content neutral)属性。自主的人可以是道德高尚的人,也可以是性情卑劣的人,可以选择行善作为自己的目标,也可以追求个人的一己之私。关键只是在于,他们在经过独立的自我反思之后能够真诚地认同自己具有的目标或欲望。

程序主义的主张是当代比较流行的自主观,但它本身也面临难以克服的问题。首先,行动者是否认同某一欲望完全取决于它能否与他的二阶欲望保持一致,但难道二阶欲望本身不也需要被进一步地反思和认同吗?如果答案是肯定的话,那么这将意味着,为了确保某个特定的欲望是自主的,行动者不仅需要形成关于自己是否要拥有这种欲望的二阶欲望,确保该欲望和二阶欲望是一致的,还要形成关于是否要拥有这种二阶欲望的三阶欲望,并且确保这个三阶欲望和二阶欲望也是一致的,以此类推,行动者还需要四阶欲望来确保自己认同三阶欲望,五阶欲望来

---

① 参见[美]哈里·法兰克福特《意志自由与人的概念》,《第三种自由》,应奇、刘训练编,北京:东方出版社2006年版,第89—107页。
② Gerald Dworkin, *The Theory and Practice of Autonomy*, New York: Cambridge University Press, 1988, p. 20.

确保自己认同四阶欲望,等等。这样就会出现无限倒退的难题。① 其次,有时候人们为了与二阶欲望保持一致,修改自己的一阶欲望,反而会出现不自主的结果。比如,一个奴隶由于生长环境的关系而认可自己的奴隶身份和地位,把服从主人的命令看作自己应有的一阶欲望,然而,在某一特定时刻,当主人要求他做某种事情时,他却产生了不服从主人的欲望。程序主义要求奴隶放弃这种不服从的欲望,因为只有这样才能和他的二阶欲望保持一致。然而,要想使奴隶真正成为自主的,他反而应该改变自己的二阶欲望,服从一阶的欲望。② 这种自愿为奴的难题和无限倒退的难题一样,都把矛头指向了二阶欲望在行动者慎思中占据的地位,而为了回应这两种批评,程序主义者必须肯定二阶欲望具有的特殊地位,主张它不是行动者可以选择或放弃的对象,而是他们进行取舍权衡的最终依据。据此,有人试图分别把一阶欲望与二阶欲望分别塑造为行动者的动机体系和价值体系——前者是出于激发行动者行动的考虑,后者则是考虑到所有情况,在特定环境下应该做某事的考虑,自由就在于行动者的动机体系服从了他的价值体系,而不自由则源于两者之间的不匹配。③ 这种价值与动机的古典区分虽然可以解释为什么二阶欲望不需要服从更高阶的欲望,但在面临自愿为奴的难题时,却依旧面临着两难:假设一个奴隶已经形成了服从主人这一稳定的价值体系,按照这种观点,他必须使自己的动机服从这种价值体系,做一个心满意足的奴隶,但这显然不符合我们对自主的日常理解;而要想避免这种结论,就必须主张这个奴隶自己形成的稳定考虑并不是真正的价值体系,相反,他应该把反抗主人的命令看作是支配自己动机的价值体系,而这又会产生实

---

① 参见 Irving Thalberg, "Hierarchical Analyses of Unfree Action", *Canadian Journal of Philosophy*, vol. 8, 1978, pp. 211—225。
② 参见 Marylin Freidman, "Autonomy and the Split-Level Self", *The Southern Journal of Philosophy*, vol. 24, 1986, pp. 19—35。
③ 参见 Gary Watson, *Agency and Answerability*, Oxford; New York: Clarendon Press, 2004, pp. 14—32。

质主义的结论——自主的关键不在于符合行动者自己形成的价值判断，而在于符合特定的价值，它因此不可能中立于行动者可能选择的所有目标。

自愿为奴的难题揭示了程序主义的固有缺陷：它基于行动者当下的心智状态来判断特定的欲望是否自主，忽视了这些欲望本身就可能是不合理社会环境的产物。为了克服这种缺陷，有些学者提出了历史主义的观点：特定欲望的自主不在于行动者如何评价它们，而在于它们的形成过程，以及行动者是否抗拒（resist）这一过程。具体来说，他们主张，行动者 P 持有一个自主的欲望 D 当且仅当：1. P 不抗拒或不会抗拒 D 的形成过程；2. 这种不抗拒没有受到压制 P 自我反思的因素的影响；3. P 的自我反思是理性且不自欺的。① 按照这种主张，二阶欲望将不再具有特殊的地位，因为它本身也可能是压制性的社会环境的产物。自愿为奴的人需要独立地反思自己是如何形成服从主人命令的二阶欲望的，假如他认识到这种欲望不过是奴隶主给自己洗脑的结果，是自己所不能接受的，那么这种欲望就不能说是自主的；反之，假如自愿为奴的欲望是独立自主地发展而来的，他并不抗拒自己欲望形成的过程，那么这个奴隶依然是自主的，因为"偏好的内容本身不会决定它自主与否，在判断自主时，欲望的起源才是最关键的"②。

与程序主义相比，历史主义不再把行动者的二阶欲望作为判断自主的标准，而是关注他们形成、获得欲望的过程，它也不把对特定欲望的认同看作是决定自主与否的关键，只是强调欲望的发展过程不能是外在于行动者的（nonalienation）。③ 但它们都主张自主的定义要反映本真性的要求，即自主的欲望必须能在行动者个体化的反思中得到认可和接受，

---

① 参见 John Christman, "Autonomy and Personal History", *Canadian Journal of Philosophy*, vol. 12, 1991, p. 11.
② Ibid., 23.
③ 参见 John Christman, "Procedural Autonomy and Liberal Legitimacy", in James Taylor (ed.), *Personal Autonomy*, New York: Cambridge University Press, 2005, p. 281.

只要行动者真诚地支持、接受自己的欲望,那么他们的欲望就是自主的。这意味着,自主只是规定了行动者形成、拥有欲望的方式,并没有规定其欲望的内容,因此,不论程序主义还是历史主义都认为自主是一种内容中立的概念,自主的欲望可以是道德上高尚的,也可以是卑劣低俗的,它们都不会妨碍行动者真诚地认可自己的欲望。然而,对于支持实质主义的人来说,自主的标准不仅在于行动者对待自身欲望的主观态度,更在于欲望本身的内容和性质,因此必然对行动者的目标和选择有所要求。比如按照康德,人们只有在出于无条件的普遍道德律令行动时才是自主的。这种观点同样在当代哲学中产生着巨大影响,值得被深入考察。

  实质主义反对把自主只看作是行动者采纳、发展自身欲望的特定方式,它认为自主是具有特殊内容的实质理念,因此会要求行动者采纳、发展具有特定内容和性质的欲望。比如,自主对于行动者所处的社会环境和人际关系有着特殊的要求,被奴隶主洗脑的奴隶无论多么认可自己作为奴隶的身份都不能称之为自主的,同样,受到男权社会文化和价值观洗脑的女性也不能说是自主的。在现代社会,不注重自身外观或者不懂得美容化妆的女性往往会被指责为懒惰、自私和无知的。在各种广告、社会评价潜移默化的影响之下,这种印象最终会内化到绝大部分女性自身的评价体系之中,变成她们看待自我和他人的标准。然而,这种评价本身却是不真实的,因为不看重外表容貌的女性并非一定是自私、无知或懒惰的。不仅如此,这种社会化的过程也是压制性的:认可这种标准的人本质上是在委曲求全、逢迎他人,不认可这种标准的人又必然会遭受不公正真实的评价,产生挫败感,因此,无论如何,女性的自主都会受到这种社会化过程的伤害。程序主义显然无法解释这种现象,由于社会化过程本身的强大力量,不化妆的女人是懒惰自私的,这种观念已经内化到大多数女性的评价体系之中,构成了她们据以评判自我的二阶欲望,反倒只有服从这种标准的欲望才算是真正自主的。历史主义也面临着类似的难题,女性已经接受了这种评价标准,她们因此不会抗拒自己形成这种欲望的过程,而历史主义恰恰主张,判断欲望是否自主的关键仅仅在于这种社会化的过程是否不合法地影响了人们的自我反思。但是,压制性的社会化过程为什么是不合法的影响呢?历史主义本身无法回答这个问题,它和程序主义一样,只是重复了"批判性反思本身就是自主"的命题。① 可是,女权主义者们却试图指出,自主不是个体化反思的产物,而是一种社会-关系的现象,程序主义和历史主义都忽视了自主的这种社会性。事实上,要想真正拥有自主的欲望,人们必须处于特定的社会环境和人际关系之中,比如:行动者在必要时能够反抗心理或物理的侵袭;能够防止自己的公民权和经济权利被剥夺;无需为他人的需求、期望负责;能够以与权威或他人不同的方式追求自己的目标等。② 因此,自主的欲望并非一定是本真的欲望或行动者反思地认可并支持的欲望,因为行动者的许多属性和成分是无法选择和不可回避的,比如性别、身体、家庭关系等,即便他们极端厌恶这些成分也不可能完全回避它们。在这个时候,基于这些成分歧视这些人同样会伤害他们的自主;同理,要保障他们的自主,就必须确保他们在这些属性中的利益。③ 程序主义和历史主义的定义之所以是错误的,就是因为它们都遗漏了这些最重要的环节和因素。

女权主义者从社会-关系的角度来支持实质主义的自主观,然而这种观点在本质上却不够彻底,它并没有真正解释为什么服从男权社会偏见的女性就是不自主的。难道这些女性不也是在追求自己的个人美吗?难道不注重自己个人形象不是对他人缺乏尊重的一种表现吗?为了回

---

① 参见 Paul Benson, "Autonomy and Oppressive Socialization", *Social Theory and Practice*, vol. 17, 1991, pp. 386—394。
② 参见 Marina Oshana, "Personal Autonomy and Society", *Journal of Social Philosophy*, vol. 29, 1998, p. 94。
③ 参见 Marina Oshana, "Autonomy and Self-Identity", in John Christman and Joel Anderson (eds.), *Autonomy and the Challenges to Liberalism*, New York: Cambridge University Press, 2005, pp. 83—94。

应这样的疑问,女权主义者必须进一步声称:人们的外貌与她是否懒惰、无知没有任何内在关系,当女性依据这种不可靠的观点或无法成立的证据来决定自己欲望、行为时,她们就没有满足自主的要求。这意味着,行动者必须根据真正的理由来采纳、选择自己的欲望,在这些理由发生改变或被证伪时随之改变或放弃自己的欲望,只有这样才能满足自主的要求。换言之,自主的欲望必须面向理由开放,并且响应理由(be responsive to reasons)。正是对自主的这种理解构成了女权主义与程序主义、历史主义的根本分歧,因为后面两种观点都认为,特定欲望的自主与否仅仅取决于行动者主观的反思认可,与它们是否响应理由没有本质联系。但这是否意味着,所有实质主义的观点都预设了自主的欲望必须响应理由呢?为了回答这个问题,在此还需要考察一下实质主义自主观的其他支持者。

与女权主义者不同,许多人认为,自主的实质性不仅体现为它对行动者所处的社会环境有着特殊要求,更体现在它对行动者应该采取的欲望内容也有特殊的要求。比如康德认为,自主的关键在于理性的自我立法,行动者只有基于纯粹理性自我立法所产生的道德法则而行动时才是真正自主的。这种道德法则归根到底只有一种形式,即"这样行动:你意志的准则始终能够同时用作普遍立法的原则"[1]。所以凡是不能被普遍化的行动目标都不是自主的,比如欺骗他人、欠债不还等。康德的观点显然对自主提出了非常高的要求,与他相比,更多的人倾向于弱实质主义的自主观。他们强调响应理由的性质只是对自主的欲望施加了特定的限制和约束,并没有完全指定自主欲望的内容。比如,一个自愿的奴隶要自己在任何情况下都必须无条件地服从主人的命令,这彻底打破了他的欲望与慎思之间的联系,因此不应该被看作是自主的,自主在这个意义上也不可能真正做到内容独立。[2] 由此可见,不论康德式的强实质

---

[1] [德]伊曼努尔·康德:《实践理性批判》,韩水法译,北京:商务印书馆1999年版,第31页。
[2] 参见 Sigurdur Kristinsson, "The Limits of Neutrality: Toward a Weakly Substantive Account of Autonomy", *Canadian Journal of Philosophy*, vol. 30, 2000, pp. 259—265。

主义还是弱实质主义,都和女权主义一样,把自主的核心归结为行动者的理性控制,并要求自主的欲望必须能够响应理由。

相对于程序主义和历史主义的观点,实质主义经常被指责为独断的。但是从实质主义的立场来看,不论程序主义还是历史主义都没有认真对待自主的欲望要能够响应理由的特质。尽管程序主义者和历史主义者也承认,自主的定义不仅要包含本真性的条件(authenticity conditions),也应该包含资质条件(competency conditions),即各种理性思考、自我控制以及免于精神紊乱的能力。① 但这种条件指向的都只是行动者在反思地评价、检验自己欲望及其形成过程时的理性能力,并没有要求他们能够恰当地认识、响应理由。因此,决定实质主义是否独断,程序主义和历史主义能否充分描述自主的关键就在于,自主的欲望是不是一定要响应理由。换言之,假如行动者的某个欲望没有响应理由,但却是他充分支持并认可的,这个欲望还能否被认为是自主的?"酸葡萄"(sour grape)的案例正好表达了这种情形,可以为探讨自主的欲望是否一定要响应理由提供线索。

第三节 自主的欲望与响应理由

一只狐狸因为够不着葡萄架上的一串葡萄,只好边走边安慰自己这串葡萄是酸的,这种现象例示了一种独特类型的欲望——适应性偏好(adaptive preference)。在这里,适应性偏好指的是被行动者面临的有效选择范围所塑造的欲望,和通过学习、体验形成的偏好相比,它是可逆的,即在现有的选择范围变回到原初的选择范围时,适应性偏好也会随之发生回归,而通过学习、体验形成的偏好则会保持一定的稳定性;其次它也不同于事先的承诺,人们往往会因为原先做出的承诺有意地限制自

---

① 参见 The Stanford Encyclopedia of Philosophy, "Autonomy in Moral and Political Philosophy", 2015.

己的选择范围,但适应性偏好是有效选择范围的后果而非其原因;不仅如此,适应性偏好总是由行动者自己形成的,因此也区别于他人的操控和支配;此外,它也不同于人们对自己品格的设计(character planning),前者是因果性的,后者则是慎思性的;最后,适应性偏好指向的是对可行选项的评价而非其感知,因此也不同于一厢情愿的想法(wishful thinking)。① 按照埃尔斯特(Jon Elster),适应性偏好完全受制于有效的选择范围,无法反映人们的理性慎思,因此不能被认为是自主的。然而,从程序主义和历史主义的角度来看,判断特定欲望自主与否的关键只在于它是否得到了行动者反思的认可,而不在于它是不是被有效选项的范围所塑造,因此适应性偏好也可以成为自主的。比如,假设狐狸开始反思自己放弃那串葡萄的欲望,认识到这个欲望是被它无法吃到葡萄的现实处境决定的,并因此没有感到任何不满或怨恨,而是真诚地认为不吃葡萄的欲望及其形成过程是合理的,应该继续被保持。在这个时候,难道不能说狐狸的欲望是自主的吗?

显然,以上假设要想证明适应性偏好可以是自主的,就必须承诺这样的前提:行动者的反思认可不会改变适应性偏好的本质。然而这个前提本身是无法成立的。前面已经指出,适应性偏好与品格设计的不同在于,前者是被行动者面临的有效选项因果性地决定的,后者是行动者基于自己面临的选项通过慎思形成的深思熟虑的决定。当行动者受到自己尚未察觉的因素的隐蔽影响,而这种隐蔽影响又产生了他的某种欲望时,这个欲望就是适应性的。反之,当他意识到所有影响自己决定的因素,并且基于对这些因素的恰当考量得到某种欲望时,这个欲望就属于品格设计。② 按照实质主义,品格设计显然是自主的,它是行动者在考虑

---

① 参见 Jon Elster, "Sour Grapes—Utilitarianism and the Genesis of Wants", in John Christman (ed.), *The Inner Citadel: Essays on Individual Autonomy*, New York: Oxford University Press, 1989, pp. 171—176。
② 参见 Ben Colburn, "Autonomy and Adaptive Preferences", *Utilitas*, vol. 23, 2011, pp. 64—70。

自己实际情况下主动做出的理性选择,没有受到任何未知因素的隐蔽影响,能够满足响应理由的要求。现在,给定程序主义和历史主义的描述,当狐狸开始反思自己不吃葡萄的欲望时,它其实已经揭示了原先被遮蔽的因素(自己吃不到那串葡萄)及其产生的隐蔽影响,并且对这些因素进行了重新评估。这种反思改变了狐狸欲望的本质,使它不再是适应性偏好而是行动者慎思的品格设计了。就此而言,他们的假设并没有证明适应性偏好本身是非自主的。

不仅如此,"酸葡萄"的情形还有另外两个非常关键的因素:第一,狐狸的确有理由不吃葡萄——那串葡萄是它无法吃到的;第二,狐狸是基于错误的念头放弃吃葡萄的——它认为那串葡萄是酸的。这意味着,不吃葡萄的欲望本身其实是可以得到理由支持的,这种理由尽管不是激发狐狸产生不吃葡萄的欲望的生效原因(efficient cause),但却可以成为它的维持原因(sufficient cause)。① 因此,当狐狸开始反思自己的欲望时,支持这种欲望的原因已经发生了改变:它从因为葡萄是酸的不吃葡萄,转变为因为无法吃到葡萄而不吃葡萄。从这个角度来看,狐狸的反思不但使适应性偏好变成了行动者慎思的品格设计,而且使自己不吃葡萄的欲望响应了理由的要求。当程序主义和历史主义试图通过狐狸的反思认可来说明不吃葡萄的欲望是自主的时候,真正发挥作用的其实是狐狸的反思为这个欲望找到了可以支持它的理由,而不是它对这个欲望的主观认可。

以上论证预设了这样的前提:行动者对自己欲望的反思必然会追踪到那些真正支持它的理由。但程序主义者和历史主义者或许会认为,这个前提对人们的理性反思提出了太高的要求,他们可以继续辩解道,即便行动者的反思没有追踪到那些真正支持他欲望的理由,但只要他们还

---

① 参见 David Armstrong, *Belief, Truth and Knowledge*, London: Cambridge University Press, 1973, p. 80。

认可自己的欲望,这些欲望就依然是自主的。在这个时候,自主的关键将依旧是行动者主观的反思认可,而不是响应理由。这也意味着,自主的欲望可以是行动者无意或有意自我欺骗的产物,即,行动者可能错误地认为自己的欲望是建立在某些理由的基础之上的,或者尽管他知道自己的欲望没有得到任何理由的支持,但依然愿意把它当作是被理性证成的欲望而继续持有。比如,假设狐狸是近视眼,错误地把一串自己原本唾手可得的葡萄当作自己吃不到的,并且声称自己是因为这串葡萄太酸所以不想吃它。如果狐狸不知道自己是近视眼,它在反思之后,以为自己是因为够不到葡萄才不吃它的,那么不吃葡萄的欲望对它来说就是无意自我欺骗的产物。如果狐狸知道自己是近视眼,并且也认识到自己没有任何理由不去吃葡萄,但依然想继续拥有不吃葡萄的欲望,那么不吃葡萄的欲望对它来说就是有意自我欺骗的产物。在这两种情形中,狐狸的欲望还能被看作是自主的吗?

　　首先考虑无意自我欺骗的情形。在日常生活中,人们的许多观念和欲望都是通过社会化的过程潜移默化地形成的,他们本身既无法控制这种社会化的过程,又没有意识到驱动自己认识、判断的社会力量,反而以为它们都是由自己控制并产生的。声称这些欲望都不是自主的,这或许太苛刻了。但如果要承认它们可以是自主的,那么就不得不同意行动者无意的自我欺骗能够产生自主的欲望。据此,有人认为,行动者只要在做出决策时(1)能够意识到影响自己决策的因素,或者(2)虽然没有意识到这些因素,但也没有携带那些诱使其做出这种决策的人的目标和意图,他们的决定就依然是自主的。① 换句话说,即便人们在某种未知社会力量的驱动下形成了特定的欲望,但只要他们不是为了迎合这种社会力量而形成这些欲望的,这些欲望就依然是他们独立慎思的产物,并因此

---

① 参见 James Taylor, "Self-Deception, Adaptive Preferences, and Autonomy", in Juha Räikkä and Jukka Varelius (eds.), *Adaptation and Autonomy: Adaptive Preferences in Enhancing and Ending Life*, New York; Heidelberg: Springer, 2013, pp. 143—147。

是自主的。这种观点会产生一些反直觉的结论。假设有个技术高超的催眠师,他能够操纵我的思考并进而控制我的行为,但我并没有感受到自己是被操纵的,恰恰相反,我以为我做的每一个决定都是独立思考后的产物。现在催眠师想让我生病,他向我注入了这样的信念:在大雨中跑步能够强身健体,于是我真的想要在大雨中奔跑。显然,这种欲望是在我未察觉的因素的隐蔽影响下形成的,但我的慎思并没有反映催眠师的意图,因为我是为了我自己的健康而拥有这种欲望的。按照上述主张,这种欲望也应该被称作是自主的。然而,一个被催眠者的欲望怎么能是自主的呢?他已经丧失了识别社会客观事实的能力,他的慎思尽管没有携带催眠者的意图,但慎思所依赖的信息完全是由催眠者提供的,由此产生的欲望不可能是他理性控制的对象。就像一个为了体验吸毒的感受而自愿吸毒的人,尽管这种欲望没有反映任何操纵者的意图,但一旦形成毒瘾,这个人将丧失对自己欲望的控制能力,最终将是他的欲望控制了他而非他控制着自己的欲望。① 因此,行动者无意自我欺骗产生的欲望不可能是自主的。

再来考虑有意自我欺骗的情形。狐狸通过自我反思,发现自己本来可以吃到那串葡萄,但它为了继续拥有不吃葡萄的欲望,选择欺骗自己说这个欲望得到了理由的支持。这里的关键在于:第一,这种自欺欺人的态度本身就说明狐狸承认自己的欲望本来是应该得到理由支持的,否则他根本不需要欺骗自己;第二,当狐狸为了继续拥有不吃葡萄的欲望而决定欺骗自己时,它的选择本身就表达了某种价值判断,这种价值判断构成了狐狸欺骗自己的理由,使它的行为能够被理解。比如,狐狸可能是个非常好面子的人,觉得承认自己犯错会严重损害自己的尊严,所以宁愿选择将错就错、自欺欺人也不愿意坦率面对现实。这意味着,当

---

① 参见 Alfred Mele,"History and Personal Autonomy", *Canadian Journal of Philosophy*, vol. 23, 1993, pp. 273—279。

程序主义者和历史主义者声称有意的自我欺骗依然可以产生自主的欲望时,他们实际上已经确认了自主本身就蕴含着某些规范内涵,这些规范内涵能够解释行动者为什么宁愿自我欺骗也不放弃原先的欲望。[①] 显然,行动者主观的认可并不足以构成这样的价值,为了解释他们为什么会欺骗自己,他们必须诉诸那些具有实质内容的价值,正是这种价值而不是他们的主观态度解释了基于有意自我欺骗的欲望为什么依旧是自主的。因此,如果有意的自我欺骗能够产生自主的欲望的话,那么这恰恰说明自主其实是一种实质的价值理念。

通过对"酸葡萄"案例的考察,不难发现,为了避免产生被催眠者或自愿吸毒的人是自主的这样反直觉的结论,程序主义和历史主义必须要么主张行动者的理性反思必然能追踪到那些真正支持他欲望的理由,要么直接把自主看作某种实质的价值理念。这也意味着,要想把特定的欲望与自己的理性慎思联系在一起,把它看作是由自己主动形成并激发的,不是偶然地发生在自己身上的,行动者必须能够解释并追踪自己的欲望的理由,并且在这些理由发生改变或被证伪时,改变或放弃自己的欲望。这种响应理由的特质是使自主欲望成为可理解的关键,也是自主的内在属性,它表明自主归根到底是一种实质的价值理念,不是内容中立的概念。

第四节　澄清与辩护

从程序主义和历史主义的立场来看,把自主理解为一种实质主义的观点,要求行动者必须采取特定的欲望,相当于把某种行动要求直接施加给行动者,是一种非常独断的主张。然而,对"酸葡萄"案例的考察表明,自主的欲望必须能够响应理由,不可能完全取决于行动者的主观认

[①] 参见 Henry Richardson, "Autonomy's Many Normative Presuppositions", *American Philosophical Quarterly*, vol. 3, 2002, pp. 292—293。

可。程序主义和历史主义的观点因此是错误的,但这是否意味着它们对实质主义自主观的批评也是不能成立的呢?答案是肯定的,为了更好地说明这一点,需要对实质主义的自主观做出更进一步的澄清和辩护。

首先,以上的论证旨在确定什么样的欲望才能算行动者主动形成、发展并持有的,并不试图解释人们日常的欲望是如何形成的,因为,关于自主欲望的讨论根本不需要假设正常人的大部分欲望都是自主的。但不幸的是,许多人都把无法解释人们日常生活中的大部分欲望看作各种不同自主观的缺陷。比如,针对历史主义的观点,有些人声称欲望的起源并不重要,因为人们的很多欲望都是父母和社会强制、操纵的产物,关键只是在于行动者要通过自己的评价、决定等方式参与这种欲望。[①] 还有人则认为要求行动者通过反思地评价、考察而参与的欲望依然太强了,因为大部分人在日常生活中甚至从来没有以这种方式介入自己的大部分欲望,因此仅仅控制欲望的能力和机会就足以确保它们的自主的了。[②] 同样,也有人批评程序主义太强调理性反思的重要性了,应该用"不反对"(nonrepudiation)来取代认同作为自主的标准。[③] 所有这些批评都分享了类似的前提:首先,正常人的大部分欲望都是自主的;其次,所有不能满足自主定义的欲望都是被施加的,是行动者无需为之负责的。但事实并非如此,这是因为:第一,行动者只能把有限的时间、精力投入到对特定的重要欲望的慎思和决定中,并且合理地忽视那些无关紧要的欲望,而重要的欲望总是比无关紧要的欲望数量要少。比如,大部分人很少会在选择不同品牌的餐巾纸时感到纠结,他们总是选择自己习

---

① 参见 Mikhail Valdman, "Autonomy, History and the Origins of Our Desires", *Journal of Moral Philosophy*, vol. 8, 2011, pp. 418—424。
② 参见 Steven Weimer, "Autonomy and History", *Journal of Moral Philosophy*, vol. 11, 2014, pp. 270—274。
③ 参见 Tom Beauchamp, "Who Deserves Autonomy, and Whose Autonomy Deserve Respect", in James Taylor (ed.), *Personal Autonomy*, New York: Cambridge University Press, 2005, pp. 317—321。

惯使用的,或者最方便拿到的,或者被多数人所使用的,如果把这些琐碎的欲望也看作是自主的,反而会遮蔽自主对于人们生活的重要意义。第二,这些琐碎的欲望虽然不是自主的,但也不一定是非自主的,因为行动者既没有把它们与自己的理性慎思和品格特征联系在一起,也没有将其看作是被施加的和偶然发生在自己身上的,毋宁说,在行动者关注、反思这些欲望之前,它们是无所谓自主与否的。不仅如此,自主也并不是责任的必要条件,比如父母对于子女的抚养、教育的责任并不会因为他们是不是自主地决定生孩子(事实上他们也无法完全自主地决定)而有所改变。在这个意义上,尽管响应理由的要求提高了自主欲望的标准,使人们在日常生活中的许多欲望都无法被称之为自主的,但这并不是自主本身的缺陷,而是人类生活的缺陷,不应该削足适履地通过降低自主的标准来迁就人们的日常欲望。

其次,自主的欲望是面向理由而开放,并且响应理由的,这意味着,当行动者自主地产生了欲望 X 时,X 总是在某种意义上已经得到了部分的证成。因为按照定义,X 必定是行动者基于特定理由产生或支持的欲望,并且这些理由必须能够真正地支持 X。换句话说,至少在行动者自己的认知中,他必须充分考虑自己所处的客观环境,基于最正确或者最得当的理由而行动。这些理由可以初步地证成 X——它们并非总是决定性的,因为可能还存在与之冲突的其他理由。所以,自主的欲望本身就具有一定程度的合法性,如果不能击败支持该欲望的那些理由,那么唯一的选择就是尊重行动者的这种欲望。许多人支持一种"自由的预设"(the presumption of liberty),认为行动者的自由活动是不需要被证成的,对自由的干涉却需要被首先证成。[1] 还有人宣称,自由主义的最基本原则乃是"对他人施加东西要求证成;未被证成的施加是不正义的"[2]。

---

[1] 参见 Joel Feinburg, *Social Philosophy*, Englewood Cliffs, N. J.: Prentice-Hall, 1973, pp. 18—20。

[2] Gerald Gaus, *Justificatory Liberalism*, New York: Oxford University Press, 1996, p. 165.

他们都喜欢用这种"自由的预设"来为反至善论奠基,认为它已经蕴含国家不能干涉人们选择自己生活方式自由的主张。但实际上,"自由的预设"要想避免独断论的指责,就只能从实质主义的自主观中得到力量,因为实质主义的自主观意味着,行动者是基于理由而发展自己的欲望的,这些欲望因此总是被初步证成的欲望,对它们的否定或干涉必须得到更好更正确理由的支持。仅仅强调行动者反思认可的程序主义自主观和历史主义自主观显然都不可能解释自由主义的这种原则,相反,他们倒是经常需要诉诸"自由的预设"来主张尊重行动者的自主欲望:因为尊重行动者的自由,所以尊重他们自主的欲望。对此我们显然可以继续追问:为什么相对于动物,我们更应该尊重人的自由;相对于儿童,成年人的自由更值得尊重;相对于神志不清、精神失常的人,正常的理性人的自由更值得尊重?所有这些问题都从反面说明了"自由的预设"之所以有吸引力,归根到底在于它预设了行动者的自主能力。

第三,程序主义者和历史主义者可能会指责说,实质主义的自主观将无法满足"支持的条件"(endorsement constraint),因为行动者可能最终被迫接受某些他自己无法认可的欲望。这种指控是无法成功的,理性的行动者总是应该去认可、支持自己最有理由去做的事情,如果他发现这个事情是自己无法认可或支持的,这说明要么存在他尚未察觉的其他理由,要么他对该事情的异议是非理性的,因此无需认真对待。事实上,支持的条件最好被理解为自主响应理由带来的结果而非其前提,"自主的条件必然是先于支持的条件被确立的。因为支持总是不可避免地被自主的条件所塑造的(比如,被强制的支持就不能算是真正的支持),在决定自主的观念时,我们不能诉诸支持的条件。"[①]

另外一个可以缓和这种批评的回应是,自主的欲望应该是基于理由

[①] Suzy Killmister,"Autonomy, Liberalism and Anti-Perfectionism", *Res Publica*, vol. 19, 2013, p. 364.

的,但理由并非总是决定性的,因此响应理由的要求并不会完全指定行动者的欲望内容,在很多时候,它只是排除了行动者可能欲求的某些目标。比如,人们普遍认为,奴隶、被洗脑者、被催眠者、瘾君子无论多么满足于自己的生活都不应该成为自主行动者的目标,但成为一名医生还是律师并不直接影响他们的自主。这一点对于确立弱实质主义的自主观而言非常重要,因为许多古典理性主义的哲学家们都分享了这样的直觉:世界良善的方面(goodness)构成了理由,作为理性的存在者,行动者应该去认识这些理由并基于它们行动,因此,履行道德善的行为能够表达人们的自主。与此类似的还有一种康德主义的抱负:规范性的最终来源在于行动者的自我立法,因此是自主确立了道德理由的有效性,当行动者在自主的行动时,他的这些行动应该不会违背道德法则的要求。①这两方面的观点一旦结合,就会产生一种非常强的主张:行动者只有在出于道德法则而行动时,才能表达他们的自主。在很大程度上,人们对实质主义自主观的不满恰恰是针对这种主张而发的。但是,本章所论证的只是一种弱实质主义的观点,它不会向行动者施加这么强的行动要求,原因有三:第一,道德理由只是人们应该考虑并服从的诸多理由中的一种,服从道德法则并不总是行动者最有理由去做的事情。比如威廉斯认为,不同的行动者往往具有不同的生活计划,它们构成了行动者独特的品格,赋予其生活以独特的意义,并提供了行动者继续生活的理由,这些理由不能被还原为不偏不倚的道德要求。② 第二,理由的存在是一回事,理由的评估则是另外一回事,罗尔斯就曾经指出,行动者的理性决策往往会因为他们对相同理由的不同权衡而产生不同后果,因此对理由的

---

① 这种观点的典范是克里斯蒂娜·科尔斯戈德《规范性的来源》,杨顺利译,上海:上海译文出版社 2010 年版,第 105—191 页。
② 参见[英]伯纳德·威廉斯《道德运气》,徐向东译,上海:上海译文出版社 2007 年版,第 1—28 页。

响应可以产生不同的欲望。① 第三,不同理由指向的选项可能是不可通约的,而行动者经常需要在这些不可通约的选项中进行选择,他的选择因此也反映了他的决断或承诺,而不只是理由的要求。② 所以,给定弱实质主义的立场,行动者并不需要为了满足自主的要求而选择符合道德法则的行动。

最后,我们在第五章中介绍过当代哲学中外在主义理由观和内在主义理由观的争论,其中,许多外在主义理由观的支持者都倾向于接受实质主义的自主观,认为自主的欲望必须响应理由,而理由又是被外部世界的规范事实给出的,不是内在于行动者的信念、欲望体系中的心理状态。这似乎表明,关于自主定义的争论可以被还原为外在主义理由观和内在主义理由观的争论,外在主义会导向实质主义的自主观,内在主义则意味着自主的欲望可以取决于行动者主观的支持性态度。然而,事实并非如此,外在主义和内在主义都是关于理由之来源的讨论,它们虽然一个主张理由是被外部世界客观事实给出的,一个主张理由是植根于行动者主观的支持性态度的,但都承认理由是能够对人们行动提出要求的规范性考虑。程序主义、历史主义和实质主义之间则是关于自主的欲望到底是否应该响应理由的争论,它们的分歧并不在于理由的规范性是来源于外部世界客观事实的还是来源于行动者主观的支持性态度,而在于自主的欲望是否必须响应理由。这是在两个层面提出的议题,彼此之间是相互独立的,外在主义者可以接受程序主义的自主观,内在主义的支持者也能够接受实质主义的自主观。因此,我们在这里捍卫的实质主义自主观并没有在外在主义和内在主义的理由观之间选边站,它只是预设了理由本身的规范性和可理解性(intelligibility),而这两种属性是所有

---

① 参见 John Rawls, *Political Liberalism*, New York: Columbia University Press, 2005, pp.54—58。
② 参见 Joseph Raz, *The Morality of Freedom*, Oxford: Clarendon Press, 1986, pp.336—358。

公共证成的支持者都必须承认的。

  公共证成要求合法的政治主张必须得到合理公民的共同接受,这种观点预设了合理公民是能够认识、评价和反思政治主张的理性行动者,因此体现了对他们自主能力的尊重。但合理公民的自主能力到底包含了哪些条件和要求呢？在这一章中,我们通过考察自主的欲望是应该响应理由还是只需要得到行动者的反思认可对此做出了回答,论证了自主是一种具有实质要求的价值理念,不能完全取决于人们的反思认可。然而,这个论证完全是围绕自主的欲望展开的,它既没有解释作为一种美好生活观念的自主应该是什么样的,也没有回答对合理公民自主能力的承诺是否一定会导向作为生活方式的自主,更没有深入挖掘作为一种生活方式的自主背后的政治内涵,因此只是起到了清理地基的作用,还没有正式把自主的生活方式确立为国家行为的道德基础。在下一章中,我们将通过考察作为一种生活方式的自主来为至善论的政治主张提供正面的支持。

第七章　个人自主作为一种生活方式

　　自主是一种实质主义的价值理念,而不是内容中立的概念,自主的欲望因此必须满足响应理由的要求,不能只诉诸行动者的反思认可。这首先意味着,行动者要想真正表达自己的自主能力,就应该出于理由来选择自己的生活目标,根据理由的要求来修改、调整自己的目标,确保它始终能够响应理由。其次,它也表明,国家要想表达对人们自主能力的尊重,除了承认他们是具有自主能力的存在者之外,还必须进一步帮助人们真正选择自主的生活目标。但这是否意味着国家必须帮助人们的每一个生活目标都满足响应理由的要求呢?答案显然是否定的,因为自主的行动者不可能在做出每一个选择时都响应理由,作为一种生活方式的自主也不可能要求人们的每一个生活目标都是自主的。所以,在确立了实质主义的自主观之后,我们需要进一步扩展讨论范围,把对自主欲望的讨论扩大到合理公民的整个生活方式上去,看看到底什么样的生活方式才能被称作是自主的生活方式,国家推行这种生活方式的行为能否赢得合理公民的共同接受,以及这种自主的生活方式到底会要求什么样的国家行为。只有在进行了这样的考察之后,才能真正建立起至善论的政治主张,表明国家可以使用强制性的政治权力来推行个人自主的美好生活的观念,并且能够诉诸这种美好生活的观念来证成自己的行为。在这里需要说明的是,为了区别于行动者在具体情境中表现出的自主能力,本书剩余部分将把作为一种生活方式的自主称作个人自主,以此凸显两者之间的差别。① 在这一章中,第一节首先从自主的定义出发对作为一种生活方式的个人自主进行了描述,指出个人自主体现为行动者在履行那些支配性行动时的自主,并解释了到底什么样的行动才是支配性的;第二节一方面论证了支配性行动具有主观性的一面,是行动者可以自由选择并创造的,另一方面又指出支配性行动要受到社会形式的限制,并不是任何一种生活目标都可以具有支配性的;第三节探讨了个人自主的价值,特别是它与公共证成的理论之间的紧密关系,反驳了那种认为公共证成的理论不会预设个人自主的美好生活观念的观点;最后,在第四节中,我们考察了个人自主的政治内涵,探索了个人自主的生活方式到底会对国家行为提出什么样的要求,为至善论的国家行为奠定了基础。

第一节 从自主的欲望到自主的生活

人们的生活归根到底是由发生在他们周边的一系列事件和行动构成的,这种生活的自主必然要体现为行动者在其中做出的行动是自主的,而为了确保一个自主的行动,激发该行动的欲望必须首先是自主的。一个全身瘫痪、无法动弹的人,即便拥有自主的欲望,也不可能履行任何自主的行动;但一个被特定程序所控制的机器人,就算完成了某个复杂

---

① 这里所谓的"个人自主"与第三章讨论罗尔斯的道德人格观念时使用的"个人自主"侧重点不太一样,道德人格观念中的个人自主是相对于道德自主而言的,它之所以被称作是个人的(personal),是为了表明它主要应用于行动者在不涉及他人的事物中表现的能力和素质,是"我们对自己的亏欠"(what we owe to ourselves)。这里使用的个人自主主要是从范围而言的,是为了强调它是对行动者生活整体的评判,不是对其中任何一个具体目标或行动的描述。

的任务,也不能说它的这种行动是自主的,毋宁说,是设计这种程序的人利用机器人,自主地完成了那个行动。因此,要想确定某个特定个体的生活是否是自主的,就必须考察他的某些具体行动是不是被他自主的欲望所激发,以及有没有在该欲望的指引下成功地得到履行。

显然,一个从来没有做出过任何自主行动的人注定无法过上自主的生活。但是,自主的生活也不可能要求行动者的每一次选择或每一次行动都是自主的。奥德修斯为了避免被女巫的歌声所蛊惑,命令下属把自己绑在桅杆上,在这个时候他自主行动的能力遭到了折损,但他的生活并没有因此丧失自主性。反过来说,即便某个行动者的所有行动都是自主做出的,也不足以确保他的整个生活就是自主的。比如一个养尊处优,无所事事,既没有任何固定的兴趣爱好,也缺乏任何生活计划的人,所有有关家庭理财、子女教育、人际交往、职业发展等的事情都不需要他费心,他每天只是操心自己吃什么、穿什么、喝什么等琐碎小事,假设他的所有选择都是深思熟虑之后基于正确理由做出的,这个人的生活能不能被称作自主的?同样不能,因为自主归根到底涉及的是对行动者生活之意义的判断,而这个人的生活几乎缺乏任何意义。

如果说自主的欲望与自主行动之间的不对称可以归因为行动者内在心智状态与外部世界的差异的话,那么自主行动与自主生活之间的不对称就只能归因于前者是一种局部的(local)概念,后者则是全局的(global)概念,或者说前者要求的只是当下的自主(occurrent),后者则必须体现为自主的立场(dispositional),因为"只有这样,个体的生命历程才能从根本上享有统一的秩序和避免自败的冲突"①。如前所述,全局的自主依赖于局部的、当下的自主,但它既不可能,也不需要要求发生在其中的所有行动都是自主的,因此唯一的可能就是,自主的生活只需要体现为行动者在选

---

① Robert Young, *Personal Autonomy: Beyond Negative and Positive Liberty*, London: Croom Helm Ltd, 1986, p. 76.

择、履行某些特定类型的行动时是自主的就够了。那么，这些能够定义行动者生活之整体的特殊类型的行动到底是什么样的行动呢？

毋庸置疑，这些行动肯定对行动者来说是非常重要的行动，比如一般来说职业规划总是比饮食习惯更能决定一个人生活的意义。但究竟哪些行动才能被称作重要的行动？按照拉兹，人们的幸福主要取决于他在非生理决定的目标上的成功，这些目标通常会形成等级制的结构。"一个人重要的当下目标寓居于更大计划之中。不仅如此，当下目标的重要性首先依赖于更大目标的重要性，以及当下目标的实现在何种程度上对于更大目标的成功是本质性的……我们不是通过它确保人们实现目标的数量来测量行动的重要性，而是通过它对更高级目标的贡献来测量其重要性的。"①因此，判断行动重要与否的关键就在于它所服务的目标是否重要，而最重要的目标则是那些整全的目标（comprehensive goals）：它们涉及人们生活的方方面面，并且能够产生其他衍生的目标。换句话说，行动者追求的目标能够形成各种不同的嵌套式的网络结构，整全目标是在这种结构中居于最高位置的终极目标。当然，人们经常会同时拥有许多个整全目标，比如他们既追求家庭生活的幸福，也追求个人事业的成功，这两种目标都会产生各种不同的次要目标，最终塑造他的整个生活。因此，对行动者的生活来说，最重要的行动就是在满足这些整全性目标中发挥关键作用的行动，比如配偶的选择之于家庭生活，职业的选择之于个人事业等。这种类型的重要行动可以被称作"支配性行动"（dominant actions）②——从时间上来说，它们会长期影响行动者日后的

---

① Joseph Raz, *The Morality of Freedom*, Oxford: Clarendon Press, 1986, pp. 292—293.
② 罗尔斯曾经论证过，并不存在使行动者的所有其他目标都从属于它的唯一的支配性目的（dominant end）。然而，这种判断并不适用于这里所说的支配性行动，因为支配性行动并没有否认人们往往拥有几种不能互相替代、还原的生活目标。事实上，罗尔斯试图否定的只是用某个特定的目标来囊括行动者所有可能的其他目标的做法，但这里的讨论只是为了更清楚、明确地描述人们生活中的一些现象。关于罗尔斯的观点，参见 John Rawls, *A Theory of Justice*, Cambridge, Mass: Harvard University Press, 1971, pp. 552—560.

生活；从结构上来说，它们能够引发行动者的一系列行动进程；从成本的角度来看，为了完成这样的行动，人们往往需要投入大量的时间和精力；从效果的角度考虑，人们在履行这些行动上的成功或失败会直接影响他们对自己生活之意义的感知。因此，行动者生活的品质主要是由这些支配性的行动决定的，要考察他的生活是否自主，只需要确定这些支配性的行动是不是行动者自主做出的就足够了。正如有学者所言，行动者的全局自主只要求他的那些最根本的承诺（commitments）满足自主的条件，并不要求那些从最根本承诺中派生出来的行动也得是自主的。①

第二节 个人自主与社会形式

自主的生活是由自主的行动构成的，但却不是自主行动的简单叠加。作为一个整体的生活不可能受到其中每一个行动的同等影响，判断特定行动对于行动者整体生活的影响也不可能只取决于该行动本身的性质，恰恰相反，很多时候人们需要考虑的是它和该行动者其他行动之间的关系。因此为了过上自主的生活，行动者只需要自主地履行那些支配性的行动，那些非支配性的行动与他的生活是否自主通常只是间接相关的。人们不会依据某人某天是否自主地决定早饭吃包子还是油条来判断他的整个生活是否自主，也不会因为他没有自主地为自己选择合适的冬装否认他的生活是自主的。然而，所有这些都只是一般的情形，有没有可能一个人早饭吃什么、冬天穿什么本身就构成了他的支配性行动？这个问题的关键在于，所谓的支配性行动究竟是由行动者自由选取、决定的，还是被客观指定的？

如果支配性行动是被客观指定的，那么这将意味着，行动者生活的主要面貌就呈现为特定选项的不同排列组合，他的选择始终无法超越这

---

① 参见 Ben Colburn, *Autonomy and Liberalism*, New York: Routledge, 2010, p.25。

些数量有限的可能组合,其生活归根到底不过是在一些既定轨迹上的行进而已。这种结论显然是难以成立的,它似乎承诺了一种古代巴厘人的观念:生活就是不停地承担特定社会角色,履行它所指定的义务,不是行动者自己选择并投身于其中的事业。① 不仅如此,这种观点也很容易造成压制的事实。假设人们已经确定职业选择是所有行动者必须认真对待的支配性行动,而 A 是一个在事业上缺乏雄心壮志的人,他每天上班只是应付工作,反而把所有精力投入到收集邮票的业余爱好中,按照前提中给定的标准,这种爱好显然只是在玩物丧志,不足以成为支配性行动。因此为了获得自主的生活,A 应该放弃自己集邮的爱好,专心投入工作。这种观点显然会对 A 施加某些压力:为了避免受到不务正业、游手好闲的指控,A 也许不得不放弃自己的爱好,他的自由因此遭到了威胁。反对支配性行动是被客观指定的第三个理由是,人们完全可能创造新的支配性行动,这些行动甚至会成为一种新的生活方式的典范。许多历史上的伟人正是因为这样而值得铭记的,他们通过自己独特的行动,开创了之前未曾被人们认识到的,能够构成新生活方式的支配性行动。比如苏格拉底之于哲学家的生活、南丁格尔之于医疗护理的事业等。

因此,综合这三方面的考虑,应该承认,支配性行动是被行动者自由选择并认定的,不是被外部权威客观指定的。这意味着,原则上,人们将不能因为行动者没有自主地去做某个特殊行动而否认他生活的自主性,除非他们有很好的理由表明,这个行动已经被该行动者认定是支配性的了。换言之,作为一种美好生活的观念,个人自主既不苛求人们在任何时候都自主的行动,也不要求人们在做某些特定行动时一定能满足自主的要求,相反,它允许大量不自主的行动。就此而言,个人自主的生活方式与行动者在日常生活中的自由是一致的,它同样能够确立"做错事的

---

① 对此可见[美]克利福德·格尔茨《文化的解释》,韩莉译,南京:译林出版社 1999 年版,第 458—459 页。

权利"(a right to do wrong)。有学者认为,之所以应该赋予公民做错事的权利,是因为人们在某些领域中的选择与他们的人格完整性(personal integrity)是密切相关的,"在某种意义上,这些领域中的决定是对个体成为什么样的人的决定。"[1]但是,由于并不是所有领域中的选择都会影响行动者的人格完整性,这种论证就会带来如下的结论:行动者在事关自己人格完整性的选择中有做错事的权利,在与自己人格完整性关系不大的选择中反而没有做错事的权利。这显然是非常违背常识的。个人自主的理念可以在避免这种结论的同时,重新为做错事的权利奠基。因为个人自主只要求支配性行动满足响应理由的要求,所以它会允许公民在其他行动中犯错,由于到底哪些具备衍生性特点的行动才算是行动者的支配性行动,是由行动者自己来确定的,所以个人自主也会允许公民在许多被公认是重大选择的事情中出错,除非有证据表明,公民们在这种重大选择中的错误会在根本上使他们无法过上自主的生活。

然而,承认人们有认定支配性行动的自由,并不意味着任何行动都能够成为支配性的,因为那样的话,行动者只要在漫长的人生道路中自主地履行过任何一个行动,就可以通过宣称这个行动是自己的支配性行动来过上自主的生活了。事实上,行动者对支配性行动的自由选择是有限制的,这种限制源于支配性活动衍生性(derivativeness)的特点。在这里,衍生性指的是,支配性行动会把长期而重大的目标逐步分解成了人们需要现在就去面对和完成的具体目标,进而塑造了他们的生活面貌,充满了他们生活的各个领域和空间。这种特点是支配性行动的内在属性和必要条件,因为尽管某些活动可能对特定行动者产生深刻而久远的影响,但如果它无法引发该行动者的其他行动,那么将依然不能被称作是支配性的。比如,某人大学修过的一门哲学课深刻地改变了他对世界的看法,但这个行动本身并不是支配性的。反之,一项行动如果缺乏衍

---

[1] Jeremy Waldron, "A Right to do Wrong", *Ethics*, vol. 92, 1981, p. 34.

生性的特点,人们也将很难理解它是如何需要行动者投入大量时间、精力去完成的。比如某个耗费一生时间飞往外太空的宇航员,他需要用尽几乎一生的时间去完成这个行动,而这个行动除了搭上宇宙飞船进行太空旅行之外,并没有衍生出其他的行动,宇航员只需要坐在太空舱里就可以完成这项行动。这个行动还是支配性的吗?恐怕不能,它和宇航员绝大部分时候的生活都缺乏直接的关联,宇航员的生活并没有真正被这个行动所塑造。诚然,他的生活倒是受到这个行动的极大限制,但这种限制并不足以使之成为支配性的,就像由于车祸丧失双腿的残疾人,其生活并没有被这个车祸塑造。由此可见,衍生性是支配性行动不可避免的内在属性,而要想真正满足衍生性的条件,就必须有相应的社会制度、习俗和文化。就像拉兹说过的那样,"为了成为整全的,目标本身必须有衍生目标,这些衍生目标传播到我生活的重要方面。"[1]而这又意味着,"它们(整全目标)只有建基于社会形式时才能成为他的目标。"[2]在这里,社会形式(social forms)泛指存在于特定社会之中的公共习俗、制度、实践以及相应的公共价值、观念和想象等,它们是人们参与社会合作必须依傍的基础,为支配性行动的衍生性提供了可能。比如,专门从事打假的王海只有在相应的法律制度和社会实践已经具备的条件下,才能把打假作为自己的支配性活动,如果没有这些制度(比如在一个计划经济的体制下,或者销售假冒伪劣产生不会受到法律任何惩处的情形中),打假就不可能真正成为他的支配性行动。因此,虽然支配性行动是由行动者自由认定的,但却不是他们随心所欲地选择或创造的,它必须受到社会形式的制约。这将为国家通过政治手段促进自主的生活方式打开大门:国家既可以致力于消除某些与自主生活直接冲突的社会实践,比如吸毒,也可以努力促进某些有利于自主的社会实践,比如推崇开明的社会

---

[1] Joseph Raz, *The Morality of Freedom*, Oxford: Clarendon Press, 1986, pp. 308—309.
[2] Ibid., p. 310.

风气,尊重差异、鼓励创新等。在给定社会基本制度、习俗和文化的前提下,这些主张都能得到确立和落实,形成更加明确具体的社会政策。

第三节 个人自主的价值

我们基于实质主义的立场,从自主的欲望出发,对作为一种生活方式个人自主进行了描述,为探讨基于个人自主的政治主张提供了基础。然而,在挖掘这种美好生活观念的政治内涵之前,必须解决的问题是:国家为什么要推行自主的生活方式?或者说,个人自主到底拥有什么样的价值,能够使它充当国家行为的合法基础?

作为当代政治哲学中对个人自主最为推崇的哲学家之一,拉兹在讨论自主的价值时却表现得非常含混和游移。他一方面声称,"自主只有当被应用于追求善时才是有价值的"[①],那些滥用自主去作恶的行为因此缺乏价值;另一方面,又认为自主的生活与人们的完整性有着独特的联系,并且人们总是能够通过自主地选择、追求各种目标和计划为自己创造新的理由和价值。这两种观点之间显然存在某些冲突,前者意味着自主只有在选择善的时候才有价值,因此允许国家限制那些会对行动者本人造成伤害的行为,而后者则承诺了自主的内在价值,承认人们在自主地做错事时也是有价值的。不仅如此,拉兹还强调,"对于那些生活在支持自主环境中的人而言,除了自主别无选择:在这个社会中,没有其他的成功方式。"[②]也就是说,由于现代社会技术高度发达,劳动力自由流动,人们掌控自然的能力迅速提高等特征,行动者只有通过自主地选择、追求自己的生活目标才能更好地实现他的幸福(well-being),因此国家应该推行自主的生活方式。显然,拉兹在这里又把个人自主看作是一种情境性的价值,认为它之所以值得珍视,既不是因为其内在地具有某些善

---

① Joseph Raz, *The Morality of Freedom*, Oxford: Clarendon Press, 1986, p.381.
② Joseph Raz, *The Morality of Freedom*, Oxford: Clarendon Press, 1986, p.391.

的属性,也不是因为它能够导向某些有价值的选项,而是因为在给定的社会情境中,它所发挥的巨大作用和承担的重要使命。有些人甚至认为,拉兹对个人自主的论证主要就是建立在这种情境性价值之上的。接下来,我们就以拉兹的观点作为线索,分别考察自主到底具有什么样的价值。

首先考虑这种主张:自主的价值是有限的,它受到行动者自主地追求的目标的限制,只有当这些目标在道德上是善的时候,人们才应该珍视自主。表面上,这个观点似乎很好地契合了人们在日常生活中的许多直觉,一个自主地选择把偷盗作为自己职业的人难道不比一个被胁迫的小偷更邪恶吗?反之,相对于偶然契合道德要求的人,自主行善的人难道不更加值得赞赏和钦佩?有些人这样解释这种现象,"自主看上去具有内在价值是因为,当善的实现是某人自己实践慎思和选择的产物时,一切会更加完美。然而,这种额外的完美不是由自主提供的,而是由自我决定中的理性提供的。人们在实践合理性(practical reasonableness)的选择中实现的内在价值是实践合理性本身的价值……内在的完美在于(自主使之成为可能的)理性行使中,而不在于自主本身。"[1]然而,当我们把响应理由的特征考虑进来时,问题将会变得更加复杂。第一,自主的行动必须是基于理由的,而且这种理由是能够被公共理解并真正支持该行动的,因此,自主的行动会不会导向作恶就是非常可疑的了。诚然,行动者可以自主地选择某些道德上令人厌恶的生活,在这个时候他的选择虽然不符合道德的要求,但却依然能够得到其他理由的支持。这是完全可能的,比如通过暴力手段反抗不公正统治的革命者。然而,大部分主动作恶的行为并非如此,它们诉诸的理由要么是无法被我们公共承认的,比如有些原始人认为天生残疾的婴儿是被神诅咒的,要吃掉他才能

---

[1] Robert George, *Making Man Moral*, Oxford; New York: Oxford University Press, 1993, pp. 176—178.

避免厄运;要么是根本不足以支持该行动的,比如因为受到不公正待遇而疯狂报复社会。这些无法得到理由支持的行动当然不可能成为自主选择的对象,做这样的行动恰恰表现了行动者无法形成并贯彻自己的理性慎思。第二,道德理由并不是支持人们行动的全部理由,有时候行动者最有理由去做的事情恰恰会违背道德的要求。在这种情形中,坚持这种行动依然是道德上邪恶的,无疑太迂腐和教条了。事实上,公共的社会道德往往会给这种例外的情形留有余地,比如人们虽然普遍认为偷盗是一种恶行,但却经常宽恕、同情那些为了筹集医疗费用挽救亲人性命不惜违法犯罪的人。另一方面,这种现象的频繁出现还会对社会道德本身的合法性造成冲击,人们甚至可能逐渐修改自己的道德观念以接纳这些行动。

因此,基于以上的考虑,自主的价值似乎应该是一种内在的价值,而不是依附于它所导向的选项的工具性价值。比如沃尔曾经指出,自主是因其自身(for its own sake)而有价值的,这种价值体现在人们一系列的直觉之中,而只有赋予个人自主以内在的价值才能融贯地解释这些直觉。比如,人们不认为把自己的生活完全交给更聪明、更机智的人掌管会使之变得更好;依靠他人帮助取得的成就总是不如自己奋斗得来的更好;在不同数量的选项中选择相同选项的意义并不相同等。[①] 然而这里的问题在于,就算个人自主是因其自身而有价值的,这种内在价值也不一定能确保它成为国家行为的道德基础和主要依据,因为人们可能没有赋予这种内在价值很高的地位,比如,美妙的音乐是内在有价值的,但把它和公共安全那样看作是政府应该提供的基本服务是非常荒谬的;而且还可能存在其他与之冲突的内在价值,个人自主可能无法击败他们,就像自由出行的便利无法击败交通规则带来的安全一样。在此,胡尔卡

[①] 参见 Steven Wall, *Liberalism, Perfectionism and Restraint*, New York: Cambridge University Press, 1998, pp. 145—150.

(Thomas Hurka)的观点就很有代表性。一方面,他同意自主是一种内在的善,面临更多选项做出选择的人总比面临更少选项做出相同选择的人更值得推崇,因为前者"对自己生活中的更多事实负责,也因此是更加扩展的行动者。"① 另一方面,他又宣称,自主并不占据特殊的地位,只是诸种善之一,有时候可以被其他的善击败。② 所以,即便承认个人自主具有内在的价值,也不足以表明国家应该推行自主的生活方式,人们必须为这种政治主张寻找更多的依据。

个人自主的情境性价值的重要性正是在这种背景下得以凸显的。按照拉兹,"政治道德的首要关注是保护和促进人们的幸福。"③ 而给定现代社会的基本情境,行动者只有通过自主地履行自己的支配性行动,才能最好的实现个人幸福。具体地来说,现代社会具有这样的特点:地理上的快速变迁,技术和经济的创新,家庭和社会的快速变迁,世俗化,多元主义,对人权的承诺,这些都决定了行动者只能通过个人自主的方式过上美好生活。④ 不仅如此,现代社会的基本制度和文化已经改变了行动者的选项的性质,并通过这种方式要求了行动者的自主。比如,自由恋爱取代父母包办的婚姻并不只是增加了行动者的选择范围,也改变了他们对家庭和配偶的期许,在这种转变的过程中,夫妻双方情感上的契合越来越占据更重要的地位,家庭也越来越成为亲密关系的载体而非经济合作单位。因此,即便对于那些没有把自主当作自己追求的目标,无法欣赏自主的内在价值的人来说,自主也依然是有价值的。这种情境性价值为通过政治手段推行个人自主提供了有力的依据,它不仅解释了为

---

① Thomas Hurka, "Why Value Autonomy", *Social Theory and Practice*, vol. 13, 1987, p. 366.
② 参见 Thomas Hurka, *Perfectionism*, Oxford; New York: Oxford University Press, 1993, pp. 148—152。
③ Joseph Raz, *Ethics in the Public Domain*, Oxford; New York: Clarendon Press, 1994, p. vi.
④ 参见 Steven Wall, *Liberalism, Perfectionism and Restraint*, New York: Cambridge University Press, 1998, pp. 166—167。

什么个人自主对于那些没有倾向于过自主生活的人是好的,也有助于回应这样的批评:即便个人自主是一种没有争议的美好生活观念,诉诸强制性的国家行为来推行这种生活观念也是自败的,因为自主必须被人们自由选择。①

对个人自主的内在价值和情境性价值的论证都给国家推行自主的生活方式提供了依据,然而,除了自主所拥有的这两种价值之外,还有另外一个因素也决定了自主在证成国家行为时的根本地位。众所周知,公共证成是一种诉诸合理公民共同接受的谋划,它本身就预设了这些合理公民有认识并响应合法政治主张的能力。由于合理公民的这种能力是和他们参与社会公平合作的动机联系在一起的,因此许多学者承认,公共证成预设了在政治领域实现道德自主的要求。前面第三章在讨论罗尔斯的道德人格观念时,也曾经指出,合理公民基于自身的正义感提出并接受公平的正义原则,这本身就是道德自主的一种体现。然而,公共证成的支持者却试图在道德自主和个人自主之间进行严格的区分,论证公共证成只要求合理公民在政治领域满足道德自主,不要求他们在美好生活的追求中满足个人自主的要求。根据这种观点,即便公共证成的理论预设了合理公民在公共政治领域中响应理由的自主能力,也不意味着它承诺了个人自主的美好生活观念,因为这种自主能力"并不进一步要求善观念必定要是自主地形成的……需要的只是:这些人作为具有能动性的主体,他们能够构想价值,形成计划并对这些有一种自我意识"②。为了更加彻底地与至善论的观点做区分,公共证成的支持者们甚至力图回避"自主"这个词,宣称自己所预设的只是人类最基本的能动性的能力,这种能力应该被称作是"自治"(autarchy)而不是"自主","自治是正

---

① 参见 Ruwen Ogien, "Neutrality toward Non-controversial Conceptions of the Good Life", in Roberto Merrill and Daniel Weinstock (eds.), *Political Neutrality: A Re-Evaluation*, Basingstoke: Palgrave Macmillan, 2014, pp. 100—101。
② 陈肖生:《辩护的政治》,北京:三联书店 2018 年版,第 61 页。

常人的条件,不论是在统计意义上,即大多数人都是自治的;还是在更进一步的意义上,即不自治的人多少是有缺陷的人……自主超出了自治。它是自治的人可能奋力实现的一种品格的卓越……是一种理想的,而非正常的条件。"①然而,通过概念区分来否定个人自主的策略是非常可疑的,因为在什么意义上某人的行动可以被看作是由他自己的慎思所引导着的,这本身就是一个哲学问题,而自主的定义正是对它的回答。不仅如此,假如自治的理念真的可以像公共证成的支持者们设想的那样可以强大到排除古代巴厘人的生活观念——那些人"不把自己看作是做出选择的行动者,而是看作扮演既定的社会角色的演员"②,那么它本身依然会构成一种独特的生活观念,并因此不再是一种正常人类必然已经具备的基本能力。事实上,最终使公共证成的原则避免承认个人自主的,不是它所预设的自主能力是多么微弱(至少在公共政治领域,它对合理公民道德自主的要求并不低),个人自主的标准又是多么苛刻(其实个人自主并不是一个难以企及的理念),而是作为一种局部概念的自主的能力不等同于作为一种生活方式的整体概念的个人自主。公共证成预设了合理公民响应理由的能力,但它只要求这些公民在参与公共政治生活时展现出这种能力,并没有要求他们把这种能力贯彻到不涉及他人的私人生活领域。在这个意义上,公共证成没有诉诸任何美好生活的观念,依然是一种反至善论的原则。

这种解释的问题在于,尽管我们的确能够在概念上区分道德自主和个人自主,但在现实生活中却很少见到只在公共政治生活中尽职尽责地追寻最能响应理由的目标,在个人生活中却随波逐流、肆意妄为的人。相反,通常来说,不能在公共生活中做到道德自主的人,往往也不能在个

---

① Stanley Benn, *A Theory of Freedom*, Cambridge: Cambridge University Press, 1988, p. 155.
② Gerald Gaus, *The Order of Public Reason*, New York: Cambridge University Press, 2011, p. 338.

人生活中满足自主的要求。就像金立卡所说的，"没有证据表明那些反对个人自主的理念的人可能会接受道德自主的理念，反倒有很多理由表明他们会反对道德自主。"①当然，公共证成的支持者们可以说，不应该诉诸这样的经验判断来为至善论辩护。可是，道德自主与个人自主的这种亲缘性并不只是历史的偶然，相反，它们在道德心理学中是有依据的。让我们回忆下，合理的公民是那些有良好意愿与其他公民分享同一个世界的人，给定现代社会合理分歧的事实，合理公民试图基于其他合理公民能够接受的理由来行使强制性的政治权力，这种行为表达了他们的道德自主，因为它是合理公民出于对彼此的尊重做出的。然而，假如合理公民明确地知道，他面对的是一个对自己生活全无担当、顽物般的人②，他还会依然真诚地珍视这个人提出的理由和诉求吗？显然不会，即便合理公民还是力图使强制性的国家行为符合这个人的主张，那也是一种居高临下的怜悯或容忍，不是真正的尊重。尊重意味着，合理公民尽管并不认同对方的主张，但依旧相信这种主张于他而言是有价值的和值得追求的，是他基于某些好的理由所选择的，因此在证成国家行为时，这种主张和他们的主张才应该在同等程度上值得考虑并占据相同的分量。所以，如果合理公民是因为他们对彼此尊重而道德自主的，那么，这种道德自主就必然暗示了合理公民同时也是在个人生活中行使着自主能力的人。

至善论的批评者们可能会说，上述案例之所以会产生道德自主暗示个人自主的结论，恰恰是因为它已经假设了参与公共证成的合理公民已经是个人自主的行动者了。的确，个人自主的公民只会尊重另外一个个人自主的公民，但做不到个人自主的公民也可能会尊重另外一个和自己

---

① Will Kymlicka, "Do we need a Liberal Theory of Minority Rights", *Constellations*, vol. 4, 1997, p. 85.
② 顽物"不关心他的意志。他的欲望驱使他做某些事情，而不考虑他是否想要被那些欲望驱动，或他是否宁可被其他欲望驱动"。参见[美]哈里·法兰克福特《意志自由与人的概念》，《第三种自由概念》，应奇、刘训练编，北京：东方出版社 2006 年版，第 95 页。

一样做不到个人自主的公民。假设一个随波逐流、得过且过的合理公民在面对另外一个随波逐流的合理公民,他难道不会承认对方的主张和自己的主张也是在同等程度上值得考虑(或不值得考虑)并占据相同分量的吗?这难道不也是一种尊重,而非怜悯或容忍?如果这样的情形成立,那岂不意味着作为尊重的道德自主本身并没有暗示个人自主的理念?对此,我们的回应是,公共证成其实并没有给这种无法满足个人自主要求的合理公民留下多少余地。因为它推崇一种慎思的政治,希望合理公民通过协商、对话的方式来决定公共的政治事务。在这种集体慎思的过程中,合理的公民将不再局限于只是要求国家推进、满足自己的个人利益,相反,他们愿意考虑其他公民的利益,并在恰当的限度内调整、改变自己的利益。"在一个鼓励真正慎思的民主过程中,偏好不仅在公民被给予有关可供选择的政策的更多信息时能够发生改变,而且也会在他们逐渐理解其他公民的偏好,并学会相互合作以发现他们以前未曾考虑到的政策选择时发生改变。"[①]这也意味着,参与集体慎思的合理公民应该站在一个相对超脱的位置来看待自己的个人利益,审时度势地修改甚至放弃自己的个人利益。由于公共证成的原则不可能一劳永逸地确定国家行为的具体目标,所以集体慎思必然是公共政治生活中永不停息的常态,合理公民也因此不得不永远对自己的生活目标保持反思、批判的态度。通过这种方式,作为响应理由的自主就会对合理公民的个人生活提出进一步的要求,最终塑造出一种独特的生活方式。

诚然,这种通过模糊公共政治与个人生活的界限来沟通道德自主和个人自主的做法也是有局限的。一方面,集体慎思只能要求合理公民对于那些涉及他人(others-regarding)的生活目标保持批判、反思的态度,不能要求他们对涉及自我(self-regarding)的目标也保持批判、反思的态

[①] [美]阿米·古特曼、[美]丹尼斯·汤普森:《民主与分歧》,杨立峰等译,北京:东方出版社2007年版,第192页。为保持前后文统一,引文中部分术语有所改动。

度;另一方面,集体慎思只能要求合理公民的生活目标响应那种尊重他人的道德理由,不能要求他们的生活目标也响应除此之外的其他理由。但这两方面的局限性并非是无法克服的。首先,任何人的美好生活观念都必然会包含大量涉及他人的生活目标,诸如友谊、爱情、家庭等经常是人们生活计划中不可或缺的构成性成分,在很多时候甚至就是他们生活的支配性目标。因此,当作为响应理由的自主规定了合理公民应该如何面对生活中涉及他人的目标时,它也就几乎规定了合理公民的整个生活。其次,一个只是用尊重他人的道德理由来约束自己的合理公民也很难真正有效地参与集体慎思,因为他不能在这种持续的慎思的过程中准确地把握住自己的根本利益。具体来说,除了生理决定的需求(needs),人们的自我利益归根到底是被他们的生活目标所决定的,特别是支配性行动指向的那些目标。不自主的行动者当然也可能拥有属于自己的生活目标,但是,和自主的行动者相比,他对这些目标的认知是不够的,他没有真正权衡过支持或反对这些目标的理由。在集体慎思的过程中,当尊重他人的道德理由对合理公民的生活目标提出质疑时,不自主的行动者将难以做出恰当的调整:他不知道应该把自己的生活目标修改到什么程度才能既满足那些道德理由的要求,又不会真正折损自己在追求这些目标时的根本利益,因为他从来没有清楚地知道过支持(或反对)自己生活目标的理由是什么。从这个角度来看,即便道德自主的理念本身没有蕴含个人自主,它在公共政治生活中的实现也需要诉诸那些已经在自己生活中满足了个人自主的公民。因此,给定公共证成的原则,国家行为是可以通过诉诸个人自主的美好生活观念得到合理公民的共同接受的。公共证成的要求与基于个人自主的至善论最终是一致的,而非冲突的。

第四节　个人自主的政治内涵

在确立了个人自主在证成国家行为时的合法地位之后,下一步的工作就是探讨这种美好生活的观念到底会要求什么样的国家行为。首先可以排除中立性的主张,尽管的确有人认为,"是自主的观念为中立性的要求提供了内容,并且解释了为什么自由主义者会倾心于自主,以及他们在什么意义上倾心于自主。"① 但给定实质主义的立场,个人自主的确会排除一些生活目标,比如成为一名瘾君子。不仅如此,它还可能在某些情境中要求偏袒特定的生活目标,比如允许少数族群的成员保持某些独特的风俗和规范,因为它们已经构成生活在其中的人们的支配性行动必须依赖的社会形式,而要想使这些人过上自主的生活,就必须确保他们有自主地履行自己生活中支配性行动的机会。所以,旨在推行个人自主的国家不应该把中立性作为定位自身立场的根本原则,相反,它应该"以温和的方式促进自主的理念,因为这种能力帮助人们更好地成为自由主义的公民,更能在自由主义的社会中获得发展,这实在没有什么好值得怨恨的。"②

个人自主的第二种政治内涵体现为它与公民自由的关系。许多学者认为,个人自主确立了行动者对于自己以及自己生活的最高权威,这种个人主权(personal sovereignty)为公民自由地追求自己中意的美好生活提供了依据。③ 因此,按照伯林无干涉消极自由的主张,个人自主产生的最重要结论便是,国家不得干涉公民对自己生活目标和生活道路的选择。更具体地说,国家应当保护一系列基本的自由权利,它们构成了行动者"最低限度的、神圣不可侵犯的个人领域"④。然而,这种从个人自主的价值到尊重公民选择自己生活方式的自由,再到保护基本自由权利的思路是有很大漏洞的。首先,尽管有人主张,任何积极的自由概念最终

---

① Susan Mendus, *Toleration and the Limits of Liberalism*, Basingstoke: Macmillan, 1989, p. 85.
② Stephen Macedo, *Liberal Virtues*, New York: Clarendon Press, 1990, p. 263.
③ 参见 Joel Feinberg, *Harm to Self*, New York: Oxford University Press, 1986, pp. 52—97.
④ [英]以赛亚·伯林:《两种自由概念》,《自由论》,胡传胜译,南京:译林出版社 2003 年版,第 191 页。

都可以被还原为关于特定妨碍(constraint)之阙如的消极概念,问题的关键仅仅在于什么才算是对自由的妨碍,自由因此归根到底是消极的。① 但正如有学者指出的那样,这样的还原并不总是能取得成功,比如康德主张自由在于行动者出于义务而非禀好而行动,可是义务和禀好并不是简单对立的关系,自由的关键不在于义务克服禀好的妨碍,而在于义务监控、限制禀好。② 因此,消极无干涉本身并不意味着行动者有真正的自由去追求其美好生活。其次,如果个人自主仅仅确立起行动者对于自己生活的自由,那么它似乎承诺了这样一种观点:"行动者的自主仅仅在于他反对服从于他人的意志……自我统治不是被理解为自我的统治,而是他人统治的阙如。"③但是,行动者的内在能力对于他们的自主而言同样是必要和不可还原的,否则将无法解释,为什么非理性的行动者即便不服从任何人的支配也不能被称作是自主的。④ 事实上,考虑到响应理由的要求,个人自主确立的就不可能只是行动者选择自己生活的自由,它还要求这样的选择必须能够得到理由的支持。鉴于理由本身具有的规范性和可理解性的特点,国家能够参与(而不仅仅是尊重)行动者对自己生活目标的慎思,鼓励他们选择得到良好理由支持的目标,排除那些无法得到理由支持的目标和生活道路。

  第三,前面部分在论证个人自主的情境性价值时,诉诸了社会形式的命题:现代社会的基本特征决定了自主对于追求幸福的行动者来说是必要的。但它未曾提及,这个命题的两个维度——个人自主与社会形式——之间的关系其实是可逆的,不仅特定的社会形式决定了个人自主

---

① 参见 Eric Nelson, "Liberty: One Concept Too Many?", *Political Theory*, vol. 33, 2005, pp. 63—65。
② 参见 Nobel Ang, "Positive Freedom as Exercise of Rational Ability", *Journal of Value Inquiry*, vol. 48, 2014, pp. 7—14。
③ Michael Garnett, "The Autonomous Life: A Pure Social View", *Australasian Journal of Philosophy*, vol. 91, 2013, p. 144.
④ 参见 Steven Weimer, "Autonomy as Rule by the Self", *Australasian Journal of Philosophy*, vol. 92, 2014, pp. 159—162。

的价值,给定个人自主的价值,国家也有责任促进那些有利于个人自主的社会形式。这是因为,一方面,个人自主只有在特定的物质、文化环境中才能得到更好的发展,因此对这些环境的维护本身也是在间接地促进人们过上自主的生活,比如通过支持科学技术的创新和推广,行动者能够有效地增强对自己生活的控制能力,更好地按照自己的想法安排自己的生活;通过建设更加便捷的公共交通网络,人们能够更好地在不同区域之间自由流动,其可选择的生活方式也会随之变得更加多元。另一方面,存在某些内在有价值的集体善,所有行动者都能从这些善中受益,比如友好宽容的社会风气,稳定有序的社会秩序等。就像拉兹认为的那样,"个人自主依赖集体善的持续……并且只能通过集体善来获得,对于这种善,除非所有人受益否则任何人无法受益。"[1]这意味着,国家应该塑造、维持适于公民个人自主的社会、文化环境,即便这样做并不完全符合特定公民为自己选择的生活目标。

第四,自主的行动者不论最终选择的生活目标是什么,都需要满足基本的生理和心理的条件,如果缺乏这样的条件,他们所拥有的自主的欲望就不能产生相应的自主行动。具体来说,行动者需要有相对健康的体魄,身体的残疾虽然不一定完全取消他们的自主,但必然会通过其可选项的减少而减损其自主;他们也需要相当程度的文化、知识水平,缺乏这些知识行动者可能根本无法独立生存,假如柏拉图穿越到现代社会,在不具备相应的基本知识之前,他肯定不知道如何乘坐公共汽车,如何去超市购物,如何购买合适的衣服等,而这些显然会折损他的自主;自主的行动者还需要有超越当下情境的自我反思能力,以及设计、管理自己生活的理性能力,缺乏连续记忆的严重的健忘症患者就很难过上自主的生活,他根本无法形成一种比较连贯的长期计划。因此,这些基本能力的满足对于公民过上自主的生活而言是必需的,国家也应该把它作为自

---

[1] Joseph Raz, *The Morality of Freedom*, Oxford: Clarendon Press, 1986, p.250.

己的行动目标和依据。这些政策包括了对残疾人的特殊照顾和偏袒,资助、鼓励科技文化的发展和传播,提高国民受教育水平,关注国民身体素质等。不仅如此,还有其他社会的、物质的条件对于公民的自主来说也是必不可少的,比如罗尔斯举出的社会基本善:自由、权利、机会、财富、自尊等,这些都可以依据个人自主的价值得到证成。

第五,许多政治哲学家认为,自由主义的核心原则在于自由的预设:行动者的自由活动是无需被证成的,对他们自由的限制则总是要求得到证成。① 然而,正如前面指出过的,个人自主确立的不仅是公民追求美好生活的自由,给定自主响应理由的性质,它也为国家介入公民对自己生活目标的选择提供了依据。因此,看上去个人自主有否定、颠覆自由预设的可能,毕竟自主要求行动者能正确基于理由选择自己的目标。特别是,假如政府自信已经掌握了最好最正确的生活目标,那么直接强迫公民采纳这样的目标似乎才是最符合自主要求的。这样的指控并不能成立,因为:其一,价值多元和理由间的不可通约已经成为现代社会的基本事实,因此仅仅要求自主的选择必须响应理由并不足以产生确定的结论,很多时候行动者的选择是一种决断而非慎思,这种决断表达了他对特定价值的承诺与忠诚,构成了他的独特性,国家应该尊重这种独特性。其二,个人自主是对人们生活方式的要求,而为了过上自主的生活,行动者只需要自主地选择并履行那些支配性的行动,他既不需要也不可能使自己的所有行动都成为自主的。恰恰相反,出于成本和策略性的考虑,自主的人经常需要去做一些不自主的行动,比如奥德修斯为了不受女巫的诱惑把自己绑在桅杆上。这意味着,对行动者没有过上自主生活的指控,只有在该行动构成其支配性行动时才能成立。支配性行动的选择虽然受制于现存的社会形式,但归根到底还是被行动者自由决定的,因此要求他们的某些特定行动要响应理由,很可能会打乱行动者对自己生活

---

① 参见 The Stanford Encyclopedia of Philosophy, "Liberalism", 2015。

的安排,妨碍其个人自主。其三,也是最重要的是,对个人自主会产生专制主义国家的担忧是建立在对自主的误解之上的。的确有人声称,实践理性要求人们的信念、欲望以及行动是非他主的(non-heteronomy),而他主的错误"并不在于它在外生性的意义上涉及'异己的'统治;其错误之处在于它在不恰当的意义上涉及'异己的'统治"①。因此与非他主相对应的不是自主,而是"正确地管理"(orthonomy),它要求行动者"承认正确信念和正确欲望的特定标准,并且在自己的情形中回应正确的要求"②。但是,如果"正确地管理"只是突出了自主响应理由的特征,那么它并没有为自主增添更多新的东西;如果"正确地管理"只要求行动者服从正确理由的要求,不论这些要求源自何处,是否为他所接受,那么专制主义国家的出现就不可避免了。然而,在这个时候,问题的根源在于第二种意义上的"正确地管理"而不是自主,在于它只要求正确理由的控制,无视行动者在其中的地位和角色。在这里,必须谨慎地区分"响应理由"本身和具有"响应理由"性质的自主,因为至少站在政治哲学的视角来看,个人自主表达的不仅是对行动之正确性的期许,更是对行动者本身的期许,是对行动者与理性慎思二而为一、内在地关联到一起的期许。这是一种人道主义而不仅仅是理性主义的关怀,其本质不只在于行动者选择、履行了最正确的事,而在于行动者成为真正理性的人。因此,综合这三方面的考虑,个人自主最终会支持自由的预设。不仅如此,它还会要求国家宽容某些非自主的行动者及其生活方式,比如那些随波逐流、游手好闲、虚度年华的人,因为与彻底丧失理性的人相比,这些人始终有自主地采纳某些支配性的行动,彻底改变自己生活面貌的可能。而促使他们主动、自发地成为自主的行动者,远远比施加给他们最正确的事情

---

① [澳]菲利普·佩蒂特、[澳]迈克尔·史密斯:《实践非理性》,《实践理性》,徐向东编,杭州:浙江大学出版社 2011 年版,第 547 页。
② Philip Pettit and Michael Smith, "Freedom in Belief and Desire", *The Journal of Philosophy*, vol. 93, 1996, p. 442.

更加能满足个人自主的要求。只是在这个时候,人们将"把对私人生活中侵略性的国家干涉的质疑看作是经验知识,而非严格的限制性原则"①。也就是说,这种宽容归根到底只是对国家推行个人自主的方式的限制,而不是对这种做法的否定。

最后,个人自主的理念也有助于改进至善论者的某些观点,特别是关于伤害原则的论证。伤害原则主张"对于文明群体中的任一成员,所以能够施用一种权力以反其意志而不失为正当,唯一的目的只是要防止对他人的危害"②。许多人把这种原则和反至善论联系起来,认为它蕴含着反对国家推行那些有价值的选项的主张。但按照拉兹,伤害原则只是对国家可以在何种条件下使用武力的限制,并没有否定国家通过奖励、资助、教育等温和的手段来推行有价值的选项。事实上,自由主义之所以应该坚持伤害原则,只是因为强制的干涉总是会无差别地侵犯人们的自主,而不是因为强制的干涉本身就是错的。③ 这种论证面临两个方面的批评。一方面,它高度依赖于一种事实的前提,即,那些既能消除无价值选项又不伤及自主的强制性措施在现实世界中是不存在的。另一方面,它区分了温和的政府行为与强制干涉,但实际上,任何政府行为都是以强制的税收作为基础的,因此,温和的政府行为在本质上依旧是强制性的。④ 现在,给定个人自主的理念,可以看到,即便不诉诸所谓的事实前提,伤害原则也可以得到很好的辩护。因为个人自主不要求行动者的每一个选择都能响应理由,所以,尽管那些无价值的选项的确会折损行动者的自主,国家却无需动用武力来消除所有无价值的选项,它只需要确保无价值的选项不会从根本上使行动者本人或其他公民无法过上自

---

① Richard Arneson, "Perfectionism and Politics", *Ethics*, vol. 111, 2000, p. 46.
② [英]约翰·斯图亚特·密尔:《论自由》,许宝骙译,北京:商务印书馆2007版,第10页。
③ 参见 Joseph Raz, *The Morality of Freedom*, Oxford: Clarendon Press, 1986, pp. 418—420.
④ 参见 Jonathan Quong, *Liberalism without Perfection*, Oxford: Oxford University Press, 2011, pp. 53—71.

主的生活就够了。而之所以要求国家使用温和的手段来推行有价值的选项,也并不是因为这些温和的手段不具有任何强制性,相反,原因只是在于,在所有具备衍生性特点的目标中,到底哪个目标才是支配性的,这是由行动者自己来确认的,所以国家不可能强迫公民过上自主的生活——它强加给公民的那种选项可能恰恰是行动者本人并不意图使之成为自己生活的支配性目标的。就此而言,对伤害原则的论证并不需要以否认那些温和政府行为的强制性色彩为前提,它与至善论的观点也是相容的。

综上所述,可以看到,个人自主的美好生活观念可以产生一系列被现代公民广泛接受的政治主张。作为国家行为的道德基础,它确立了能使所有公民普遍受益的基本善,要求国家致力于提供、推行这些基本善;在不同公民利益发生冲突时提供了权衡、决断的依据;建立起自由的预设、宽容、伤害原则等基本政治原则,塑造了现代政治文化的基本风貌。因此,基于个人自主的国家不仅没有压制个体公民的自由,还会为他们的自由提供充分的保护和必要的条件,是一种能够赢得所有合理公民共同接受的美好生活观念。

作为一种具有实质要求的价值理念,自主的欲望必须满足响应理由的要求,但为了过上自主的生活,行动者既不可能、也不需要在每一次选择中都满足自主的要求。相反,自主的生活方式只要求行动者在履行自己生活中的支配性行动时能够满足响应理由的要求。支配性行动是人们据以评判自己生活之整体价值、意义的依据,它们从结构上来说会带动行动者的许多后续行动;从成本的角度来看需要行动者付出较大的时间和精力去完成;在时间上会长期存在于行动者的生活之中;从认知的角度来看是行动者在感知、评价自己生活时的主要依据。给定这样的特点,行动者在履行支配性行动时满足自主的条件就可以确保他整个生活的自主了。虽然支配性行动为了满足衍生性的特点不得不受到社会形式的限制,但到底哪一种行动才是支配性的,归根到底是要行动者自己来认定的。所以,个人自主的美好生活观念既不会要求行动者的每一个行动都是自主的,也不会把某些特定的生活目标强加给行动者,它与人们在日常生活中的自由是相容的,能够赋予他们做错事的权利。除此之外,个人自主也是因其自身而有价值的生活观念,并且它特别契合于现代社会多元分歧的历史事实,是所有人美好生活观念中的必备因素,因此,即便某个特定的公民没有认识到个人自主的重要性,国家也可以采取恰当的方式去推行个人自主的美好生活观念。不仅如此,公共证成的原则本身也预设了合理公民在公共政治领域中的自主能力,这种能力与合理公民在个人生活中的自主是紧密相关、不可分割的,从公共证成的主张出发,同样可以诉诸个人自主的美好生活来证成国家行为,基于个人自主的至善论因此是一种能够被合理公民共同接受的合法政治主张。至此,我们在公共证成的限制下探索至善论的事业终于产生了比较确定的结论,然而,对于至善论的许多支持者来说,这样的结论依然太空洞和太薄弱了,因为个人自主的美好生活观念虽然要求行动者出于理由而行动,但并没有排他性地把这种理由归结为道德的理由,反而承认那些精明的(prudential)理由也是行动者应该响应并满足的。所以,对个人自主的推崇并不意味着国家一定会合法地推行道德上良善的(morally good)生活目标,压制道德上鄙俗、低劣的生活目标,而这恰恰会违背至善论者通过政治手段促使公民采纳道德上良善的生活目标的初衷。在下一章中,我们将针对这个观念,从另外一个角度出发来论证公共证成的主张不仅允许国家基于个人自主的美好生活观念而行动,而且还会把许多道德上良善的生活观念纳入国家行为的基础之中,以一种新的方式来为至善论的主张奠基。

第八章　从社会道德开始

在上一章中,我们从实质主义的自主观出发,对作为一种生活方式的个人自主进行了描述,解释了它的价值和政治内涵,论证了国家是可以诉诸这样的美好生活观念来行使政治权力的。然而,个人自主其实是一种非常包容的美好生活观念,它不仅允许合理公民在选择许多生活目标时犯错或没有满足响应理由的要求,而且也不认为个人自主一定会导向那种道德上良善的(morally good)生活方式。因此,反至善论者会认为,即便个人自主的美好生活观念的确可以构成国家行为的基础,也不足以真正确立至善论的政治主张,因为国家无需为了推行这种生活方式而鼓励人们选择那些道德上良善的生活目标,它反倒需要承认合理公民的许多利己的、精明的选择和行动。换言之,对于捍卫至善论而言,诉诸个人自主还是太弱了,不能为至善论的合法性提供足够的支持。本章试图回应这样的指责,从另外一个角度来扩展国家行为的道德基础,把除了个人自主之外的其他美好生活观念引入公共证成的事业之中。它将表明,给定特定社会中实际存在着的社会道德,国家是可以诉诸存在于社会道德中的许多美好生活观念来证成自己的行为的。第一节首先引入了社会道德的维度,解释了社会道德既具有实定性的一面(是当前社会中实际存在并有效发挥作用的道德观念),又具有规范性的维度(是需要被反思和检讨的对象,有对错之分);第二节介绍了高斯关于社会道德也需要被公共证成的论证;第三节针对这种主张提出质疑,论证了社会道德不可能通过公共证成的方式得到确立,并以此为基础,进一步指出社会道德必然会包含大量美好生活的观念,不可能是中立的;最后,在第四节中,我们考察了个人自主与社会道德之间的潜在冲突,并解释了政治哲学如何才能调和这两种不同的维度,在肯定个人自主的同时,扩大国家行为的道德基础,把存在于社会道德之中的美好生活观念也引入公共政治的领域,最终确立起至善论的合法性。

第一节　社会道德的实定性与规范性

在实践哲学的讨论中,社会道德(social morality)一直是一个隐而不彰的话题,除了从事实证研究、文化比较的社会学家和人类学家,很少有人在理论上对社会道德予以特殊关注。这种没落可以被部分地归咎于"社会道德"这个概念本身的含混性——它究竟指的是合理、正当的社会行为应该依据的道德观念,还是社会成员实际拥有的共同的道德观念?如果是前者,那么对社会道德的研究显然属于一种规范性的工作,并因此可以被还原为一般的道德哲学的问题,即,为什么要依据某种特定的道德观念而行动;如果是后者,那么对社会道德的研究就是一项实证研究,是对人们究竟有没有支持某种特定信念的经验调查,与社会制度、社会规则等并没有本质区别。不论在哪种情形中,社会道德都会丧失独立地位,被更加一般的问题所取代。然而,社会道德的存在却是一项不争的事实:不同的人类社会往往具有各自不同的道德观念,并且,当人们基于某些特定的道德观念来评论、反思社会行为时,他们不仅诉诸这些道德观念本身的真实性或正确性,而且也预设了这些观念在他们所处社会中的地位和影响力。比如在古代社会,不关心子女婚姻大事的父母往往会被认为是缺乏责任感的家长;然而在现代社会,对子女婚姻家庭过分关心的父母又会被指责为独断、专横的家长。对相同行为的不同评价不仅反映了不同社会各自不同的道德观念,而且也反映了人们的评价标准之于社会文化的依赖性。社会道德正是在这个意义上区别于一般的道德问题,它是由不同行动者的交往、互动编织而成的集体事业,不能被还原为行动者个体化的慎思或选择。因此,作为一门研究社会成员规范关系的学科,政治哲学应该正视社会道德的真实存在和独立地位,并且探讨社会道德与政治道德之间是否存在内在的联系,以及存在什么样的联系(如果存在的话)。然而,要把社会道德的主题引入政治哲学的领域,必须首先确定社会道德究竟是一种什么样的存在,而要想解决这个问题,最好从范围更加广泛的社会规范(social norms)入手,借助社会学家对社会规范的思考来确定社会道德的一些基本特点,再通过与社会规范的对比来寻找社会道德独有的特征。

按照社会学的奠基人之一涂尔干(Emile Durkheim)的观点,社会学是以社会现象作为研究对象的,而社会现象的独特性则在于,"它们是存在于人们身体以外的行为方式、思维方式和感觉方式,同时通过一种强制力,施加给每一个个人的。"[1]作为社会现象的一个子集,社会规范显然很好地体现了这种外在独立性和强制性的特点:一方面,社会规范不同于个体行动者自我确定、自我施加的命令,它是社会成员的互动、交往的产物,其有效性依赖于它被大多数社会成员分享的事实;另一方面,社会规范又会对个体行动者的行为提出要求,无法满足这些要求的行动者总是会遭受到某些消极评价,甚至是社会制裁。就像埃尔斯特所指出的,"规范就是一种在考虑按某种特定的、禁止的方式行动时,会感觉羞愧或渴望他人认可的倾向……当它被其他人分享的时候,这种倾向就变成了

---

[1] [法]埃米尔·迪尔凯姆:《社会学方法的准则》,胡伟译,北京:华夏出版社1999年版,第5页。

社会性的规范。"①不仅如此,他还论证了人们对社会规范的遵循不能被还原为他们利己的理性选择,相反,社会规范本身就能激发人们的行为,具有内在的规范性。

埃尔斯特的研究虽然揭示了社会规范的外在独立性,但却没有在理论上对这种外在独立性进行更加充分的解释。诚然,当个体行动者在服从社会规范时,他们的理性慎思不能被完全还原为"要想实现 X,需要去做 Y"这样考虑,但作为实践理性的一种表达,服从社会规范同样是由特定信念和动机激发的。因此,要想真正解释它外在独立性的特点,就必须探讨促使人们服从社会规范的信念和动机有什么特殊之处,而这正是毕柯瑞(Cristina Bicchieri)的研究重点。她认为,"社会规范应该被理解为一种社会互动的语法。与语法类似,一套规范体系能够辨别某个社会或团体中什么是可接受的,什么不是可接受的。并且和语法一样,它也不是人类设计或编排的产品。"②据此,社会规范被认为在本质上是一种合作的规范,它通过调节人们对彼此行为的预期来实现社会合作,维持稳定的社会秩序。那么,社会规范到底是如何调节人们对彼此行为的预期的呢?毕柯瑞注意到,只有当人们相信存在某种规范,并且期待足够多的社会成员在特定情形中会遵循这种规范时,才能说这种规范是社会规范。这意味着,个体行动者之所以服从社会规范,并不是因为他相信这种规范是好的、正确的或可靠的,而是因为他相信其他社会成员会服从这种规范。在这个意义上,遵循社会规范其实是一种有条件的偏好(conditional preference),它以多数社会成员的服从与遵循为前提,不取决于行动者自己对该规范是否可欲或有价值的判断。具体地来说,特定人群 P 中存在着社会规范 R,当且仅当对于 P 中的大部分个体 i 来说,R 能够满足如下条件:

---

① [挪]乔恩·埃尔斯特:《社会粘合剂》,高鹏程等译,北京:中国人民大学出版社 2009 年版,第 103 页。
② The Stanford Encyclopedia of Philosophy, "Social Norms", 2014.

1. 现实性条件：i 知道 R 的存在，并且能够应用于特定的情形；
2. 有条件偏好：i 会在以下前提得到满足时，选择去遵循 R：

经验的预期：i 相信 P 中足够多的人会在该情形中遵循 R，并且

规范的预期：i 相信 P 中足够多的人期待 i 在该情形中也遵循 R，或者

i 相信 P 中足够多的人期待 i 在该情形中遵循 R 胜过那些制裁性行为。①

作为一种有条件的偏好，社会规范是如何调节人们的预期，促进社会合作的呢？毕柯瑞指出，纯粹的理性利己者往往面临囚徒困境的难题——为了避免获得最糟糕的结果，他们总是有更多的理由去选择不合作，然而这种选择最终将导致他们无法获得最优的结果。这种囚徒困境之所以产生，是被行动者面临的回报结构决定的，如下图所示（数字越大，代表他们的回报越高）：

	合作	不合作
合作	3　3	1　4
不合作	4　1	2　2

然而，给定社会规范的存在，行动者将总是倾向于以和其他社会成员一致的方式行动，即，当其他社会成员选择合作时，他也会有更多的理由选择合作（否则就会遭受某种社会制裁）；当其他社会成员选择不合作时，他也会有更多理由选择不合作。在这个时候，他们的回报结构是这样的：

	合作	不合作
合作	4　4	1　2
不合作	2　1	3　3

显然，通过社会规范的作用，博弈双方的回报结构发生了改变，他们

---

① Cristina Bicchieri, *The Grammar of Society*, Cambridge; New York: Cambridge University Press, 2006, p. 11.

对彼此行为的预期也随之发生改变,囚徒困境的游戏最终变成了合作的游戏。社会规范就是通过这样的方式来调节社会成员彼此预期,维持他们长期而稳定的社会合作的。

在确立了社会规范的本质与特点之后,现在可以思考到底什么样的社会规范才能被算作是社会道德了。按照拜尔(Kurt Baier),社会规范是由一系列规则(mores)构成的,这些规则是"在新社会成员的成长和社会化过程中,社会对他们进行教育的,用以调节社会成员行为和态度,并且被普遍承认和或多或少地恰当执行的指令"①。这意味着,构成社会规范的只能是那些实际存在的规则,社会规范因此必须是一种实定的(positive)规范,就像毕柯瑞指出的那样,社会规范必须满足现实性的条件。比如在某个特定社会中,车辆行人靠左行驶是人们都知道并遵循的交通规则,那么"车辆行人靠右行驶"就不能被称作是构成这个社会的社会规范的规则。反之,假如该社会由于某种原因开始施行靠右行驶的交通规则,并且成功有效地实施了这种交通规则,那么构成该社会的社会规范的规则就是"靠右行驶",而不再是"靠左行驶"。与此类似,构成社会道德的规则也必须是在该社会中实际存在的道德规则。比如在宗教共同体中,不虔诚的人往往被认为是有道德缺陷的人,但在信奉无神论的世俗共同体中,不虔诚却很少会被看作是一种道德缺陷,"对神的虔诚"因此只是宗教共同体的社会道德,不是世俗共同体的社会道德。在这个意义上,我们可以说,社会道德始终是一种实定的道德(positive morality),只有实定的道德才有可能成为社会道德,才有可能调节人们对彼此行为的预期,维持社会合作。然而,与公共交通等非道德的规则不同的是,社会道德又总是面临某种合法性的问题:面对一项道德规则,除了它被大多数社会成员共同分享、认可之外,人们总是会追问这项规则是否真正反映了道德的要求,是否真正配享其作为褒贬人们行为之标

---

① Kurt Baier, *The Rational and the Moral Order*, Chicago: Open Court, 1995, p. 201.

准的地位。换句话说,社会道德的合法性标准是独立于它实际存在的事实的,其他社会规范则不然,它们在特定社会的广泛存在就足以确保其自身的地位了。还是以交通规则为例,人们之所以靠左行驶,不是因为靠左行驶内在地优越于靠右行驶,或者更能体现人性的尊严等,而是因为靠左行驶是他们自身所处社会的实际存在的规则。然而,作为社会道德的一种规则,"不虔诚的人是有道德缺陷的"除了需要被多数社会成员所分享之外,还需要面对这样的质疑:不虔诚的行为是否真正有损于人格尊严,是否真正为上帝的权威所不容等。为了更加方便地描述这种区分,在此可以把那些非道德的社会规范称作"与内容无关的社会规范",把社会道德称作"与内容相关的社会规范"——前者意味着人们对这种规范的遵循与它的内容本身并不存在内在的关系,只要具备相应的地位(即实际地存在于特定社会之中),任何内容的规范都值得被服从;后者则意味着,人们对这种规范的遵循总是会延伸到对这种规范之内容的考量之上,除了被多数社会成员所分享的事实之外,他们还希望自己服从的社会规范的内容是真正值得遵循的。正如拜尔所说,"一个社会的习惯和法律区别于该社会的道德的地方在于,尽管我们可以探讨这三者中某个特定的指令是否是真实的或错误的,但只有道德指令(而不是那些习惯和法律)是可以成为本身真实的或本身错误的。"①换言之,尽管社会道德首先必须满足实际存在的条件,但它总是会被要求通过某些道德测试,成为真实的道德(true morality),而不仅仅是实定的道德。这种对"真实性"的依赖是社会道德区别于其他非道德的社会规范的最重要的特点。

如果某种社会道德的确通过了相应的道德测试,成为真实的,那么国家将有充分的理由去推行这种道德。但在现实世界中,实定的社会道德并不总是能够满足这种合法性的要求,相反,很多时候,大部分成员共

---

① Kurt Baier, *The Rational and the Moral Order*, Chicago: Open Court, 1995, p. 213.

享的道德观念其实是不合理的,甚至是邪恶的。国家如果直接去推行这些实定的社会道德,就很容易产生压制的事实:尽管个体行动者认识到这种国家行为反映了大多数社会成员实际拥有的道德观念,但由于他并不认为这些道德观念是真实的,因此这种国家行为对他来说就是无法接受的,是不合法的。正是为了避免出现这种情况,罗尔斯提出了政治自由主义的主张,他强调,对强制性国家行为的证成必须回避社会的背景文化,单独诉诸那些免于立场的政治观念。然而,这种策略其实是非常值得怀疑的,按照罗尔斯对政治观念的定义,自由平等人、社会合作的观念本身也属于实定社会道德中的一个部分,但他却没有回答,为什么是这两种观念,而不是其他同样被社会成员广泛分享的观念,能够成为国家行为的基础?也就是说,罗尔斯预设了自由平等人和社会合作属于社会道德中能够通过相应测试的真实的道德,但却没有解释它们到底是依据什么标准,通过什么程序成为真实的,而后面这个问题恰恰才是最重要的。那么,决定社会道德是否真实的标准到底是什么呢?有些人认为,应该诉诸某些更加抽象、普遍的价值来检验现存社会中被人们广泛分享的道德观念;也有些人认为,应该诉诸某种程序性的东西,比如当特定的道德观念是无法被合理反对时,它就是真实的。显然,绝大多数至善论者倾向于第一种检验方式,而契约论者们则更钟情于第二种方式。比如高斯就认为,"一种规范的社会道德必须满足实存性的要求,并且得到规范的证成。"①在这里,所谓"规范的证成"同样指向了合理公民的共同接受,它意味着,正如合法的政治主张需要被公共证成一样,真实的社会道德也应该被公共地证成。并且,高斯强调,对社会道德的这种公共证成同样没有给至善论留下空间,它依然中立于合理公民可能持有的所有美好生活观念。假如高斯的主张能够成立,那么社会道德的主题将不能为至善论的自由主义提供任何帮助,然而,真实的社会道德真的需要

---

① Gerald Gaus,"On Dissing Public Reason",*Ethics*,vol. 125,2015,p. 1084.

被公共地证成？这种证成后的社会道德是不是一定会拒绝至善论的主张？接下来的两节将分别对此做出回答。

第二节　社会道德需要被公共证成吗？

公共证成旨在解决政治合法性的问题，它要求国家行为必须能够得到合理公民的共同接受，之所以会产生的这样的要求，显然与国家行为本身的一些特点有关。比如，就其本质而言，它具有强制性，这种强制性不仅体现为大部分国家行为可以呈现为要求人们履行特定行动或禁止人们从事特定活动的命令，而且体现为大部分国家行为的成功实施都依赖于暴力机关的保障和强制征收的各种税费。就其效果而言，国家行为往往具有强大的破坏性，很容易造成伤及无辜或矫枉过正的后果，需要谨慎地加以使用。此外，国家行为通常是针对某种特定现象实施的普遍、一般的政策性行为，天然地缺乏具体问题具体对待的灵活性。最后，由于实施国家行为的官僚机构本身存在效率低下，容易腐化和滥用权力的危险，因此可能会给国家行为本身带来许多难以承受的成本。所有这些特点都是公共的社会道德所不具备的，因此，当高斯声称实定的社会道德只有通过公共证成才能成为真实的道德时，他必须首先解释，为什么要把合理公民的共同接受作为判断社会道德真实与否的标准。

按照高斯，社会道德不仅是一系列要求人们履行或避免特定行动的命令，更是赋予人们发布这种命令的立场的道德权威。当我们依据社会道德要求某人做特定的事情时，我们不仅是在告诉他应该做这样的事情，而且是在宣称我们有施加给他这种道德义务的权威。然而，作为自由平等的理性存在者，社会道德的权威如何才能不伤害我们的自由权利和彼此之间平等的道德地位呢？显然，只有当社会道德的要求恰恰也是我们据以行动的理由时，这种要求才不会伤害我们的自由；只有当我们依据其他社会成员应该据以行动的理由来要求他们行动时，社会道德的权威才不会伤害我们和他们平等的道德地位。由于不同社会成员具有不同的评价标准,他们应该接受并遵循的理由也往往是不同的,因此真实的社会道德不仅需要被适用于我们的理由所支持,而且也需要被适用于其他社会成员的理由所支持。这也意味着,社会道德需要满足公共证成的基本原则,即,"一个在情境 C 中,依据规则 L 发出的道德命令'φ!'只有在每个正常的道德行动者都有充分理由去(a)内化规则 L,(b)在情形 C 中支持 L 要求的 φ 类型的行动,和(c)认为所有道德行动者都应该一般地遵循 L 时,才是一种社会道德的权威要求。"①

除了诉诸社会道德的权威性之外,高斯还借助斯特劳森(Peter Strawson)"反应性态度"(reactive attitudes)的概念来论证社会道德需要被公共地证成。他认为,与关注人们实际行为的政治权威不同,社会道德总是和怨恨、义愤、愧疚等一系列道德情感联系在一起,并且也主要是通过人们恰当的情感反应来运作的。比如当我们谴责某人的不道德行为时,我们不仅是在断言他的这种行为是错误的,而且也期待他能最终改正自己的错误行为。但是对不道德行为的谴责如何能激发他获得改正自己行为的力量呢?只有当他认识到自己行为的错误之处,并为之感到内疚、悔恨或惭愧时,才会产生改变的动力。如果没有这种道德情感,对不道德行为的谴责就会变成赤裸裸的精神威胁,并丧失其道德的意义。因此,社会道德的成功运作离不开社会成员恰当的反应性态度,即"直接卷入相互交往的人们的那种不超脱的态度与反应;受到冒犯的群体与受益者们的态度与反应;诸如感激、怨恨、宽恕、爱,以及受伤害的感觉。"②这也意味着,假如针对某个社会成员提出的道德判断在他看来是不正确的,是他无法依据自己的评价标准所接受的,那么这个道德判断

---

① Gerald Gaus, *The Order of Public Reason*, New York: Cambridge University Press, 2011, p. 263.
② [英]彼得·斯特劳森:《自由与怨恨》,《第三种自由》,应奇、刘训练编,北京:东方出版社 2006 年版,第 12 页。

就不可能引起该社会成员相应的情感反应,因此也无法实现调节社会成员行为预期和维持他们社会合作的功能了。现在,给定反应性态度对于社会道德的必要性,可以得出,"如果我们寻求的是一种能够实现自身功能,并为我们的反应性态度奠基的社会道德,那么这种道德必定不能针对某人做出无法向他证成的道德要求。"[1]换言之,社会道德要想实现协调社会合作的功能,就必须能够激发社会成员相应的道德情感,而要想拥有这种激发道德情感的力量,社会道德就必须能够得到所有社会成员的共同接受,满足公共证成的要求。

通过以上考察,可以看到,高斯使用了两种不同的论证来展示公共证成对于社会道德的必要性。前者的思路是这样的:一个无法被公共证成的社会道德不配享其作为道德权威的地位。也就是说,实定的社会道德只有在通过公共证成的测试之后才是真实的社会道德。后者的思路则是这样的:一个成功的社会道德需要被公共地证成。也就是说,社会道德只有在通过公共证成的测试之后才能成功地发挥其维持社会合作的作用。如果说前者是一种规范论证,指向的是社会道德的可欲性的话,那么后者就是一种功能论证,指向的是社会道德必须满足的基本条件。然而,这两种不同类型的论证却产生了相同的结论:社会道德需要被公共地证成。因此,高斯实际上承诺了这种主张:一种成功地发挥其社会作用的社会道德就是真实的社会道德,判断社会道德真实与否的唯一标准就在于它是否能够成功地维持社会合作。这将意味着,人们之所以能够谴责那些不道德的行为,褒扬那些令人钦佩的举动,为社会的不公感到义愤,怜悯、同情他人的苦难等,归根到底其实不是因为那些行为配享那样的评价,而是因为它们是被维持稳定、有序的社会互动所要求的。然而,一旦站在这种角度来看待社会道德,那么社会道德的存在就

---

[1] Gerald Gaus, "On Being Inside Social Morality and Seeing It", *Criminal Law and Philosophy*, vol. 7, 2013, p. 145.

会被虚无化,社会道德的存在本身会随之变得贫瘠。想象一个推崇霸权主义和弱肉强食的社会,这个社会流行的观念和规则是弱者理所当然地应该被强者剥削、压榨和欺辱,甚至那些弱者也非常赞成这样的现象,高斯能抗议这个社会是不公的吗?按照他的逻辑,恃强凌弱反倒应该被称作是该社会的真实的社会道德,因为这样的观念和规则的确在成功地维持该社会的运作,并且也能够得到其社会成员的普遍接受。从这个角度来看,社会道德的公共证成反而会偏离人们对真实道德的想象。

事实上,高斯可能也意识到自己的论证可能会把社会道德带向与真实道德背道而驰的道路,所以他承认在真实的道德之上还存在绝对的道德(absolute morality):

> 真实的道德是被实际体现出来的道德,它部分地构成了一个社会或个体的既定生活方式,并且能够通过特定的测试。然而,绝对的道德是一系列道德信念,不论是否被人们所持有,它们都是与自己可能表现于其中的特定社会条件无关的真实的道德信念。每一个真实的道德都必须把属于那些绝对道德的东西当作核心成分包含进来,但它也可能包含许多其他真实的道德没有包含的东西。①

这种绝对的道德究竟是怎样一些道德观念呢?它们是包括各种基本自由在内的人类权利的原则,用高斯的话来说,这种原则是先验的道德主张,"所有社会都必须采纳其基本纲领,并发展出相应的道德措施来满足这些主张。"②然而,这种诉诸绝对道德的做法显然与公共证成的要求是不相容的。如果人类权利的主张即便无法被所有社会成员所接受,也是真实的社会道德必须包含的绝对道德,那么这将意味着社会道德其实并不需要被公共证成。然而,一旦否定绝对道德的存在,真实的社会道德

---

① Kurt Baier, *The Moral Point of View*, Ithaca: Cornell University Press, 1958, p. 183.
② Gerald Gaus, "On Theorizing about Public Reason", *European Journal of Analytic Philosophy*, vol. 9, 2013, p. 72.

就有可能产生压制社会成员个人自由的后果。为了避免陷入两难,高斯唯一的选择就是去论证,合理公民一定会接受包括各种基本自由在内的人类权利的原则,只有这样,真实的社会道德才能既不产生压制公民自由的后果,也不会与公共证成的要求背道而驰。这种论证能够取得成功吗?要想回答这个问题,必须考察一下高斯到底是如何公共地证成社会道德的。

第三节 如何公共地证成社会道德?

在解释过社会道德为什么需要被公共证成之后,高斯开始展示社会道德如何才能被公共地证成。他首先提出了公共证成的慎思模型,在这种模型中,每一个社会成员被设想为理性化的道德行动者,他们会逐个思考所有可能的道德规则,追问他们自己是否有理由接受并支持这些规则。高斯认为,这些可能被证成的道德规则必须满足六个条件:一般性,道德规则不能针对特定个人或阶层;弱公共性,所有人都应该知道这些道德规则是可以教育给下一代社会成员的,那些太复杂、抽象的规则因此可以被排除;能够有效地解决冲突,道德规则必须发挥裁决的作用;能够提出行动的要求,道德规则必须提供有分量的行动理由;作为可逆性的普遍性,道德规则并不需要普遍适用于所有人,但它的有效性不能建立在人们知道自己将会在该规则生效时占据的位置之上;温和的共同善要求,道德规则不应该敌视或威胁他人的善观念,尽管它也无需契合所有人的善观念。① 由于评价标准的多样性,慎思模型会产生不确定性的问题,它可以产生一系列社会最优合格序列(socially optimal eligible set)——这些序列中的所有道德规则都被认为比没有规则更好,并且不能被其他规则所取代或消除;但却无法产生唯一的社会最优合格序列。

---

① 参见 Gerald Gaus, *The Order of Public Reason*, New York: Cambridge University Press, 2011, pp. 294—303。

为了解决这种不确定性,高斯提出了另外两个设置,首先是能动性的观念,它是现代社会人们普遍接受的共同视角,能够为思想、言论自由等权利提供基础;其次是作为裁决的权利,它通过把道德权威下放、分解到个人领域,赋予个体决定自己事务的权威,为私有财产、个人隐私等权利提供了基础。据此,思想、言论自由,私有财产权,个人隐私等一系列现代人的自由都是所有社会成员应该共同接受的基本道德规则。然而,由于这些价值与权利本身是抽象的,能够按照不同的方式被解释,因此能动性的视角和权利的裁决功能还不能完全解决不确定性的难题。为了确定唯一的社会最优合格序列,高斯最终诉诸历史与经验的偶然性。按照他的论证,既然理性的道德行动者都认为任何一个社会最优合格序列的存在都比无秩序、无规则、无合作的自然状态要好,那么给定人们已经在某些道德规则的协调下达成合作的事实,只要这些道德规则能够满足慎思模型的六个条件和现代人的自由,他们就都有充分的理由去接受这些实际运行的道德规则,而不是单方面地追求其他规则,使社会合作难以为继。用高斯的话来说,"一旦社会选择了某种规则,如果这个规则也是最优合格序列中的一个成员的话,那么我们就通过我们实际的、彼此依赖的选择创造了那些不偏不倚的理由无法产生的结果:一个唯一得到证成的规则。"①在这里要注意的是,这种实际维持社会合作的规则之所以是被证成的,不是因为人们认为它比其他可能的规则更好或更值得选择,而是因为它在切切实实地维持着社会合作。

高斯对社会道德的公共证成既没有诉诸绝对的道德,又为公民的基本权利奠定了基础,避免了对个人自由的压制,因此是一种非常有说服力的主张。然而,他的这种构思也存在不少可疑之处。首先,他把证成看作是一种理性慎思的事业,要求社会成员基于自己已有的信念和欲望

---

① 参见 Gerald Gaus, *The Order of Public Reason*, New York: Cambridge University Press, 2011, p. 402.

来接受自己最有理由去接受的那些事情。这种理性主义的方式或许很适合用来检验指导强制性国家行为的政治主张，但在涉及社会道德的问题时，却不太可行。在现实的社会生活中，许多道德观念往往是诉诸情感或直觉的，它们之所以能够被社会成员所接受，经常不是因为它们是这些成员凭借自己当前信念、欲望体系最有可能获得的结论，而是因为它们本身的魅力。也就是说，社会成员最终接受的那些道德观念经常会要求他们修改，甚至推翻自己原有的评价标准，在这个时候，考察他们原有的评价标准会把他们带向什么样的结论，无疑属于一种缘木求鱼的做法。就像有研究者曾经指出的那样，"许多对话的关键在于邀请与你对话的人来欣赏你的观点，至少是理解你眼中的世界。实现这种目标的方式之一恰恰不是搁置有争议的观点，而是不停地去考察产生分歧的立场。这种过程更类似于艺术批评，而不是数学推理。批评者邀请他人以一种特殊的方式来关注艺术品的具体内容。良好的批评因此能够改变许多根本的看法。"[1]

其次，高斯对真实的社会道德的要求是由以下四种条件构成的：1. 慎思模型的六个基本条件；2. 个体公民的基本权利；3. 优先于无秩序、无规则的情形；4. 已经得到了多数社会成员的接受。其中，条件1、2、3都是一些非常基本而又微弱的要求，只有条件4能够产生实质性的结论，然而也正是这个条件可能会使社会道德重新堕落为一种独断的立场。因为在这里，高斯并没有真正展示那些用以证成特定道德规则的理由是如何从个体公民的评价标准和实践慎思中产生出来的，而是直接从外部向他们施加了一种接受该道德规则的理由，即"如果不接受该道德规则，社会合作将无以为继"。这种做法显然与公共证成的初衷是背道而驰的。[2]

---

[1] William Galston, *Liberal Purposes*, Cambridge; New York: Cambridge University Press, 1991, p.106.
[2] 参见 Steven Wall, "Public Reason and Moral Authoritarianism", *The Philosophical Quarterly*, vol. 63, 2013, pp. 160—169。

最后,更重要的是,即便社会道德能够像高斯设想的那样,通过公共证成的程序,成为真实的社会道德,这种真实的道德也不可能支持反至善论的政治主张。相反,真实的社会道德肯定会赋予许多生活观念以道德优越性,要求社会成员追随这些生活观念,进而为至善论的观点提供依据。高斯之所以认为真实的社会道德能够中立于各种美好生活的观念,是因为他相信经过公共证成之后,社会道德能够形成一种独立的规范体系,包容大量的生活观念,并且不干涉合理公民在其中做出选择。就像斯特劳森(Peter Strawson)设想的那样,后者是关于理想生活的多元冲突、不可调和的图景,前者则是"一个遵守规则的领域,以至于某些这样的规则的存在是社会存在的一个条件"①。但这种观点仍然有值得商榷的地方。诚然,社会道德是通过社会成员的互动、交往而形成并被他们广泛分享的集体产品,而对美好生活的选择却更多地反映了行动者个人的偏好和选择,但这种不同只是两者在来源上的差异,不能说明它们在内容上有着本质区别。尽管前者主要规定了行动者涉及他人(others-regarding)的那些事务,后者则不可避免地包含许多涉及自我(self-regarding)的事务,但这种区别并不足以说明两者之间存在本质的差异。具体来说,许多社会道德同样会针对行动者涉及自我的事务进行评判、褒贬,而按照高斯的观点,只要它们在这样做时满足真实社会道德四个条件,就依然是有效的,能够用来指导国家行为。比如在当前美国社会,虐待、宰杀宠物的行为往往会被谴责为残暴的和不人道的,但这种道德观念同样能够满足公共证成的要求,并且是不涉及其他社会成员的利益的。同样,人们的美好生活观念也不可能不包含涉及他人的事务,诸如友谊、爱情、家庭、事业等经常是他们人生计划中不可分割的构成性成分。这些事务一方面天然地属于社会道德评价、调节的领域,另一方

---

① [英]彼得·斯特劳森:《社会道德与个人理想》,《自由主义中立性及其批评者》,应奇编,南京:江苏人民出版社 2007 年版,第 6 页。

面又是他们生活计划中不可或缺的构成性成分。有些社会道德会谴责那些对朋友、家人不够真诚的人,也有些社会道德会声称人们有选择如何与朋友、家人相处的自由,但不论在哪种情形中,它们都已经表达了对人类情感生活的社会想象和公共认知,并部分地构成了美好生活的观念。由此可见,社会道德永远不可能中立于所有美好生活的观念。这也意味着,当高斯试图通过公共证成来确立社会道德的真实性时,他最终会赋予某些特殊的生活观念以道德价值,进而为国家推行道德上良善的生活方式提供基础。

第四节 调和个人自主与社会道德

高斯对社会道德的公共证成不仅没有否定至善论的政治主张,反而为国家推行道德上良善的生活方式奠定了良好的基础。按照他的观点,只要实定的社会道德满足人类权利的基本原则,就可以满足真实性的要求,成为国家行为的合法基础。然而,正如前面第四章所论证过的,当高斯诉诸能动性的观念来为一系列基本自由奠基时,真正发挥作用的其实是个人自主这一美好生活的观念,因此高斯的主张无异于承认:1. 合理的公民应该接受个人自主的生活观念;2. 合理公民也应该接受存在于社会道德之中的其他美好生活的观念。这也意味着,从当代政治哲学证成的转向出发,基于个人自主的重要价值和社会道德在维持社会合作时具有不可或缺的作用,我们最终得到了一种完整的至善论,它主要包含如下几个要素:

1. 公共证成的原则:合法的国家行为必须得到合理公民的共同接受。

2. 社会道德的存在:存在一些美好生活的观念是被多数社会成员共同分享,并且在社会生活发挥着维持社会合作的作用的。

3. 个人自主的要求:国家应该致力于推行个人自主的生活方式。

4. 至善论：国家行为也可以诉诸道德上良善的生活观念得到公共证成。

就强调个人自主的首要地位而言，这种政治主张无疑与现代政治哲学中的一系列普遍价值是相容的；就推崇那些道德上良善的生活观念来说，它又是至善论的。不仅如此，与之前所有的至善论不同，这种政治主张植根于公共证成的谋划，以现实社会中实际存在的社会道德作为基础，不牵扯任何一种美好生活观念的内在伦理价值，只关注它在多数社会成员行为规则中的地位，因此可以被称作是政治的至善论（political perfectionism）或公共证成的至善论（public justificatory perfectionism）。对于这种新的至善论形式，我们将在下一章进行更加深入的阐释。这里需要解决的另外一个更加迫切的问题，如前所述，公共证成的原则既允许国家诉诸个人自主的美好生活观念来行使政治权力，也允许国家诉诸存在于社会道德中的美好生活观念来证成自己的行为，前者是被公共证成的原则所预设的，后者则是国家为了实现维持社会合作而应该承担的功能。但这两种主张之间本来就是存在紧张的，因为个人自主的美好生活观念与社会道德本身就会发生冲突，在很多时候，个体行动者的自主就体现为他能够摆脱社会道德束缚，独立地开创、追求自己的生活道路。给定这样的情形，国家是应该基于个人自主的美好生活观念继续支持行动者的选择呢，还是应该基于社会道德的重要性来反对、限制行动者的选择？表面看来，不论国家怎样去做，都可以满足公共证成的要求，但公共证成将因此失去指引国家行为的意义，最终沦为一种怎么样都可以的缺乏约束力的原则。现代政治哲学普遍推崇个人自主的重要性，这似乎暗示了国家应该始终把个人自主的美好生活观念置于首位，只有在与个人自主的美好生活观念不冲突时才可以基于其他存在于社会道德中的美好生活观念来行使自己的权力。考虑到个人自主的生活方式与公共证成的原则之间的确存在更加亲密的关系，这样的主张似乎会更加可靠一点。但其实不然，因为社会道德的存在本身就会在一定程度上限制人们的自主,要求国家只能推行与个人自主的美好生活观念不冲突的社会道德,几乎相当于禁止国家推行存在于社会道德中的美好生活观念,而按照我们在第七章中所论证的,个人自主并不会总是导向道德上良善的生活目标,因此国家将依旧不能去推行任何道德上良善的生活观念,在这个意义上,它只是在形式上符合了至善论的特点,在实质内容上还远远称不上是至善论的。给定个人自主与社会道德之间的紧张,公共证成的至善论好像注定会陷入两难困境:它要么允许国家既鼓励人们的自主又限制人们的自主,要么允许国家避免限制人们的自主。前者可以保留至善论的某些本质特点,但却会使公共证成的原则失去指导国家行为的功能;后者能够确保公共证成的原则在实际的政治运作中发挥作用,但却剥夺了它作为至善论的特点。

实际上,公共证成的这种两难困境是建立在许多误解之上的。首先,它没有注意到,尽管公共证成的原则的确预设了个人自主的美好生活观念,并因此赋予这种生活观念更加重要的地位,但个人自主在这里产生的只是一些相当抽象、普遍的基本政治原则,比如自由的预设、宽容、伤害原则等,不能直接产生国家要在任何时候都鼓励人们自由选择的结论。其次,自主是一种具有实质要求的价值理论,自主的行动者尽管有大量的自由去选择错误的生活目标,但他在做许多支配性行动时必须满足响应理由的要求,道德理由尽管只是所有行动理由中的一种,但也是行动者需要慎思和响应的理由,个人自主的美好生活观念因此与其他存在于社会道德中的美好生活观念之间并没有那么大的冲突,行动者无需为了表达自己的自主而刻意反对社会道德。最后,更重要的是,个人自主本身也是存在于现代社会的社会道德中的一种美好生活观念,它诚然会与其他美好生活观念存在冲突,但这种冲突是内在于社会道德之中的,不存在一个必然优先于另外一个的情形,相反,这种冲突是需要国家结合实际情形去权衡和调适的。公共证成的至善论因此要区分个人自主的美好生活观念在证成国家行为时的两种角色,个人自主可以为诸如自由的预设、伤害原则等根本的政治原则提供基础,但它是凭借自己与公共证成的内在联系而发挥这种作用的,并因此而优先于其他美好生活的观念;个人自主也可以在更加具体的情形中指引国家行为,但在这个时候,它是凭借自己在当前社会的社会道德中实际地位而这样做的,并且需要与社会道德中的其他美好生活观念进行竞争,不一定总是居于优先的地位。那种认为个人自主的美好生活观念始终优先的观点实际上混淆了个人自主是在两个层面发挥作用的,没有认识到它其实既是与公共证成密切相关的美好生活观念,也是存在于社会道德中的美好生活观念,会随着自身地位不同而在国家行为的道德基础中占据不同的地位。给定个人自主的美好生活观念扮演的这两种角色,可以得出,国家只需要遵循自由的预设、宽容、伤害原则等就可以表达个人自主的第一种角色了,这些基本的政治原则因此会占据更加重要的地位,但在具体的情形中,国家需要权衡个人自主与社会道德中的其他美好生活观念,根据实际情形来行使强制性的政治权力,最终产生的国家行为因此将始终是至善论的,而非中立的。

第九章　通往政治至善论的新路径

公共证成的理论把合理公民的共同接受作为评判国家行为合法性的标准,一方面从有良好意愿参与社会公平合作的合理公民的视角出发,思考什么样的国家行为才是他们能够认可并接受的;另一方面又以维持公共的社会生活为目标,试图通过个体公民的集体慎思来确保社会秩序的长治久安。公共证成的理论因此可以发挥沟通个体慎思与集体政治的功能,既确保个体的自由和权利避免受到强制性国家权力的侵犯,又能够维持社会合作的稳定进行。在前面几章中,我们通过引入个人自主的美好生活观念和社会道德的维度更加明确、具体地解释了公共证成的这种功能,为至善论的主张进行了辩护,论证了国家可以诉诸个人自主的美好生活观念和存在于社会道德中的其他美好生活观念来行使自己的政治权力,推行许多道德上良善的生活方式。这种至善论与之前所有的至善论主张的不同之处在于,它不仅能够与公共证成的主张相容,而且是在一个新的基础上来为至善论的观点奠基的,并没有预设任何美好生活观念本身的价值,只诉诸这些美好生活观念在现实地维持社会公平合作的社会道德中的地位来要求国家行为。据此,我们可以把这种观点称作是政治的至善论或公共证成的至善论,这一章将对此做出更加深入的阐释。第一节首先列出了许多被误认为是至善论的主张,解释了它们为什么是可以被忽略和排除的;第二节考察了当代政治哲学中比较有代表性的三种至善论主张;以这种考察为基础,第三节指出目前为止的所有至善论都是从美好生活的伦理价值出发来为自己辩护的,因此是一种伦理的至善论,而本书试图论证的至善论主张并不需要预设任何美好生活观念的内在价值,所以可以被称作是政治的至善论;最后,在第四节中,我们总结了本书的观点,解释了政治的至善论也是一种公共证成的至善论,能够灵活地应用于许多不同的人类社会,是多元社会中富有生命力和前景的一种政治主张。

第一节 至善论:需要被排除的观点

至善论本身就是一个充满歧义的含混术语,在不同的政治理论中往往有着不同的含义,有时候甚至会与许多反至善论的主张混为一谈。因此,在正式考察当代哲学中几种比较有代表性的至善论主张之前,最好先清除那些不称其名的观点,以免干扰本章的主旨。

首先是一种狭义的至善论,它把人类在精神领域的自我完美作为最高的善,并要求政治制度的安排和政治权力的行使必须促进公民的自我完美。这种观点的典范是尼采强力意志的学说,按照罗尔斯,它主张"这样来进行制度安排和确定个体的责任、义务,以最大化人们在艺术、科学和文化中的成就"[①]。这种观点经常招致两方面的批评:第一,它排除了许多有价值的人类活动和生活目标,比如那些动物保护主义者和环保主义者的主张都可能因此被贬低;第二,它又非常容易产生精英主义的后果,那些在文艺活动上有杰出成就的人往往会被认为高人一等,受到特别的优待。一些学者试图通过扩展至善论的外延来避免这样的批评,他

---

① John Rawls, *A Theory of Justice*, Cambridge, Mass: Harvard University Press, 1971, p. 325.

们认为,虽然至善论要求国家把促进有价值的善观念作为行动目标,但这些善观念并不局限于人们在文化、艺术领域的成就,相反可以容纳更多的生活目标。但这种回应又很容易滑向一种广义的至善论。据此,所有的自由主义理论都不可避免地是至善论的,因为它们归根到底都需要依赖于某些特殊的善观念。尼采式的精英主义是至善论的,平等主义的主张也同样是至善论的,因为它把平等的主体限定为人类行动者,而不是其他动物,表达了一种人类中心主义的善观念。① 与此类似,罗尔斯的正义理论显然也是至善论的,因为它把正义的社会本身就看作是一种道德上有价值的目标。② 显然,如果说狭义的至善论太过狭隘的话,那么广义的至善论又太宽泛了,前者几乎无法得到任何一种政治理论的支持,后者又几乎可以包含所有的政治理论。因此,不论是尼采式的狭义至善论,还是广义至善论,都缺乏足够的代表性,可以被排除在本章考察的范围之外。

另外两种需要被排除的观点是开放的至善论(open perfectionism)和温和的至善论(moderate perfectionism)。开放的至善论声称,国家在推行任何美好生活观念时必然会侵犯人们选择自己生活方式的自由,但它可以通过降低人们选择其他生活方式的成本来尊重他们。比如,在推行某种特定生活方式的同时,允许甚至鼓励不赞同这种生活方式的人组成特区、移居国外等,这样就可以既允许至善论的国家行为,又尊重了人们的自由。③ 这种降低人们退出政治共同体成本的做法也许在实践上有可取之处,但在理论上没有根本解决有不同生活观念的人如何共同生活的根本问题,甚至把一些公民当成了弃民,称不上是一种独立的政治主

---

① 参见 Vinit Haksar, *Equality, Liberty and Perfectionism*, Oxford; New York: Oxford University Press, 1979, pp. 66—71.
② 参见 Steve Sheppard, "The Perfectionisms of John Rawls", *Canadian Journal of Law and Jurisprudence*, vol. 11, 1998, p. 411.
③ 关于开放的至善论,可见 Thaddeus Metz, "Respect for Persons and Perfectionist Politics", *Philosophy and Public Affairs*, vol. 30, 2002, pp. 427—430.

张,因此同样应该被排除。

温和的至善论是针对主张国家只能推行某个特定美好生活观念的极端至善论提出来的,它认为国家可以推行许多具体、局部的善观念而不是单一的价值体系。具体地来说,它认为有一些能动性的善(agency goods)和审慎的善(prudential goods)构成或有助于人们的美好生活,但又不依赖于任何一种特定的美好生活观念,是可以得到人们广泛的认同的。前者比如理性、勇敢、正义、诚实等,后者比如良好的人际关系、娱乐游戏和知识等。① 这种观点存在两个问题,第一,它只允许国家去推行那些具体的善观念,反对它推行更加体系化的生活观念;第二,它捍卫的只是一种关于国家行为之效果的至善论主张,没有考虑那些道德上良善的生活观念在证成国家行为时的角色,因此与本书探讨的那些至善论存在根本的不同,可以被排除在外,不做考虑。

第二节 当代至善论诸理论

在排除了几种不称其名的至善论之后,现在可以考察当代哲学中几种比较有代表性的至善论主张了。大致说来,这些主张可以被分成三个类型,它们分别是围绕自然权利、人类本质和个人幸福的主题建构起来的,因此需要被分别加以考察。

首先考虑基于自然权利的至善论。这种观点继承了西方政治哲学中自然法的传统,反对实证主义的法律观,要求国家基于道德的考虑和某些特定的共同善来进行立法,其主要代表人物是菲尼斯(John Finnis)和乔治(Robert George)。按照菲尼斯,实践反思、生命、知识、游戏、审美体验、社交/友谊、实践理性和宗教这八种善是内在于所有人类社会的根本价值,也是国家立法时必须依据的道德考虑。它们"是自明的,明显

---

① 参见陈祖为《正当性、全体一致与至善论》,《自由主义中立性及其批评者》,应奇编,南京:江苏人民出版社2007年版,第281—284页。

的。这一点不可能被证明,也不需要被证明"①。因此,"'制定'法律的行动是并且应该是由道德原则、规则所指导的行动。这些道德规范是客观合理的,不是所谓的习俗或单纯的'决定'。"②与此类似,乔治也指出,权利应当被理解为"内在的人类善与指导、塑造人们选择这些内在人类善的道德原则的应有之义……是共同善的构成性内容"③。然而,菲尼斯和乔治的观点之所以能够被看作是至善论,不是因为它反对强调法律与道德分离的实证主义法律观,而是因为它把某些具有内在价值的共同善作为法律的基础,反对公民有做道德上邪恶事情的权利。为了更好地看清这一点,可以考虑下德沃金的政治主张:一方面,作为自然权利的支持者,德沃金同样反对把法律看作是独立于道德的规范体系;另一方面,作为反至善论的支持者,他又声称国家不应该推行任何特殊的生活观念,而应该平等地尊重公民自由选择的基本权利。换言之,国家应当尊重公民"做错事的权利",惟其如此,才能实现权利保护个体决策的功能。由此可见,尽管某些自然法的理论家们支持了至善论的主张,但使它们的观点成为至善论的并不是自然权利本身,而是一系列有内在价值的共同善。这也意味着,自然权利的至善论归根到底要依赖某种客观主义的价值理论。

客观主义价值理论的核心要点在于:道德价值不能被完全还原为行动者主观的心理活动,至少存在某些东西,它们的价值不依赖于其是否得到行动者的追求或选择。也就是说,客观主义的价值理论反对把行动者的欲望和动机作为判断某种东西是否具有价值的唯一标准和终极依据,要求行动者的选择必须受到那些独立于他的选择而有价值的东西的限制。显然,当自然法理论的支持者们诉诸一系列具有内在价值的道德

---

① John Finnis, *Natural Law and Natural Rights*, Oxford: Oxford University Press, 2011, p. 65.
② Ibid., p. 290.
③ Robert George, *Making Men Moral*, Oxford; New York: Oxford University Press, 1993, p. 93.

善时，他们其实已经预设了这种客观主义的价值理论。然而，自然法理论的问题在于，在多元、世俗的现代社会，任何基于某种特定的形而上学或宗教神学来为客观主义价值理论奠基的尝试都会使它成为一种独断的主张，并遭到遗弃。因此，至善论者们必须摆脱自然法理论对形而上学或宗教神学的依赖，基于新的基础来为客观主义的价值理论辩护。谢尔(George Sher)的工作就典型地体现了这种思路，按照他的观点，至善论并不需要承诺那些非人格东西的固有价值(intrinsic value)，相反，仅仅主张某些人类善是具有内在价值(inherent value)的就足够了——这些善一方面植根于人类根本能力的实现之中，不是与个体存在者无关的存在，因此只拥有内在价值而非固有价值；另一方面又不依赖人们实际或可能的主观心智状态，是客观地有价值的，因此能够反驳主观主义的价值理论。具体来说，这些善包括：知识、理性能力、亲密的人际关系、自我能力的发展、道德善、审美体验、体面(decency)和良好的品位。① 其价值源自它们和那些被人们普遍拥有且无法回避的根本能力之间的亲缘性和契合性，比如了解客观世界是所有存在者必定拥有的根本能力之一，而知识对于这种能力的成功行使是不可或缺的，知识因此具有了内在的价值，即便人们缺乏获得知识的欲望和动机，也不妨碍它们的价值。用谢尔的话来说，"X实现了一种近乎普遍且不可回避的人类目标，那么X就是内在地有价值的。"② 显然，与菲尼斯的主张相比，这种诉诸人类根本能力的做法在为各种内在的人类善提供统一解释的同时，也使它们能够得到更多自由主义理论家的认可。比如，罗尔斯在《正义论》中就通过亚里士多德主义原则表达了类似的观点，他声称，"同等条件下，人们总是喜欢行使自己已有的能力，这种喜欢能够增进他们已有的能力，或使

---

① 这个清单是对 Parfit 基本人类善的一个扩展和补充，关于 Parfti 的观点，可见 Derek Parfit, *Reasons and Persons*, Oxford: Clarendon Press, 1984, p. 499。
② George Sher, *Beyond Neutrality*, New York: Cambridge University Press, 1997, p. 218.

之具有更加复杂的形式。"①尽管罗尔斯认为这种原则只是对人类心理动机的客观描述,但基于这样的前提却的确可以产生与至善论类似的结论:理性存在者应该"偏好那些确保他们发展自己天赋,实现自己本质和追求复杂活动的生活计划胜过那些源于身体需要之满足的简单生活计划"②。事实上,这种基于人类根本能力的发展和完善来为内在人类善奠基,并进而要求国家推行这些人类善的做法本身就是至善论最传统的主张。按照胡尔卡,从柏拉图、亚里士多德到斯宾诺莎、黑格尔、尼采等大部分哲学家都是从人类本质出发的。从这个角度来看,与菲尼斯、乔治等基于自然权利的至善论者不同,谢尔等人的观念是一种基于人类本质的至善论。

最后,还有一种至善论是由拉兹和沃尔提供的。与自然权利的观点相比,这种至善论既不认为法律的权威源自其意图推行的道德考虑,也反对通过强制立法的形式压制那些无价值的活动(除非它们造成了伤害);③与人类本质的主张相比,它又把公民的幸福作为国家行为的基础,声称"政治道德的首要关注是对人们幸福的促进和保护"④。由于拉兹和沃尔都强调个人自主在自由主义政治道德中的独特地位,因此可以把它们的观点称作基于个人自主的至善论,正如沃尔所说:"'自由主义至善论'是对主张个人自主是人类繁荣核心成分的政治道德的至善论解释。"⑤在这里需要注意的是,尽管拉兹和沃尔更多是基于自主对个人幸

---

① John Rawls, *A Theory of Justice*, Cambridge, Mass: Harvard University Press, 1971, p. 426.
② Steven Wall, *Rawlsian Perfectionism*, Journal of Moral Philosophy, vol. 10, 2013, p. 580. 在这篇论文中,Wall 还论证了罗尔斯的亚里士多德原则并不仅仅是对人类心理事实的客观描述,也是一种规范的要求,并基于这种前提为一种至善论的自由主义进行了辩护。
③ 参见 Christopher Wolfe, "Being Worthy of Trust", in Robert George (ed.), *Natural Law Liberalism and Morality*, New York: Oxford University Press, 1996, p. 131.
④ Joseph Raz, *Ethics in the Public Domain*, Oxford; New York: Clarendon Press, 1994, p. v.
⑤ Steven Wall, *Liberalism, Perfectionism and Restraint*, New York: Cambridge University Press, 1998, p. 2.

福和繁荣的意义来确立它的价值,并赋予其优先性的,但他们同样承认,除了个人自主之外,还存在其他的人类善应该得到推行。按照拉兹,个人自主必须被限定为对善的追求,"自主只有当被应用于追求善时才是有价值的。"①事实上,拉兹明确反对把幸福定义为行动者主观欲望或自我利益的满足,他认为,幸福体现为人们对那些有价值的目标的成功追求,并且那些目标的价值必须独立于它们被人们所欲求的事实,必须能够体现或满足客观的道德要求。就此而言,强调个人自主的至善论者也同样分享了客观主义的价值理论,并且和基于人类本质的至善论者一样,都把具有内在价值的人类善作为人们幸福的构成性条件,要求在政治道德中赋予它们相应的地位。

第三节 从伦理至善论到政治至善论

以上考察表明,不论是自然权利的至善论者,还是基于人类本质的至善论者,抑或是强调个人自主的至善论者,都把对国家行为的要求建立在某些具有客观、内在价值的人类善的基础之上。他们因此不仅分享了同样的政治主张,而且是基于相同的道德基础分享这种政治主张的。也就是说,他们不仅把至善论看作是一种关于国家行为的政治主张,而且也看作是一种关于伦理生活的主张。前者意味着,国家应该致力于推行某些特定的人类善;后者则论证了这些人类善的内在价值,并赋予其道德上优越的地位。就此而言,上一节考察过的至善论主张都既是政治的至善论,也是伦理的至善论。但这是否意味着伦理至善论必然会产生政治至善论的结论呢?答案是否定的,有些人认为,尽管某些特定的生活方式在道德上的确是优越的,但国家还是不应该诉诸这些生活观念而行动。纳斯鲍姆的观点就很有代表性,一方面,她同样分享了亚里士多

---

① Joseph Raz, *The Morality of Freedom*, Oxford: Clarendon Press, 1986, p.381.

德的立场,基于人类本质的视角提出了一系列具有内在价值的人类善:生活本身,健康与身体能力,避免伤痛与体验愉悦,感觉、想象、思考与推理,爱、伤心、渴望和感激,形成善观念和批判地反思自己的生活,与他人共同生活、关心他人以及参与各种社会互动,关心动物、植物和自然界,笑、玩耍和享受娱乐活动,过自己的生活[1];另一方面,她又支持罗尔斯政治自由主义的主张,认为政府行为的证成要采取知识论克制的策略,不应该诉诸任何特殊的美好生活观念。[2] 面对这种情形,可以有两种不同的解释。第一种是分离的主题(the thesis of insulation):伦理至善论与政治至善论之间不存在任何内在联系,是两种完全不同的分离的主张。第二种则是蕴含的主题(the thesis of entailment):伦理至善论是政治至善论的必要不充分条件,即,政治至善论必然预设了伦理至善论的立场,但伦理至善论并不一定会产生政治至善论的结论。显然,从上一节考察过的那些至善论者的视角来看,伦理至善论和政治至善论之间应该是蕴含的关系,就像有人曾经论证的那样:第一,任何政治主张都需要一种知识论的基础,而伦理至善论可以为政治至善论提供这种知识论的基础;第二,伦理至善论能够为政治至善论提供规范的基础,否则将无法解释为什么国家可以基于某些人类善的内在优越性来证成自己的行为;第三,政治至善论需要伦理至善论提供实质性的内容,否则它将变得非常空洞,既可能成为非常温和的政治主张,也可能变成非常极端的主张。[3] 现在,根据这种蕴含的主题,可以把至善论者的思路整理为以下形式:

a. 某些特定的善观念具有独立于行动者欲求或选择的内在价值;

b. 国家应当通过各种手段促进、保护这些善的实现;

---

[1] 参见 Marsha Nussbaum,"Human Functioning and Social Justice", *Political Theory*, vol. 20, 1992, p. 222。

[2] 参见 Marsha Nussbaum,"Perfectionism Liberalism and Political Liberalism", *Philosophy and Public Affairs*, vol. 39, 2011, pp. 3—45。

[3] 参见 Alexandra Couto, *Liberal Perfectionism: The Reasons that Goodness Gives*, Berlin; Boston: De Gruyter, 2014, pp. 20—23。

c. 命题 a 决定了命题 b,命题 b 则蕴含了命题 a。

这种思路显然与本书上一章的观点有着根本的不同,在那里,政治至善论主要是基于社会道德的实际存在得到确立的,而社会道德本身并没有预设任何具有内在价值的美好生活观念,相反,它认为某些特定的生活观念之所以值得推崇,不是因为它们具有独立于行动者主观欲求的内在价值,而是因为它们在维持社会共同生活中发挥着不可或缺的作用。由此可见,第八章的论证其实支持了分离的主题,即,国家应该推行某些道德上良善的生活观念,即便这些观念并不具有内在的价值或道德优越性。正是在这个意义上,它形成了一条通向至善论自由主义的新路径,是一种能够与公共证成的原则相契合的政治主张,能够更好地在多元分歧的现代社会中发挥指引国家行为的作用。

第四节 公共证成的至善论

传统的至善论者试图从一些关于伦理生活的真理出发,要求国家推行道德上良善的生活观念;公共证成的至善论则力图回避这种对道德真理的依赖,基于社会道德在维持人们共同生活时发挥的重要作用,来要求国家推行道德上良善的生活观念。前者预设了伦理至善论的立场,后者则不需要肯定任何生活观念的内在价值或道德优越性,相反,它的基本思路是这样的:

a. 国家应该基于合理公民能够接受的政治主张而行动;

b. 社会道德调节人们的行为预期,维持着社会共同生活;

c. 合理公民就应该接受实定的社会道德;

d. 社会道德本身就包含了许多美好生活的观念;

e. 所以,国家应该致力于推行这些美好生活的观念。

由此可见,传统的伦理至善论和公共证成的至善论在论证结构上就存在根本的差别,而这种差别的背后是它们对国家的基本功能和政治哲学核心议题的不同理解。从传统至善论者的角度来看,国家应该承担教化的功能,努力使公民成为道德品性卓越的贤人,因此政治哲学必须追问关于善的根本知识,必须探索适用于所有社会的最佳政制。然而,站在公共证成的至善论者的角度,国家的主要功能在于确保公平、稳定的社会合作,政治哲学应该追求现实的合理公民共同生活的基本条件,而不是关于最高善和最佳政制的知识。给定这种本质上的区别,公共证成的至善论显然更加可取。这首先是因为,虽然本文讨论的合法性问题主要是在规范意义上而言的,但究其本源来说,政治合法性也有描述性的维度,即,人们对政治权威的信念和服从其统治的意愿。比如韦伯曾经认为,在描述的意义上,政治合法性通常有三个类型:传统型、法理型和卡理斯玛型。[①] 假如按照传统的伦理至善论者的观点,规范意义上的合法性只取决于政治主张是否体现了那些具有内在价值的人类善,那么合法性的描述性维度和规范性维度就有可能发生断裂,因为人们实际接受的政治主张往往与表达了内在道德价值的政治主张并不重合。但在公共证成的至善论者那里,这种情况就不太可能出现,它把合理公民的共同接受作为判断政治合法性的标准,因此能够更好地沟通合法性的规范维度和政治维度。

其次,传统的至善论没有正视社会道德的存在,但事实上,那些被多数社会成员所接受的,在实际的社会生活中切切实实地调节着人们行为预期并维持社会合作的道德观念本身就具有一定的规范性。就像柏拉图曾经描述过的那样,它属于那种盗贼也应该去接受的道德,缺少了那种道德,人们将根本无法从事任何有效的集体行动。[②] 在这个意义上,社会道德的存在本身就为有良好意愿和基本能力参与社会共同生活的合理公民接受那些道德观念提供了初步的依据,并因此具备了一定的规范

---

① 参见[德]马克斯·韦伯《学术与政治》,冯克利译,北京:三联书店2005年版,第56—60页。
② 参见[古希腊]柏拉图《理想国》,郭斌和、张竹明译,北京:商务印书馆1986年版,第37—39页。

效力。而传统的伦理至善论恰恰错失了这种具有规范性的客观事实。

不仅如此,即便传统的伦理至善论的主张是正确的,国家应该推行那些有内在价值的人类善,社会道德的重要性也不容忽视,因为几乎所有的价值都依赖于现实的社会实践。有些价值本身就是由特定社会实践构成的,比如关于婚丧嫁娶的文化价值;有些价值最终需要在特定社会实践之中得到表达,比如关于审美的价值往往要通过各种审美活动得到体现,用来确保人们幸福、尊严和根本利益的那些保障性价值也必须被具象化为各种各样的实践活动(比如自由必须体现为关于自由的权利)等。① 从这个角度来看,即便是传统的至善论者也应该关注实定的社会道德,而不只是无时间性的绝对道德真理。

最后,和传统的伦理至善论相比,公共证成的至善论是一种更加灵活的主张,它一方面强调个人自主的重要意义,另一方面又关注存在于现实社会之中的,被多数成员共同分享的社会道德。由于社会道德的内容总是因文化而异的,给定传统、地域、历史等的差异,不同人类社会往往拥有不同的道德观念和合作模式。所以,公共证成的至善论既具有一定的普遍性,又具有语境主义的色彩,能够一方面基于对个人自主的推崇,为自由、民主等现代社会最基本的政治价值奠定坚实的基础,另一方面又结合不同社会语境中公民共同分享的道德观念,构造出最契合于该社会文化传统的政治体制。这一点特别有助于那些正在经历政治转型的社会,因为公共证成的至善论不仅可以调和基本的个人自由和盛行于该社会之中的道德观念,而且能够更加包容、平和地面对该社会独特的文化传统。它会首先分辨在这种社会中,传统的文化观念是否还维系着社会成员共同生活;接着依据这些传统在人们现实生活中扮演的角色来挖掘它们的政治内涵,尝试建构一套既能接续该社会成员独特的精神生

---

① 参见 Joseph Raz, *The Practice of Value*, Oxford; New York: Oxford University Press, 2003, pp. 19—42。

活,又能与自由民主等现代社会的基本价值相容的政治秩序。比如,以儒家学说在政治哲学领域的现代性转化为例,公共证成的至善论会认为,政治哲学的议题不同于形而上学的议题,要以当前社会中合理公民实际分享的道德观念为基准,不能一味地追求儒家学说在哲学上的高明之处,因此,至少在政治的层面,儒学学说复兴的基础只能是它还现实地存在于现代中国人的精神生活和社会交往之中,发挥着维系当前社会共同生活的重要作用,而不是它在哲学上更优越或更接近真理。其次,公共证成的至善论将无需再把民主、科学等现代价值重新纳入儒家的心性哲学之中,走"老内圣开出新外王"的道路,相反,它会倾向于区分儒家学说中关于性命天道等理论哲学的部分和与忠恕践履之道相关的实践哲学的部分,在建构政治主张时更多地借助人们在实际生活中彼此分享的、鲜活的传统观念,而不是经文典籍里面记载的义理和教义。最后,公共证成的至善论也同意,儒学无需像有些人主张的那样放弃参与建构政治制度的企图,局限于日常的伦理生活之中,"在修身、齐家的层次上仍可以发挥重要的作用,但相对于治国、平天下而言,儒家只能以'背景文化'的地位投射间接的影响力。"①恰恰相反,它能够正视儒家观念在社会道德中的真实存在,并且尝试以恰当的方式去推行这些道德观念,努力开辟一条既接续中国人独特的精神生活,又与自由民主等现代社会的根本价值相容的政治秩序。诚然,要想真正实现这样的政治理想,还必须付出更多艰苦卓绝的创造性转化的工作,但公共证成的至善论至少提供了一条可能的路径。它事实上特别契合于政治分歧异常尖锐,但在美好生活的问题上又存在广泛共识的社会,因此,它也更有希望在一个缺乏民主传统的社会中,回答罗尔斯的根本疑问:有着不同宗教、哲学立场的人们如何才能更好地生活在一起?

---

① 余英时:《现代儒学论》,上海:上海人民出版社1998年版,第248页。

主要参考文献

一、中文文献

1. ［美］阿米·古特曼,［美］丹尼斯·汤普森. 民主与分歧. 杨立峰等译. 东方出版社,2007
2. ［法］埃米尔·迪尔凯姆. 社会学方法的准则. 胡伟译. 华夏出版社,1999
3. ［英］彼得·斯特劳森. 自由与怨恨//第三种自由. 应奇,刘训练编. 东方出版社,2006
4. ［英］彼得·斯特劳森. 社会道德与个人理想//自由主义中立性及其批评者. 应奇编. 江苏人民出版社,2007
5. ［古希腊］柏拉图. 理想国. 郭斌和,张竹明译. 商务印书馆,1986
6. ［英］伯纳德·威廉斯. 道德运气. 徐向东译. 上海译文出版社,2007
7. 曹钦. 自利、同意与道德原则,《烟台大学学报（哲学社会科学版）》2013年第3期
8. ［美］查尔斯·拉莫尔. 现代性的教训. 刘擎,应奇译. 东方出版社,2010
9. ［加］查尔斯·泰勒. 消极自由有什么错//后伯林的自由观. 刘训练编. 江苏人民出版社,2007
10. 陈肖生. 辩护的政治. 三联书店,2018
11. 陈祖为. 正当性,全体一致与至善论//自由主义中立性及其批评者. 应奇编. 江苏人民出版社,2007
12. 陈祖为. 儒家致善主义. 商务印书馆,2016
13. ［英］大卫·休谟. 人性论. 关文运译. 商务印书馆,1996
14. ［澳］菲利普·佩迪特. 共和主义：一种关于自由和政府的理论. 刘训练

译.江苏人民出版社,2009

15.[澳]菲利普·佩蒂特,[澳]迈克尔·史密斯.实践非理性//实践理性.徐向东编.浙江大学出版社,2011

16.[美]哈里·法兰克福特.意志自由与人的概念//第三种自由.应奇,刘训练编.东方出版社,2006

17.何怀宏.寻求共识:从《正义论》到《政治自由主义》,《读书》1996年第6期

18.[美]杰里米·沃德隆.立法与道德中立性//自由主义中立性及其批评者.应奇编.江苏人民出版社,2007

19.[美]杰里米·沃尔德伦.上帝、洛克与平等:洛克政治思想的基督教基础.郭威译.华夏出版社,2015

20.[美]克利福德·格尔茨.文化的解释.韩莉译.译林出版社,1999

21.[美]克里斯蒂娜·科尔斯戈德.规范性的来源.杨顺利译.上海译文出版社,2010

22.[美]列奥·施特劳斯.什么是政治哲学.李世祥等译.华夏出版社,2014

23.[美]罗纳德·德沃金.至上的美德.冯克利译.江苏人民出版社,2003

24.[德]马克斯·韦伯.学术与政治.冯克利译.三联书店,2005

25.[美]迈克尔·桑德尔.自由主义与正义的局限.万俊人等译.译林出版社,2011

26.[挪]乔恩·埃尔斯特.社会粘合剂.高鹏程等译.中国人民大学出版社,2009

27.[法]让-雅克·卢梭.社会契约论.何兆武译.商务印书馆,2003

28.谭安奎.公共理性与民主理想.三联书店,2015

29.童世骏.关于"重叠共识"的"重叠共识",《中国社会科学》2008年第6期

30.[美]托马斯·内格尔.道德冲突与政治合法性//自由主义中立性及其批评者.应奇编.江苏人民出版社,2007

31.[美]威廉·邓宁.政治学说史.谢义伟译.吉林出版集团,2009

32.[德]伊曼努尔·康德.实践理性批判.韩水法译.商务印书馆,1999

33.[英]以赛亚·伯林.两种自由概念//自由论.胡传胜译.译林出版社,2003

34.应奇.从自由主义到后自由主义.三联书店,2003

35.应奇.摆荡于竞争和和解之间,《吉林大学社会科学学报》2008年第1期

36.[德]尤尔根·哈贝马斯.在事实与规范之间.童世骏译.三联书店,2003

37. 余英时. 现代儒学论. 上海人民出版社,1998
38. ［英］约翰·洛克. 政府论(下篇). 叶启芳,瞿菊农译. 商务印书馆,1996
39. ［英］约翰·斯图亚特·密尔. 论自由. 许宝骙译. 商务印书馆,2007
40. ［加］威尔·金里卡. 自由主义,社群与文化. 应奇,葛水林译. 上海译文出版社,2005
41. ［加］威尔·金里卡. 当代政治哲学. 刘莘译. 上海三联书店,2004
42. 周保松. 罗尔斯的问题意识,《开放时代》2011 年第 12 期

二、英文文献

1. Abbey Ruth and Jeff Spinner-Halev. Rawls, Mill and the Puzzle of Political Liberalism. *The Journal of Politics*, 2013(75): 124—136

2. Ackerman, Bruce. *Social Justice in the Liberal State*. New Haven: Yale University Press, 1980

3. Alejandro, Roberto. What is Political about Rawls's Political Liberalism?. *The Journal of Politics*, 1996(58): 1—24

4. Alexander, Sidney. Social Evaluation through Notional Choice. *Quarterly Journal of Economics*, 1974 (88): 597—624

5. Ang, Nobel. Positive Freedom as Exercise of Rational Ability: A Kantian Defense of Positive Liberty. *Journal of Value Inquiry*, 2014(48): 1—16

6. Anscombe, G. E. *Intention*. Cambridge, Mass: Harvard University Press, 2000

7. Armstrong, David. *Belief, Truth and Knowledge*. London: Cambridge University Press, 1973

8. Arneson, Richard. Cracked Foundations of Liberal Equality. Justin Burley (ed.). *Dworkin and his Critics*. Malden MA: Blackwell Publishing Ltd, 2004

9. Arneson, Richard. Perfectionism and Politics. *Ethics*, 2000 (111): 37—63

10. Arneson, Richard. Neutrality and Political Liberalism. Roberto Merrill and Daniel Weinstock (eds.). *Political Neutrality: A Re-Evaluation*. Basingstoke: Palgrave Macmillan, 2014

11. Baier, Kurt. *The Moral Point of View*. Ithaca: Cornell University Press, 1958

12. Baier, Kurt. *The Rational and the Moral Order*. Chicago: Open Court,

1995

13. Barry, Brain. *Justice as Imparity*. New York; Oxford: Clarendon Press, 1995

14. Barry, Brain. *Political Arguments*. New York: Humanities Press, 1965

15. Beauchamp, Tom. Who Deserves Autonomy, and Whose Autonomy Deserve Respect. James Taylor (ed.). *Personal Autonomy*. New York: Cambridge University Press, 2005

16. Benn, Stanley. *A Theory of Freedom*. Cambridge: Cambridge University Press, 1988

17. Benson, Paul. Autonomy and Oppressive Socialization. *Social Theory and Practice*, 1991(17): 385—408

18. Berlin, Isaiah. *The Crooked Timber of Humanity*. Princeton: Princeton University Press, 2013

19. Bicchieri, Cristina. *The Grammar of Society*. Cambridge; New York: Cambridge University Press, 2006

20. Billingham, Paul. Liberal Perfectionism and Quong's Internal Interpretation of Political Liberalism. *Social Theory and Practice*, 2016(43): 79—106

21. Billingham Paul. Can My Religion Influence My Conception of Justice?. *Critical Review of International Social and Political Philosophy*, 2017(20): 403—424

22. Bohman, James. Public Reason and Cultural Pluralism. *Political Theory*, 1995(23): 253—279

23. Bohman, James and Henry Richardson. Liberalism, Deliberative Democracy, and "Reason that All Can Accept". *Journal of Political Philosophy*, 2009(17): 253—274

24. Brink, Bert van den. The Tragedy of Liberalism. Albany, N. Y: State University of New York Press, 2000

25. Couto, Alexandra. *Liberal Perfectionism: The Reasons that Goodness Gives*. Berlin; Boston: De Gruyter, 2014

26. Caney, Simon. Consequentialist Defenses of Liberal Neutrality. *The Philosophical Quarterly*, 1991(41): 457—477

27. Caney, Simon. Impartiality and Liberal Neutrality. *Utilitas*, 1996(8): 273—293

28. Chambers, Simone. Behind Closed Doors: Publicity, Secrecy and the Quality of Deliberation. *Journal of Political Philosophy*, 2004(12): 389—410

29. Christman, John. Autonomy and Personal History. *Canadian Journal of Philosophy*, 1991(12): 1—24

30. Christman, John. Procedural Autonomy and Liberal Legitimacy. James Taylor (ed.). *Personal Autonomy*. New York: Cambridge University Press, 2005

31. Colburn, Ben. Autonomy and Adaptive Preferences. *Utilitas*, 2011(23): 52—71

32. Colburn, Ben. *Autonomy and Liberalism*. New York: Routledge, 2010

33. Corlett, Angelo. Does Ambiguity Lurk Behind the Veil of Ignorance in Rawls' Original Position. Angelo Corlett (ed.). *Equality and Liberty: Analyzing Rawls and Nozick*. London: Macmillan Academic and Professional LTD, 1991

34. Cranston, Maurice. Liberalism. Paul Edwards (ed.). *The Encyclopedia of Philosophy*. New York: Macmillan Inc., 1967

35. Crowder, George. *Isaiah Berlin: Liberty and Pluralism*. Cambridge: Cambridge University Press, 2004

36. D'Agostino, Fred. *Free Public Reason*. New York: Oxford University Press, 1996

37. Daniels, Norman. Wide Reflective Equilibrium and Theory Acceptance in Ethics. *The Journal of Philosophy*, 1979(76): 256—282

38. Davidson, Donald. Actions, Reasons and Causes. *The Journal of Philosophy*, 1963(60): 685—700

39. De Marneffe, Peter. Liberalism and Perfectionism. *American Journal of Jurisprudence*. 1998(43): 99—116

40. Doppelt, Gerald. Is Rawls' Kantian Liberalism Coherent and Defensible?. *Ethics*, 1989(99): 815—851

41. Dreben, Burton. On Rawls and Political Liberalism. Samuel Freeman (ed.). *The Cambridge Companion to Rawls*. New York: Cambridge University Press, 2003

42. Dworkin, Gerald. The Concept of Autonomy. *Grazer Philosophische Studien*, 1981(12): 203—213

43. Dworkin, Gerald. *The Theory and Practice of Autonomy*. New York: Cambridge University Press, 1988

44. Dworkin, Ronald. The Original Position. Norman Daniels (ed.). *Reading Rawls*. Stanford, Calif: Stanford University Press, 1975

45. Dworkin, Ronald. Foundations of Liberal Equality. Stephen Darwall (ed.). *Equal Freedom: Selected Tanner Lectures on Human Values*. Ann Arbor: University of Michigan Press, 1995

46. Dworkin, Ronald. *A Matter of Principle*. Cambridge, Mass: Harvard University Press, 1985

47. Elster, Jon. Sour Grapes: Utilitarianism and the Genesis of Wants. John Christman (ed.). *The Inner Citadel: Essays on Individual Autonomy*. New York: Oxford University Press, 1989

48. Enoch, David. *Taking Morality Seriously*. Oxford: Oxford University Press, 2011

49. Enoch, David. The Disorder of Public Reason. *Ethics*, 2013(124): 141—176

50. Estlund, David. The Insularity of the Reasonable: Why Political Liberalism must admit the Truth?. *Ethics*, 1998 (108): 252—275

51. Feinberg, Joel. *Social Philosophy*. Englewood Cliffs, N. J: Prentice-Hall, 1973

52. Feinberg, Joel. *Harm to Self*. New York: Oxford University Press, 1986

53. Finnis, John. *Natural Law and Natural Rights*. Oxford: Oxford University Press, 2011

54. Finnis, John. Legal Enforcement of "Duties to Oneself": Kant v. Neo-Kantians. *Columbia Law Review*, 1987(87): 433—456

55. Forst, Rainer. *The Right to Justification*. New York: Columbia University Press, 2012

56. Forst, Rainer. *Contexts of Justice: Political Philosophy Beyond Liberalism and Communitarianism*. Berkeley: University of California Press, 2002

57. Freeman, Samuel. Congruence and the Good of Justice. Samuel Freeman (ed.). *The Cambridge Companion to Rawls*. New York: Cambridge University Press, 2003

58. Freeman, Samuel. Public Reason and Political Justification. *Justice and the Social Contract: Essays on Rawlsian Political Philosophy*. Oxford; New York: Oxford University Press, 2007

59. Freeman, Samuel. *Political Liberalism* and the Possibility of a Just Democratic Constitution. *Justice and the Social Contract: Essays on Rawlsian Political Philosophy*. Oxford; New York: Oxford University Press, 2007

60. Freidman, Marilyn. Autonomy and the Split-Level Self. *The Southern Journal of Philosophy*, 1986(24): 19—35

61. Friedman, Marilyn. John Rawls and the Political Coercion of Unreasonable People. *Autonomy, Gender, Politics*. Oxford; New York: Oxford University Press, 2003

62. Galston, William. *Liberal Purposes*. Cambridge; New York: Cambridge University Press, 1991

63. Galston, William. Moral Personality and Liberal Theory: John Rawls's "Dewey Lectures". *Political Theory*, 1982(10): 492—519

64. Gardbaum, Stephen. Liberalism, Autonomy, and Moral Conflict. *Stanford Law Review*, 1996(48): 385—417

65. Garnett, Michael. The Autonomous Life: A Pure Social View. *Australasian Journal of Philosophy*, 2013(91): 143—158

66. Gaus, Gerald. Sectarianism without Perfection? Quong's Political Liberalism. *Philosophy and Public Issues*, 2012(2): 7—15

67. Gaus, Gerald. On Dissing Public Reason. *Ethics*, 2015(125): 1078—1095

68. Gaus, Gerald. The Moral Foundations of Liberal Neutrality. Thomas Christiano and John Christman (eds.). *Contemporary Debates in Political Philosophy*. Oxford: Blackwell, 2009

69. Gaus, Gerald. *The Order of Public Reason*. New York: Cambridge University Press, 2011

70. Gaus, Gerald. *Justificatory Liberalism*. New York: Oxford University Press, 1996

71. Gaus, Gerald. *Contemporary Theories of Liberalism*. London: SAGE, 2003

72. Gaus, Gerald. The Diversity of Comprehensive Liberalisms. Gerald Gaus and Chandran Kukathas (eds.). *Handbook of Political Theory*. London: SAGE, 2004

73. Gaus, Gerald. Reasonable Pluralism and the Domain of the Political. *Inquiry: An Interdisciplinary Journal of Philosophy*, 1999(42): 259—284

74. Gaus, Gerald. On Being Inside Social Morality and Seeing It. *Criminal*

Law and Philosophy, 2013(7): 141—153

75. Gaus, Gerald. Liberal Neutrality: A Compelling and Radical Principle. George Klosko and Steven Wall (eds.). *Perfectionism and Neutrality*. MD: Rowman & Littlefield, 2003

76. Gaus, Gerald. On Theorizing about Public Reason. *European Journal of Analytic Philosophy*, 2013(9): 64—85

77. Gaus, Gerald. The Place of Autonomy within Liberalism. John Christman and Joel Anderson (eds.). *Autonomy and Challenges to Liberalism*. New York: Cambridge University Press, 2005

78. Gaus, Gerald and Kevin Vallier. The Roles of Religious Conviction in a Public Justified Polity. *Philosophy and Social Criticism*, 2009(35): 51—76

79. George, Robert. *Making Man Moral*. Oxford; New York: Oxford University Press, 1993

80. Gutmann, Amy. Rawls on the Relationship between Liberalism and Democracy. Samuel Freeman (ed.). *The Cambridge Companion to Rawls*. New York: Cambridge University Press, 2003

81. Habermas, Jürgen. *Moral Consciousness and Communicative Action*. Trans. Christian Lenhardt and Shierry Weber Nicolsen, Cambridge, Mass: MIT Press, 1990

82. Habermas, Jürgen. Reconciliation through the Public Use of Reason. *The Journal of Philosophy*, 1995(92): 109—131

83. Haksar, Vinit. *Equality, Liberty and Perfectionism*. Oxford; New York: Oxford University Press, 1979

84. Hampton, Jean. Contracts and Choices: Does Rawls have a Social Contract Theory. *The Journal of Philosophy*, 1980(77): 315—338

85. Hampton, Jean and Daniel Farnham. *The Intrinsic Worth of Persons: Contractarianism in Moral and Political Philosophy*. New York: Cambridge University Press, 2006

86. Haslett, D. W. What is Wrong with Reflective Equilibrium?. Angelo Corlett (ed.). *Equality and Liberty: Analyzing Rawls and Nozick*. London: Macmillan Academic and Professional LTD, 1991

87. Hooker, Brad and Bart Streumer. Procedural and Substantive Practical Rationality. Alfred Mele and Piers Rawlins (eds.). *The Oxford Handbook of Rationality*. Oxford: Oxford University Press, 2004

88. Hurka, Thomas. Why Value Autonomy?. *Social Theory and Practice*,

1987(13): 361—382

89. Hurka, Thomas. *Perfectionism*. Oxford; New York: Oxford University Press, 1993

90. Jones, Peter. The Ideal of the Neutral State. Robet Goodin and Andrew Reece (eds.). *Liberal Neutrality*. New York; London: Routledge, 1989

91. Johnson, Oliver. The Kantian Interpretation. *Ethics*, 1974 (85): 58—66

92. Johnston, David. *The Idea of a Liberal Theory*. Princeton NJ: Princeton University Press, 1994

93. Killmister, Suzy. Autonomy, Liberalism and Anti-Perfectionism. *Res Publica*, 2013(19): 353—369

94. Klosko, George. *Democratic Procedures and Liberal Consensus*. Oxford; New York: Oxford University Press, 2004

95. Kristinsson, Sigurdur. The Limits of Neutrality: Toward a Weakly Substantive Account of Autonomy. *Canadian Journal of Philosophy*, 2000 (30): 257—286

96. Kukathas, Chandran and Phillip Pettit. *Rawls: A Theory of Justice and its Critics*. Stanford, Calif: Stanford University Press, 1990

97. Kymlicka, Will. Do We Need a Liberal Theory of Minority Rights?. *Constellations*, 1997(4): 72—87

98. Larmore, Charles. *The Autonomy of Morality*. Cambridge; New York: Cambridge University Press, 2008

99. Larmore, Charles. *Patterns of Moral Complexity*. Cambridge; New York: Cambridge University Press, 1987

100. Larmore, Charles. *The Morals of Modernity*. New York; Cambridge: Cambridge University Press, 1996

101. Larmore, Charles. Liberal Neutrality: A Reply to James Fishkin. *Political Theory*. 1989(17): 580—581

102. Larmore, Charles. What is Political Philosophy?. *Journal of Moral Philosophy*. 2013(10): 276—306

103. Larmore, Charles. Political Liberalism: Its Motivations and Goals. David Sobel, Peter Vallentyne and Steven Wall (eds.). *Oxford Studies in Political Philosophy*. Oxford: Oxford University Press, 2015

104. Lecce, Steven. Contractualism and Liberal Neutrality: A Defence. *Political Studies*, 2003(51): 524—541

105. Macedo, Stephen. *Liberal Virtues*. New York: Clarendon Press, 1990

106. Macedo, Stephen. In Defense of Liberal Public Reason: Are Slavery and Abortion Hard Cases?. Robert George and Christopher Wolfe (eds.). *Natural Law and Public Reason*. Washington: Georgetown University Press, 2000

107. Mele, Alfred. History and Personal Autonomy. *Canadian Journal of Philosophy*, 1993(23): 271—280

108. Mendus, Susan. *Impartiality in Moral and Political Philosophy*. Oxford New York: Oxford University Press, 2002

109. Mendus, Susan. *Toleration and the Limits of Liberalism*. Basingstoke: Macmillan, 1989

110. Metz, Thaddeus. Respect for Persons and Perfectionist Politics. *Philosophy and Public Affairs*, 2002(30): 417—442

111. McCabe, Davie. Knowing about the Good: A Problem with Anti-Perfectionism. *Ethics*, 2000(110): 311—338

112. Nagel, Thomas. *Equality and Partiality*. New York: Oxford University Press, 1991

113. Neal, Patrick. *Liberalism and its Discontents*. New York: New York University Press, 1997

114. Nelson, Eric. Liberty: One Concept too Many. *Political Theory*, 2005(33): 58—78

115. Nussbaum, Marsha. Human Functioning and Social Justice. *Political Theory*, 1992(20): 202—246

116. Nussbaum, Marsha. Perfectionism Liberalism and Political Liberalism. *Philosophy and Public Affairs*, 2011(39): 3—45

117. Ogien, Ruwen. Neutrality toward Non-controversial Conceptions of the Good Life. Roberto Merrill and Daniel Weinstock (eds.). *Political Neutrality: A Re-Evaluation*. Basingstoke: Palgrave Macmillan, 2014

118. Oshana, Marina. Autonomy and Self-Identity. John Christman and Joel Anderson (eds.). *Autonomy and the Challenges to Liberalism*. New York: Cambridge University Press, 2005

119. Oshana, Marina. Personal Autonomy and Society. *Journal of Social Philosophy*, 1998(29): 81—102

120. Okin, Susan. *Justice, Gender and the Family*. New York: Basic Books, 1989

121. Parfit, Derek. *On What Matters*. Oxford; New York: Oxford University Press, 2011

122. Parfit, Derek. *Reasons and Persons*. Oxford: Clarendon Press, 1984

123. Pettit, Philip and Michael Smith. "Freedom in Belief and Desire." *The Journal of Philosophy*, 1996(93): 429—449

124. Quong, Jonathan. *Liberalism without Perfection*. Oxford: Oxford University Press, 2011

125. Rawls, John. Kantian Constructivism in Moral Theory. *The Journal of Philosophy*, 1980(77): 515—572

126. Rawls, John. The Independence of Moral Theory. *Proceedings and Addresses of American Philosophical Association*, 1974(48): 5—22

127. Rawls, John. *A Theory of Justice*. Cambridge, Mass: Harvard University Press, 1971

128. Rawls, John. Reply to Alexander and Musgrave. *Quarterly Journal of Economics*, 1974(88): 633—655

129. Rawls, John. Justice as Fairness: Political not Metaphysical. Samuel Freeman (ed.). *Collected Papers*. Cambridge, Mass: Harvard University Press, 1999

130. Rawls, John. *Political Liberalism*. New York: Columbia University Press, 2005

131. Rawls, John. *Lectures on the History of Political Philosophy*. Cambridge Mass: The Belknap Press of Harvard University Press, 2007

132. Rawls, John. *The Law of Peoples*. Cambridge, Mass: Harvard University Press, 1999

133. Rawls, John. *Justice as Fairness: A Restatement*. Cambridge, Mass: Belknap Press of Harvard University Press, 2001

134. Raz, Joseph. *The Morality of Freedom*. Oxford: Clarendon Press, 1986

135. Raz, Joseph. Facing Diversity: The Case of Epistemology Abstinence. *Philosophy and Public Affairs*, 1990(19): 3—46

136. Raz, Joseph. *Engaging Reason*. Oxford: Oxford University Press, 1999

137. Raz, Joseph. The Role of Well-Being. *Nous*, 2004(18): 269—294

138. Raz, Joseph. *Ethics in the Public Domain*. Oxford; New York: Clarendon Press, 1994

139. Raz, Joseph. *The Practice of Value*. Oxford; New York: Oxford University Press, 2003

140. Richardson, Henry. Autonomy's Many Normative Presuppositions. *American Philosophical Quarterly*, 2002(3): 287—303

141. Rossi, Enzo. Legitimacy, Democracy and Public Justification. *Res Publica*, 2014(20): 9—25

142. Sarajlic, Eldar. Are Liberal Perfectionism and Neutrality Mutually Exclusive?. *Canadian Journal of Philosophy*, 2015(45): 515—537

143. Scanlon, Thomas. Rawls on Justification. Samuel Freeman (ed.). *The Cambridge Companion to Rawls*. New York: Cambridge University Press, 2003

144. Scheffler, Samuel. The Appeal of Political Liberalism. *Ethics*, 1994(105): 4—22

145. Sheppard, Steve. The Perfectionisms of John Rawls. *Canadian Journal of Law and Jurisprudence*, 1998(11): 383—415

146. Sher, George. *Beyond Neutrality: Perfectionism and Politics*. New York: Cambridge University Press, 1997

147. Shklar, Judith. *Men and Citizens: A Study of Rousseau's Social Theory*. Cambridge: Cambridge University Press, 1985

148. Simmons, John. Justification and Legitimacy. *Ethics*, 1999(109): 739—771

149. Taylor, Charles. The Politics of Recognition. *Philosophical Arguments*. Cambridge Mass: Harvard University Press, 1995

150. Taylor, James. Self-Deception, Adaptive Preferences, and Autonomy. Juha Räikkä and Jukka Varelius (eds.). *Adaptation and Autonomy: Adaptive Preferences in Enhancing and Ending Life*. New York; Heidelberg: Springer, 2013

151. Taylor, Robert. *Reconstructing Rawls: The Kantian Foundations of Justice as Fairness*. University Park: The Pennsylvania State University Press, 2011

152. Thalberg, Irving. Hierarchical Analyses of Unfree Action. *Canadian Journal of Philosophy*, 1978(8): 211—226

153. The Stanford Encyclopedia of Philosophy: Social Norms. 2014, http://plato.stanford.edu/archives/spr2014/entries/social-norms

154. The Stanford Encyclopedia of Philosophy: Autonomy in Moral and

Political Philosophy. 2015, http://plato. stanford. edu/archives/spr2015/entries/autonomy-moral

155. The Stanford Encyclopedia of Philosophy: Liberalism. 2015, http://plato. stanford. edu/archives/spr2015/entries/liberalism/

156. Valdman, Mikhail. Autonomy, History and the Origins of Our Desires. *Journal of Moral Philosophy*, 2011(8): 415—434

157. Vallier, Kevin. Convergence and Consensus in Public Reason. *Public Affairs Quarterly*, 2011(25): 261—279

158. Vallier, Kevin. Against Public Reason Liberalism's Accessibility Requirement. *Journal of Moral Philosophy*, 2011(8): 366—389

159. Van Schoelandt, Chad. Justification, Coercion and the Place of Public Reason. *Philosophical Studies*, 2015(172): 1031—1050

160. Waldron, Jeremy. Theoretical Foundations of Liberalism. *The Philosophical Quarterly*, 1987(37): 127—150

161. Waldron, Jeremy. A Right to Do Wrong. *Ethics*, 1981(92): 21—39

162. Waldron, Jeremy. Moral Autonomy and Personal Autonomy. John Christman and Joel Anderson (eds.). *Autonomy and Challenges to Liberalism*. New York: Cambridge University Press, 2005

163. Waldron, Jeremy. Disagreements about Justice. *Pacific Philosophical Quarterly*, 1994(75): 372—387

164. Wall, Steven. *Liberalism, Perfectionism and Restraint*. New York: Cambridge University Press, 1998

165. Wall, Steven. Rawlsian Perfectionism. *Journal of Moral Philosophy*, 2013(10): 573—597

166. Wall, Steven. Is Public Justification Self-Defeating. *American Philosophical Quarterly*, 2002(39): 385—394

167. Wall, Steven. Perfectionism, Reasonableness and Respect. *Political Theory*, 2014(42): 468—485

168. Wall, Steven. Perfectionism. Fred D'Agostino and Gerald Gaus (eds.). *The Routledge Companion to Political and Social Philosophy*. New York: Routledge, 2013

169. Wall, Steven. Neutrality and Responsibility. *The Journal of Philosophy*, 2001(98): 389—410

170. Wall, Steven. Public Reason and Moral Authoritarianism. *The Philosophical Quarterly*, 2013(63): 160—169

171. Watson, Gary. *Agency and Answerability*, Oxford; New York: Clarendon Press, 2004

172. Weinstock, Daniel. A Neutral Conception of Reasonableness. *Episteme*, 2007(3): 234—247

173. Weithman, Paul. *Why Political Liberalism*. New York: Oxford University Press, 2010

174. Weithman, Paul. Liberalism and the Political Character of Political Philosophy. C. F. Delaney (ed.). *The Liberalism-Communitarianism Debate: Liberty and Community Values*. Maryland: Rowman and Littlefield, 1994

175. Weithman, Paul. Legitimacy and the Project of Political Liberalism. Thom Brooks and Marsha Nussbaum (eds.). *Rawls's Political Liberalism*. New York: Columbia University Press, 2015

176. Weimer, Steven. Autonomy and History. *Journal of Moral Philosophy*, 2014(11): 265—293

177. Weimer, Steven. Autonomy as Rule by the Self. *Australasian Journal of Philosophy*. 2014(92): 159—164

178. Wenar, Leif. Political Liberalism: An Internal Critique. *Ethics*, 1995 (106): 32—62

179. Williams, Bernard. The Liberalism of Fear. Geoffrey Hawthorn (ed.). *In the Beginning was the Deed*. Princeton, NJ: Princeton University Press, 2005

180. Williams, Bernard. Deciding to Believe. *Problems of the Self*, Cambridge: Cambridge University Press, 1973

181. Wolfe, Christopher. Being Worthy of Trust. Robert George (ed.). *Natural Law Liberalism and Morality*. New York: Oxford University Press, 1996

182. Wolff, Robert Paul. *Understanding Rawls: A Reconstruction and Critique of A Theory of Justice*. Princeton NJ: Princeton University Press, 1977

183. Young, Robert. *Personal Autonomy: Beyond Negative and Positive Liberty*. London: Croom Helm Ltd, 1986

后　记

本书是在我博士论文的基础上修改而来的,为此,我要感谢在读书阶段帮助过我的每一个人,特别是应奇教授和 Jerry Gaus 教授。

第一次见应老师是在十一年前他主讲的专业课上。那一年,在经历过一番小波折后,我从人文科学试验班转入哲学系学习,开始对政治哲学产生兴趣,找了一些相关的书来看。其中有一本从台湾引进的通俗读物,正文内容平平无奇,但编者的序言纵横捭阖,洞见迭出,为当时还在纠结于所谓古今中西之争的我打开了一扇新的大门,不由心生一种"别有天地非人间"的感悟。巧的是,序言作者应奇教授当时也正好执教于浙江大学哲学系,并且即将要讲授一门开给高年级本科生的专业课,于是我抱着好奇的心理跑去旁听了这门课,就此踏上了政治哲学的学习和研究之旅。应老师的授课风格非常独特,虽然表面上不合章法,但却总是能够给人带来巨大的冲击和新的思想启迪。我想,这除了要归功于他广博的知识与精深的洞见,也和他坦率真诚的个性有关。他总是毫无保留地把自己最真实的想法与判断分享给学生,以一种"道成肉身"的方式活泼泼地展示着一个学者在阅读、思考时的本真状态。在后来的日子里,我无数次受惠于他的这种慷慨,它对我来说已经变成了一种榜样的力量,使我在困顿时能够警醒,在浮夸中学会沉潜。

亚利桑那大学哲学系是当代政治哲学的研究重镇，Gaus 教授又以其对公共证成理论的研究蜚声于世，但一开始我却是抱着如何为至善论辩护的想法向他申请访学的。本书最后把公共证成与至善论之争作为要处理的核心议题，并尝试在公共证成的基本架构下提出一种能够与之相容的至善论主张，显然是因为 Gaus 教授的影响和帮助。然而，最令我感激的，却是 Gaus 教授对我许多含混、大而化之乃至似是而非的想法的耐心与认真。他总是充满善意地从我的含混表述中寻找值得深究的地方，以十分严谨的态度一次次挑战我对至善论的论证，并且不厌其烦地亲自动手批改我的论文，帮助我重新搭建自己的观点和论证。如果没有他的帮助，很难设想这篇原本就不尽如人意的博士论文最后会有多么苍白。也许最后呈现出来的，可能只是一本在简单介绍西方学界的至善论政治哲学基础上加一些经不起推敲的断语的流俗之作而已。如果说在应奇老师那里，我学到的是怎么去阅读和思考，那么 Gaus 教授教给我的，则是如何把那些宏大的设想分解为一个一个更加具体和可操作的目标，并通过严格的论证和干练的文字把它们表达出来。在这个意义上，这本书里面任何一点可以被称作是原创性的东西（如果有的话），都应该归功于他们两位的指导和帮助。

南开大学的曹钦博士曾经阅读过本书的初稿，并提出不少富有建设性的修改意见，我博士论文的五位匿名审稿人（我后来只知道有华东师范大学的葛四友教授和中山大学的谭安奎教授）也从不同角度提出了批评和建议，在此，对他们一并表示感谢。同时，也感谢浙江大学徐向东教授、南京大学陈肖生博士和江苏人民出版社陈颖编辑的推荐与帮助，使本书获得了出版、面世的机会。

感谢我的父母，他们抚养我长大成人，默默地支持我选择自己喜欢的道路，倾其所有，不问收获。感谢从小带我玩耍，伴我成长，一路照顾我的哥哥。在同龄人大多是独生子女的时代，这样的人生际遇殊为难求，绝非幸运二字可以包含。最后，感谢黄唯婷女士，在构思本书核心观点和论证的那些日子里，在 Tucson 那个漫长无止境的夏天，她一直是我唯一的慰藉和依靠。